JN034380

ベンチャー企業要論

小野瀬拡・佐久間信夫・浦野恭平 ［編著］

創 成 社

はしがき

　本書は経営学要論シリーズの一つであり，ベンチャー企業について学ぼうとする初学者向けのテキストを意識したものである。ベンチャー企業は起業して間もなく急速に成長する企業として理解されることが多い。このベンチャー企業を見ようとする際には，この領域でどんな言葉が使われているのか，どんなことが注目されているのかの基礎的な知識を理解する必要がある。そうでなければ，この世界の情報を整理したり，全体を把握したりすることが難しくなる。

　この意識から，本書はベンチャー企業に関する深い議論よりも，まずは「わかりやすさ」を重視した。そのため，用語の解説を平易にし，各章に事例を多く盛り込んだ。このことが本書の特徴であるが，これは他のベンチャー企業のテキストにもみられる傾向である。そこで，もう一つ重要なポイントとして，各章に別の角度から見た際の説明を盛り込んだことに留意していただきたい。

　ベンチャー企業をとりまく用語，常識は，かなり早く変化する。コミュニケーション，決済手段，移動手段はどんどん変化し，新しい概念を次々と生み出し世界の常識をどんどん変えていった。この時に，「AとはBである」と考え，固定してしまうことは今後の世界の変化に追いつかなくなるだけではなく，毒になることさえある。そこで，「AとはBであるということもあるが，Cであるともいえる」といったぐあいに，いくつかの見方を盛り込んだ。

　起業するにせよ，研究するにせよ，情報のアンテナを広げることは必要である。そのためには，基礎的な理解と広い視野とをもつことがかかせない。このことから，相矛盾するような二つの観点を本書は意識して盛り込んだ。そのため，説明の展開はスムーズではない。だからこそ，このテキストの感想は「なるほど！」という腑に落ちる感じと，「おや？」という疑問が出てくるはずである。常識に抗い成功した起業家は，この二つの感じを大事にしていた。「なるほど！」がなければ自らの事業に確信を持つことはできないし，「おや？」

がなければ世界の不合理さに気づくことはできない。

　ベンチャー企業にはそんな「なるほど！」と「おや？」が数多く存在する。基礎概念と全体像として，第1章ではベンチャー企業を，第2章ではその主体となる起業家を取り扱う。第3章では，ベンチャー企業がどのようなプロセスを経て成長するのかを説明し，第4章ではそのスタートに位置する事業機会の考え方を紹介する。第5章では，ベンチャー企業の全体像を戦略的観点から見る。これを理解したうえで事業計画について第6章で説明する。

　事業には資金が欠かせない。資金調達の概要を第7章において説明し，第8章ではこれに伴う問題である資本政策を説明する。さらに資金提供側となるベンチャーキャピタルについては第9章で説明する。このようにベンチャー企業は単体で成長するわけではない。そのため，ベンチャー企業の周辺にいる様々なプレイヤーを第10章で，支援する側の観点を第11章で取り扱う。

　さらに最近は様々なトピックスがある。世界的に注目の集まる社会的起業家については第12章で，ボーングローバル企業については第13章で，最先端の技術を開発する大学発ベンチャーについては第14章で取り扱う。また，事業が成功すればそれで終わりではない。直面する問題となる家族や事業承継について第15章で取り扱う。さらに昨今のプレイヤーのアクセラレーターを事例研究として第16章でとりあげる。

　このように，本書は様々な事柄を網羅的に取り扱う。そのため，本書は特定の問題を，深く実践的に解説するものではない。だからこそ，読者におかれては，本書を読み終えたあとも，「なるほど！」と「おや？」の二つの感じを大事にして活躍していただきたい。本書だけではたどり着けなかった「なるほど！」と，私たちが気付くことのなかった「おや？」に多く出会っていくことを心から祈ってやまない。

　2020年4月

　　　　　　　　　　　　　　　　　　　　　　　　　編　者

目　次

はしがき

第1章　ベンチャー企業とはなにか ———————————— 1
第1節　はじめに …………………………………………… 1
第2節　ベンチャー企業の理解 …………………………… 2
第3節　理解するための問題 ……………………………10
第4節　むすびに …………………………………………12

第2章　起　業　家 ———————————————————————— 17
第1節　はじめに …………………………………………17
第2節　起業家という概念の生成と発展 ………………18
第3節　経営学における起業家論 ………………………26
第4節　むすびに …………………………………………29

第3章　ベンチャー企業のプロセス ———————————— 34
第1節　はじめに …………………………………………34
第2節　ベンチャー企業特有のプロセス ………………35
第3節　理解するための問題 ……………………………43
第4節　むすびに …………………………………………45

第4章　事業機会 ———————————————————————————— 50
第1節　はじめに …………………………………………50
第2節　事業機会とは何か ………………………………51
第3節　事業機会に対する姿勢 …………………………59
第4節　むすびに …………………………………………61

第5章　ベンチャー企業と経営戦略 ———————————— 66
第1節　はじめに …………………………………………66
第2節　ベンチャー企業の戦略課題 ……………………67
第3節　ベンチャー企業の発展と革新力 ………………76

第4節　むすびに ……………………………………………77

第6章　事業計画 ——————————— 83
第1節　はじめに ……………………………………………83
第2節　事業計画の作成プロセス ……………………84
第3節　事業計画にまつわる三つの誤解 …………92
第4節　むすびに ……………………………………………95

第7章　ファイナンス ——————————— 99
第1節　はじめに ……………………………………………99
第2節　資金調達の基礎知識 ………………………… 100
第3節　企業価値向上へ向けた考え方 …………… 109
第4節　むすびに ………………………………………… 111

第8章　資本政策 ——————————— 115
第1節　はじめに ………………………………………… 115
第2節　ベンチャー企業の資本政策 ……………… 115
第3節　近年のベンチャー企業における資本政策 ………… 125
第4節　むすびに ………………………………………… 127

第9章　ベンチャーキャピタル ——————————— 132
第1節　はじめに ………………………………………… 132
第2節　ベンチャー企業の資金調達とベンチャーキャピタル… 133
第3節　近年の日本のベンチャー企業を取り巻く環境変化 … 140
第4節　むすびに ………………………………………… 143

第10章　ベンチャー企業のネットワーク ——————————— 147
第1節　はじめに ………………………………………… 147
第2節　ベンチャー企業のネットワーク形成過程 ………… 148
第3節　新しい外部との連携の概念 ……………… 156
第4節　むすびに ………………………………………… 157

第11章　ベンチャー支援 ——————————— 162
第1節　はじめに ………………………………………… 162
第2節　政府・地方自治体の支援 ………………… 164
第3節　インキュベーションと大学のベンチャー支援 …… 173

　　　　第4節　むすびに ……………………………………… 179

第12章　社会的起業家 ────────────── 185
　　　　第1節　はじめに ………………………………………… 185
　　　　第2節　ソーシャル・ビジネス ………………………… 186
　　　　第3節　新たな経済主体と社会調和 …………………… 194
　　　　第4節　むすびに ………………………………………… 199

第13章　ボーングローバル企業 ────────── 204
　　　　第1節　はじめに ………………………………………… 204
　　　　第2節　グローバル企業とその類似企業 ……………… 205
　　　　第3節　起業家精神の国際比較とシリコンバレーからの示唆… 214
　　　　第4節　むすびに ………………………………………… 216

第14章　大学発ベンチャー ──────────── 221
　　　　第1節　はじめに ………………………………………… 221
　　　　第2節　大学発ベンチャーの特性と現状 ……………… 222
　　　　第3節　大学発ベンチャーの展望 ……………………… 230
　　　　第4節　むすびに ………………………………………… 233

第15章　ファミリービジネス ───────────── 239
　　　　第1節　はじめに ………………………………………… 239
　　　　第2節　ファミリービジネスの概要 …………………… 240
　　　　第3節　わが国ファミリービジネスの現状と課題 ……… 250
　　　　第4節　むすびに ………………………………………… 253

第16章　事例研究　アクセラレーター ─────── 257
　　　　第1節　はじめに ………………………………………… 257
　　　　第2節　なぜ，アクセラレーターという機能があるのか …… 258
　　　　第3節　アクセラレータープログラム主催者 ………… 261
　　　　第4節　アクセラレーター運営の基準 ………………… 263
　　　　第5節　アクセラレータープログラムの流れ ………… 267
　　　　第6節　アクセラレータープログラムを活用する起業家の
　　　　　　　　心構え・姿勢 ……………………………………… 272

索　引　275

《著者紹介》（執筆順）

小野瀬　拡 （おのせ・ひろむ）担当：第1章，第3章，第4章
　※編著者紹介参照

村山　元理 （むらやま・もとまさ）担当：第2章
　駒澤大学経営学部教授

浦野　恭平 （うらの・やすひら）担当：第5章，第14章
　※編著者紹介参照

藤井　辰紀 （ふじい・たつのり）担当：第6章
　日本政策金融公庫総合研究所中小企業研究第一グループリーダー

藤井　辰朗 （ふじい・たつろう）担当：第7章
　中部大学経営情報学部専任講師

清水　健太 （しみず・けんた）担当：第8章
　松蔭大学経営文化学部専任講師

佐久間　信夫 （さくま・のぶお）担当：第9章，第11章
　※編著者紹介参照

林　幸治 （はやし・こうじ）担当：第10章
　大阪商業大学総合経営学部教授

井上　善博 （いのうえ・よしひろ）担当：第12章
　神戸学院大学経済学部教授

中村　久人 （なかむら・ひさと）担当：第13章
　環太平洋大学経営学部教授

後藤　俊夫 （ごとう・としお）担当：第15章
　日本経済大学大学院　特任教授

鈴木　規文 （すずき・のりふみ）担当：第16章
　株式会社ゼロワンブースター　代表取締役

第1章
ベンチャー企業とはなにか

第1節　はじめに

　高等学校の「政治・経済」で「ベンチャー・ビジネス」という用語を学習したことがあるだろう。たとえば，「新技術や高度な知識を軸に創造的，冒険的な経営を展開している知識集約的な中小企業」[1] や「新技術や，独自で高度な研究開発能力を生かして，冒険的な経営をおこなう中小企業群」[2] などといった説明に触れたのではないだろうか。

　この「ベンチャー・ビジネス」は，最近では「ベンチャー企業」や「スタートアップ」として使われることが多い。詳細は後述するとして，本書では，これらを「ベンチャー企業」と統一して表記する。「ベンチャー企業」には多様な理解がある。たとえば，新規性をもった事業を展開し，創業から短期間で急成長する企業などがベンチャー企業と理解されている。

　ベンチャー企業それ自体を分析し説明する際には，最初に定義づけがなされる。今後読者が「ベンチャー企業」についての説明を見聞きする場合は，その定義がなんなのかを確認したほうが良い。なぜならばこの言葉は極めてあいまいだからである。これらを細かく分けて議論する論者もいるが，一般的な概念整理による区別ではない。

　そのため，ある人にとっては「ベンチャー企業」と位置付けられる企業が，別の人にとっては「ベンチャー企業」ではないという事態が生じている。この章では，ベンチャー企業とはどんなものなのかを理解することが大きな学習目標である。

　まずベンチャー企業それ自体の一般的な理解を紹介し，その後「あいまい」にかかわる問題を紹介する。このことによって，ある人のいう「ベンチャー企業」を見る際に，より注意してその会社を理解し，分析することができるようになる。

第2節　ベンチャー企業の理解

1．ベンチャー企業の活躍
（1）ベンチャー企業

　現時点では大企業であっても，過去にベンチャー企業として位置付けられる期間がある。ベンチャー企業は，小規模な事業からはじまり急成長することに特徴がある。そのため大企業の創業期を見ることもまた一つのベンチャー企業の見方である。そのためか，ベンチャー企業はイノベーションを行う企業としての期待を負っている，とみなす傾向がある。イノベーションとは「革新」と訳され，単なる発明や技術革新にとどまらない社会へのインパクトをもつものとして理解される。たとえば，ドラッカーはイノベーションを技術的な用語というよりは社会にかかわる用語として位置づけている[3]。ベンチャー企業が起こしたイノベーションとして，次のような事例がある。

　今では国内 EC の王者として君臨する楽天だが，やはり創業は小さなものであった。これを率いたのが三木谷浩史である。彼は楽天を立ち上げ楽天市場によって，消費者の購買行動や業者の販売方法を劇的に変えた。サイバーエージェントの藤田晋はインターネット広告事業で業績を伸ばし，さらにアメーバ事業でブログ文化をつくった。現在同社は AbemaTV という新たなウェブメディアを展開している。

　これらの会社をベンチャー企業と呼ぶことができるだろうか。少なくとも2020 年代に楽天やサイバーエージェントをベンチャー企業と位置付ける人はほとんどいない。しかし 2000 年前後には間違いなくベンチャー企業であった。かつて『日経ベンチャー』という雑誌があった。両社は，この雑誌の「ベンチャー・オブ・ザ・イヤー」という表彰を受けたほど優秀な「ベンチャー」企業

だったわけである。

　情報技術関係の会社でなければベンチャー企業と位置付けられないというわけでもない。出雲充はミドリムシが健康食品やエネルギーに応用できることに着目し，ユーグレナを設立した。同社は健康食品で成長し，その後バイオ燃料開発を進めている。特にバイオ燃料によるフライトの実現は，日本におけるエネルギーの転換となる可能性をもっている。

　クモの糸の強度に目を付けた関山和秀は Spiber を創業し，クモの糸と同じ成分の繊維という新しい材料を生み出した。クモの糸は柔軟性をもちつつ頑丈である。レクサスの椅子にも採用されたバイオ素材 QMONOS は大きな注目を集めた。

（2）海外の状況

　海外に目を向ければ，創業間もなく成長した企業が世界を変えた。GAFAと呼ばれる世界的企業があるが，これらも創業から間もなく大きくなった企業，すなわちベンチャー企業と位置付けられる時期があった。

　ペイジとブリンが創業した Google は検索エンジンで知られているが，広告，クラウドなど多岐にわたる事業で業績を伸ばした。その提供する数多くのウェブサービスはインターネットユーザーのライフスタイルを変えた。ウォズニアックとジョブズによってはじまった Apple はデザイン性，機能性に優れたプロダクトで知られる。Apple の iPhone はスマートフォンの世界をつくった。ザッカーバーグの Facebook は SNS の世界をつくった。近況報告や連絡は電話や手紙ではなく SNS で行うようになり，新しいコミュニケーションの形をつくった。Amazon は消費者の購買行動を変えた。

　世界を変えてきたのは，昔から存在する大企業によるものが注目されがちだが，できたばかりのベンチャー企業の活躍による場合も多い。製品やサービスのライフサイクルの問題もあるが，主役の交代を見る際にベンチャー企業に注目する意味はある。

4

２．ベンチャー企業の意義

（１）イノベーションの担い手

　以上の例から，ベンチャー企業には一般的にイノベーションを担う役割があると理解されている[4]。イノベーションとは単なる技術開発にとどまらず，社会的なインパクトを伴うものである。たとえば，AirBnB は，単に宿泊する場所を紹介するサービスをつくったというだけではなく，民泊の市場とそれを当然のように利用する世界をつくった。トラビス・カラニックとギャレット・キャンプの Uber は，単にドライバーと移動する人とをつなぐサービスをつくっただけではなく，ライドシェアを当然のように利用する世界をつくった。

（２）経済活動上の意義

　イノベーションは単なる技術用語ではなく社会へのインパクトを含むものである。そのため，ベンチャー企業には高い成長性が期待されている。すでに大企業となったものの比較であるが，時価総額ランキングの国際比較に注目が集まったことがある。10 年以上前はウォルマートなど伝統的な企業がトップ

図表 1 － 1　時価総額ランキング

順位	1992 年		2016 年	
	社名	時価総額（億ドル）	社名	時価総額（億ドル）
1	エクソンモービル	759	アップル	6,176
2	ウォルマート・ストアーズ	736	アルファベット（グーグル）	5,386
3	GE	730	マイクロソフト	4,832
4	NTT	713	バークシャーハザウェイ	4,016
5	アルトリア・グループ	693	エクソンモービル	3,743
6	AT&T	680	アマゾン・ドット・コム	3,563
7	コカ・コーラ	549	フェイスブック	3,324
8	パリバ銀行	545	ジョンソン・エンド・ジョンソン	3,134
9	三菱銀行	534	JP モルガンチェース	3,088
10	メルク	499	GE	2,795

出所：「時価総額ランキング上位企業」（https://finance-gfp.com/?p=2042）［2018 年 3 月 23 日閲覧］より筆者作成。

テンに並んでいたが，2016 年時点では Alphabet（Google の親会社）や Amazon など，比較的若い企業が並んでいる。このことは経済活動の主役が変わったことを意味する。ここから，経済活動活性化の中心はクラシカルな大企業を支援するよりも，ベンチャー企業を支援したほうがよい，という考え方もできる。

　このように「ベンチャー企業」とは創業間もなく急成長するものと位置付けられるものである。とくに「中小企業」や「スモールビジネス」が堅実な経営を維持するのに対し，ベンチャー企業は急速に成長することで，その概念が成立しているようにみえる。

　急成長することに特徴のあるベンチャー企業にとっては，上場することが目標のひとつになることがある。事業を成長させていくにともなって，第三者割当増資などが行われ，創業者の持株比率は低下する。株式市場に上場すれば株式はさらに分散される。これらは，見方を変えれば，自らの会社を小分けにして売っている，ということである。また最近では，上場せずに大企業に会社を売却するパターンも一般的に知られるようになった。

　このように，ベンチャー企業の研究分野では，成長するということだけではなく，事業を売却するというイグジットの考え方もある。事業をつくり継続的に成長させていくというクラシカルな見方からは，会社を売っていくとするこの発想には違和感が持たれることがある。

　このようなベンチャー企業に投資する存在としてベンチャーキャピタルがある。ベンチャーキャピタルはファンドを組成し，投資家から資金を集め，将来有望なベンチャー企業の株式を買い取る。その企業の価値を高めてから株式を上場させて市場に売却するか，企業等に売却することでリターンが生じる[5]。これがベンチャーキャピタルの簡単なビジネスモデルである。

　このようにベンチャー企業は，その事業自体の注目が集まるばかりではなく，「いくら調達したか」という点も注目される。2019 年現在の日本では Preferred Networks や Spiber など，未上場でありながら 100 億円以上の調達をする企業も珍しくなくなった。それらの企業は業績や将来性について評価されていることはもちろんだが，調達額にも大きな注目が集まっている（詳しくは，第9章　ベンチャーキャピタルを参照せよ）。

3．「ベンチャー企業」のあいまいさ

（1）定義の困難

　これまでベンチャー企業の意義についての一般的な理解を紹介したが，これだけでは，ベンチャー企業と中小企業の違いはわからない。たとえば，ベンチャー企業の活動の促進を進めている経済産業省は『事業会社と研究開発型ベンチャー企業の連携のための手引き（第二版）』において，ベンチャー企業を「中小企業や大企業とは異なり，スケーラブルなビジネスを急速に成長させることを目指すイノベーションに特化した事業組織」と位置付ける。大きい会社と中小規模ぐらいの会社があるが，ベンチャー企業は急速に成長するからそれらと異なるという理解である。しかし，成長する前の段階で，中小企業とベンチャー企業をわけることはできない。また何の条件を満たしたらベンチャー企業と呼ばれるのか，どこまで大きくなったらベンチャー企業ではなくなるのかといった点についてもあいまいである。そのため，調査・分析する場合には，その調査にふさわしいベンチャー企業の定義がなされることになる。

　このようになるのは，「ベンチャー企業」という言葉があいまいだからである。なぜあいまいなのかについては，まず「法律で決まっているわけではない」点を挙げることができる。中小企業には中小企業基本法第二条に定められた定義[6]があるが，法律などによって定めようがないベンチャー企業を説明するには，論者ごとに個別に定義するしかない。しかしこの作業もいくつか考えなければならない点がある。「急成長」一つだけにしてもいろんな問題がある。例えば「創業3年以内で，売上高前年度比200％以上」をベンチャー企業であるとした場合，「1年目の売上高が10万円，2年目は20万円，3年目は40万円」はベンチャー企業だろうか。「〜に認定されればベンチャー企業である」とした場合，その認定はなされなかったけれども認定された企業よりも高いパフォーマンスを出した企業は，ベンチャー企業ではないとみなしてよいのか，などといった問題がある。議論を整理するため，調査対象を明確にするために，同じ論者であってもベンチャー企業は都度定義される。このことはベンチャー企業の指すものが一般的ではないことを意味する。そこで創業間もなく急成長する企業という漠然としたイメージが残されるだけとなる。なお最近使用され

る「スタートアップ」も同じである。もともと企業の操業開始段階を意味した「スタートアップ」は，かなり成長して大規模になった企業までも含むようになった。その範囲は「ベンチャー企業」同様あいまいである。

（2）「ベンチャー・ビジネス」の成立

　「なぜ『ベンチャー企業』はあいまいなのか」という問いに対するもう一つの答えは，この語が使用されるようになった経緯にある。ベンチャー企業はかつて「ベンチャー・ビジネス」と呼ばれていた。「ベンチャー・ビジネス」が登場する背景には大企業と中小企業の差が問題視されたことにさかのぼる。1957年の『経済白書』は，大企業と中小企業との間の差を意味する「二重構造」に言及した。この問題を解決しようとする動き，また中小企業の海外進出を促進させる動きの中で，1963年に「中小企業基本法」が公布・施行された。この動きは，どちらかといえば中小企業保護の色合いが強いものであった。

　これに対し小規模でもしっかりした会社をどうすれば伸ばせるだろうかという点が問題となった。この流れでできたのが1964年の『中堅企業論』であった。中村秀一郎はネガティブなイメージのある中小企業のなかにもユニークで成長する企業があることを主張した。

　その後，通産省の佃近雄がボストン大学のベンチャーキャピタリストの議論を聞いて，「ベンチャー・ビジネス」という言葉をつくって日本に紹介した。このことが和製英語「ベンチャー・ビジネス」のはじまりである。当時，国民金融公庫（現：日本政策金融公庫）に勤めていた清成忠男，中堅企業を提唱した中村秀一郎，さらに平尾光司の三者による『ベンチャー・ビジネス　頭脳を売る小さな大企業』が1971年に刊行されたことで，日本国内に「ベンチャー」概念が広まった。

　もともと英語のベンチャー（venture）には，事業を始めるという意味がある。ベンチャー企業や創業，起業家を取り扱う分野のトップジャーナルの一つに *Journal of Business Venturing* がある[7]が，このタイトルはこの使用法である。そのため，Venture Business という使用は英語圏では一般的ではなかった。日本の「ベンチャー企業」に様々な理解があり，共通の理解が困難になっ

ているのはこのためである。最近では，特にイノベーションを起こすものとしてのベンチャー企業が期待されることが多い。

（3）ベンチャーブーム　～「みんな飛び込んでいるよ」でいいのか？～

　創業後まもなく急成長するビジネスは昔からある。渋沢栄一は急成長する会社，つまり今でいうベンチャー企業をいくつも立ち上げているし，さかのぼれば三井高利の越後屋もベンチャー企業と位置付けたとしても問題はない。しかしこのように「あれもこれもベンチャー企業」と言い出すと，様々な意図が入りだすことがある。

　ベンチャー企業の歴史を振り返る際の「ベンチャーブーム」がこれにあたるだろう。およそ。第一次ブームは『ベンチャー・ビジネス　頭脳を売る小さな大企業』が発行された1970年代初頭で，第二次ブームは店頭市場の緩和などの1980年代初頭であったとされる。第三次ブームは1990年代にあったとされる。1995年の創造法（中小企業の創造的活動の促進に関する臨時措置法）や97年の日本ベンチャー学会，99年の東証マザーズ設立などベンチャー企業に注目が集まった期間である。また，2000年代に第四次ブームがあったともいわれる[8]。

　実際に数字を追ってみる。2019年の『中小企業白書』は開業率が廃業率を

図表1−2　『2019年版中小企業白書』による開業率・廃業率の推移

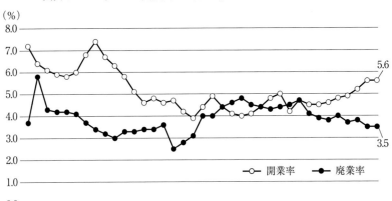

出所：中小企業庁『2019年版　中小企業白書』日経印刷，2019年，67ページ。

上回っていることを示した。開業する割合が高まってきているように現在はベンチャー企業の活動が活発になってきているともいえる。ただ,「ブーム」と位置付けられる 80 年代初頭や 90 年代よりも「バブル」の 80 年代終盤のほうが開業率は高い。

　この統計は雇用保険に基づいた厚生労働省の調査[9]をもとにしている。雇用保険をベースにしているため, かならずしも実態を示しているわけではない。しかし, それを差し引いても開業率が廃業率を上回っていることに注目がいきがちだが, 長期的にみれば開業率が 80 年代中盤にまで戻ってきただけにすぎない。また,『中小企業白書』の開業率と廃業率を示すデータの出所が, ある年突然変更されることにも注意が必要である。場合によっては, 結論が全く違うものになる可能性が残されるためである。

　振り返ってある時代を「ブーム」と位置付けてもよいのかもしれない。しかし, それぞれブームと位置付ける共通の根拠はなんだろうか。なにかしらが急激に沸き起こるのがブームであるが, 開業率も, ファンド設立数も上場数も, その期間のみに急増したというには弱い。なんらかの意図をもって使用される言葉がこの「ベンチャーブーム」であろう。

(4) イノベーションの捉えようのなさ

　イノベーションの重要な要素である新規性をどのように考えるかは難しい。たとえば, とある食堂街でその食堂街の他の店がやっていないライス大盛無料サービスという「新規性」を用いた店主が「うちはよそのやっていない新規性のある大盛無料をしているからベンチャーだ」と主張することに違和感を持つ人もいるかもしれない。もはやどうでもよくなり,「ベンチャーかどうかはどうでもいい」と切り捨てる人の方が多いかもしれない。この言葉は厳密に考えられず使用されてきた。むしろ厳密にするほうが現実的でない状況がある。このようにベンチャーの新規性の程度を定義することは難しい。

(5) 資源の少なさ

　以上のようにベンチャー企業には多様な理解がある。このテキストは複数の

著者によって書かれている。全ての著者によって書かれていることは「ベンチャー企業」であるが，それぞれこの語のニュアンスが異なっていることに気づくはずである。しかし，この章で説明したようにベンチャー企業には創業し急成長していくという共通点がある。急成長するためには，多くの制約条件に直面することになるが，特に資源が不足している問題を解決しなければならない。しかし，ベンチャー企業は大企業と比較するとその資源が不足している。

　少ない資源で事業を成長するためには，事業機会を把握し，戦略を打ち立てると共に事業計画を組み立てることが必要となる。特にファイナンスつまり資金調達は問題となるが，その解決のためには，自社の資本政策やベンチャーキャピタルの性質を知らなければならない。そのほかの資源も不足しているからこそ，資金のみならず様々なネットワークを考える必要がある。資源の少ないベンチャー企業を支援する行政や民間の組織やプログラムがある。資源が少ないながらも公的機関以上の活躍をする社会的起業家がいたり，大企業の海外展開に匹敵する活躍をするボーングローバル企業が存在したりする。

　資源の少なさのみならず制約条件も問題となる。大学発ベンチャーも大学の知的資源を使用してイノベーションを次々起こしていることに注目が集まるが，本来営利組織ではない大学を舞台にしている。さらに家族の存在は企業家にどう影響しているのかという問題がある。そこで近年ファミリービジネスと起業家研究が接近している。このように資源の少なさやその他制約条件がベンチャー企業に存在するからこそベンチャー企業を取り扱う必要がある。

第3節　理解するための問題

1．サバイバーシップ・バイアス

　ベンチャー企業を正確に把握する際には，いくつかの問題がある。これは，実際にベンチャー企業を立ち上げようとする者にも，ベンチャー企業を調査しようとする者にも共通して存在する。ここでは大きく「生き残った会社からしか分析できない」問題と，「最良とはいえない少数派の選択肢を選ぶ」問題とを紹介する。

　冒頭に説明したように，この章でベンチャー企業の例として紹介したもの
は，あくまで成功例として紹介されている。事例には，実践に応用できる意義
深い内容が含まれている。『2017年版中小企業白書』「第2－1－47図成長タ
イプ別に見た，在学中に受講した起業家教育の内容」が示すように，高成長型
の企業の経営者による主たる学習は「起業家に関する本を読む」であった。こ
のことから起業家の事例を見ていくことは自ら事業を立ち上げようとする際に
は大事な学習になる。

　しかし，ベンチャー企業を成功事例から見て参考にして実践する際には同時
に注意しなければならない点がある。それは起業家の事例を見ると作業は，「生
き残った会社からしか分析できない」という問題を併せ持つという点である。
成功した会社の行っていた実践を，撤退した会社も行っていた可能性があると
いうことに留意する必要がある。

　生き残った事例から全体の傾向を誤って推測することをサバイバーシップ・
バイアス（survivorship bias）あるはサバイバル・バイアス，生存バイアスとよ
ぶ。ベンチャー企業についての調査分析は，撤退した者のサンプリングが難し
いために，この問題に直面することが多い[10]。

2．サンプリングの問題

　成功した一部の事例を見る際の注意点はまだある。それは，「最良とはいえ
ない少数派の選択肢を選ぶ」問題である。ベンチャー企業では，大型調達や上
場が注目される。それら調達した企業は，やがてIPOやM&Aなどによって
株式が移動する。それは所有権が移動することである。しかし，日本の近年の
IPOの件数は年間100もない。これに対し，株式会社設立数は年間8万社程度
ある。単純にIPO件数を分子に設立数を分母にして割合をもとめれば，800社
に1社もないということになる。『2018年版　中小企業白書』によればM&A
の件数は2017年に3,000件を超えた。これらの多くは事業承継にともなう事
業譲渡であるとみられるが，それらがすべてベンチャー企業のM&Aであっ
たとしても，同様に4%弱しかない。その他の会社は急成長もせず安定的に推
移することになる。

　以上，様々な要因が入っているため，一概に上場に至る確率や M&A に至る確率を出すのは難しい。しかし，そうであっても上場に至ることはまれであり，M&A に至ることも少数であると考えたほうが良い。これは，優秀なベンチャー企業と位置付けられる会社の成功要因とされる要因が，多数派にとって最良とはいえない選択肢である可能性を含む。

　一般的な中小企業を成立させていこうとするのではなく，急成長するベンチャー企業をつくりたいということであれば，一般的ではない手法が功を成すこともある。しかし，一般的な選択肢をとったほうがいいのか，少数派の選択肢をとったほうがいいのかを事前に区分けすることはできない。つまり，成長途上の時点では，特定の要因の判断は事後的にしか結論付けられないという点に最大の問題がある。逆に言えば，確率がどれほどであろうと事業を開始し，発展させていく意思があることがベンチャー企業をイノベーションに導いていくアントレプレナーシップ（entrepreneurship）の中核であるといえるだろう。

第4節　むすびに

　この章では，ベンチャー企業の一般的な理解を紹介した。少し時をさかのぼれば多くの企業がベンチャー企業としてイノベーションを引き起こし，世界を変えてきたことを紹介した。さらにこの用語のあいまいさについても用語が使用されるようになった経緯から説明し，「ベンチャー企業」に関するいくつかの問題についても説明した。

　さらに本章ではベンチャー企業を見る際に，「生き残った会社からしか分析できない」問題と，「多数派にとって最良とはいえない選択肢を選ぶ」問題を紹介した。成功したベンチャー企業を見ることは意味のあることである。しかし，これらの問題があるために，単なる成功企業の模倣では判断を誤る可能性がある。「なぜあの会社は成功したのか？」の問いには，「なぜ多くのベンチャー企業はそうなっていないのか？」をあわせて考える必要があるだろう。

　一つの事例やデータから学ぶこと自体は重要である。しかし，ベンチャー企業の成功事例に触れることがあれば，ベンチャー企業特有の話なのだろうか，

なぜ他の会社はそうならないのか，などを考えてみると，さらにより深く考えることができるだろう。

　最後に，例を用いて説明することの問題点を指摘しておく。この章における筆者のように概念を説明する者は，相手に理解しやすくしようとするため，典型的な例を用いがちである。典型的な例を用いれば「ベンチャー企業とはこういうものだ」が固定化されてしまう。そうすることで創造的な発想を妨げる恐れがある。このように「ベンチャー企業」概念それ自体だけでも，様々な問題があることを説明しておく。

考えてみよう！

　　成功したベンチャー企業から学ぶ際に注意すべきことは何か。この章で紹介された内容以外のことを考えてみよ。

【注】

（1）政治・経済教育研究会編『政治・経済用語集』山川出版社，2014 年，175 ページ。
（2）上原行雄・大芝亮・山岡道男監修『用語集政治・経済』第 2 版，清水書院，2015 年，289 ページ。
（3）Drucker, P. F., *Innovation and Entrepreneurship: Practice and Principles*, Heinemann, 1985.（上田惇生訳『イノベーションと企業家精神』ダイヤモンド社，2007 年，13 ページ）。
（4）ベンチャー企業が引き起こすイノベーションの研究は，シュンペーター（J. A. Schumpeter）の新結合（neue Kombination）にさかのぼることができる。
（5）株式市場に上場することは IPO（Initial Public Offering）といわれる。この語は厳密には上場時の株式募集のことをいう。また，会社の株を売却することを M&A（Mergers and Acquisitions）や，バイアウトといわれることが多い。
（6）「中小企業」も規模で考えた際の大企業に対する相対的な概念である。時間軸でみればこの法律で定められた中小企業の規模の範囲は変更されている。当然だが日本以外の国や地域ごとに法の定める中小企業の規模は異なる。
（7）なお，この分野のトップジャーナルでは *Entrepreneurship Theory and Practice* も有名である。このタイトルからわかるように，ベンチャー企業研究として，アントレプレナーすなわち起業家（企業家とも表記される）の研究は欠かせない。
（8）このことについては小野瀬拡「ベンチャーブームに関する史的考察」『経営学論集』第 17 巻，第 3-4 号，九州産業大学，2007 年，19-37 ページを参照されたい。

（9）『中小企業白書』は，総務省の「事業所・企業統計調査」およびそれを受け継いで「経済センサス」をもとにして出されていた。厚生労働省の「雇用保険事業年報」をもとにした統計に変わったためである。

（10）江島（2014）はこの点について生存企業と非生存企業とを比較することで，この問題をクリアした研究を行っている。コスト優位性や権限移譲などの点で差異があることを明確にした。

◆参考文献◆

Drucker, P. F., *Innovation and Entrepreneurship: Practice and Principles*, Heinemann, 1985. （上田惇生訳『イノベーションと企業家精神』ダイヤモンド社，2007 年）.

Schumpeter, J. A., "Unternehmer," in: Elster, D., Weber, A., and F. Wieser, (eds.) *Handwörterbuch der Staatswissenschaften*, 8th edition, 1928, pp. 476-487（清成忠男編訳「企業家」『企業家とは何か』東洋経済新報社，1998 年，1-51 ページ）.

Shane, S., *The Illusions of Entrepreneurship*, Yale University Press, 2008（谷口功一・中野剛志・柴山桂太訳『＜起業＞という幻想』白水社，2011 年）.

Zhang, S. X., and J. Cueto, "The Study of Bias in Entrepreneurship," *Entrepreneurship Theory and Practice*, 41(3), 2017, pp.419-454.

上原行雄・大芝亮・山岡道男監修『用語集政治・経済』第 2 版，清水書院，2015 年。

江島由裕『創造的中小企業の存亡』白桃書房，2014 年。

小野瀬拡「ベンチャーブームに関する史的考察」『経営学論集』第 17 巻，第 3-4 号，九州産業大学，2007 年，19-37 ページ。

清成忠男・中村秀一郎・平尾光司『ベンチャー・ビジネス　頭脳を売る小さな大企業』日本経済新聞社，1971 年。

政治・経済教育研究会編『政治・経済用語集』山川出版社，2014 年。

中小企業庁編『2018 年版　中小企業白書』日経印刷，2018 年。

中小企業庁編『2017 年版　中小企業白書』日経印刷，2017 年。

事例 1 － 1) Google　ラリー・ペイジとセルゲイ・ブリン

　Google と聞けば，検索エンジン，Android，Google マップ，G-Mail など使い勝手のいいサービスを思い浮かべる。インターネットユーザーのライフスタイルを変えたイノベーションを引き起こした会社である。外出先で天気が気になればAndroid 搭載のスマートフォンで天気を調べる。道に迷えば Google Map を利用するだけで現在地と目的地がわかるようになった。気になる動画を YouTube でみるライフスタイルができたのも Google 社によるところが大きい。

　これほど便利なウェブサービスだが，無料で利用することができる。それではGoogle はどこから収益を得ているのか。その答えは広告である。Google が提供する広告は検索連動型広告といって，Google で検索したワードにちなんだ広告が検索結果の上に表示されるようになっている。広告が意味を成すのは多くの潜在顧客の目にとまることである。多くの潜在顧客の目に留まるには，多くの人がそのサイトにアクセスする必要がある。それではアクセスを集めるためにはどうすればよいかといえば，ユーザーにとって使いやすいことである必要がある。

　つまり Google は多くの人にとって使いやすいツールを無料で提供し情報をあつめることで収益構造を確固たるものにしている。GAFA の一角の Google の強さの一つは開発力にあるだろう。

　そんな Google をつくったのはスタンフォード大学大学院の学生であったラリー・ペイジであった。サーゲイ・ブリンとの検索エンジンの共同研究から生まれた Google は 1998 年 9 月 4 日に設立された。Google は KPCB，セコイア・キャピタルといった名門ベンチャーキャピタルから出資を受け急成長し以降次々のウェブサービスを提供していった。Google には「Google の使命は，世界中の情報を整理し，世界中の人がアクセスできて使えるようにすることです」の理念が掲げられている。

【参考】「概要　Google」（https://about.google/）［2020 年 2 月 24 日閲覧］

事例1－2 ソフトバンクグループ　孫正義

ソフトバンクといえば携帯キャリアかプロ野球チームを思い浮かべるかもしれない。実は，それ以上に大きな収益を生み出しているのがベンチャー投資である。2018年度のセグメント利益では，国内通信のソフトバンク事業が7,251億円であった。これに対し，ベンチャー投資のソフトバンク・ビジョン・ファンドおよびデルタ・ファンド事業のセグメント利益は1兆2,566億円である。すでにソフトバンクは一番の稼ぎ頭がベンチャー投資事業の会社である。コワーキングスペースWeWorkへの出資は多くの話題となった。投資家としての側面としてみれば，まだ成長途上であったころの中国のAlibabaへの投資は有名である。

ソフトバンクも，もともとは米国留学から帰国した孫正義が始めたベンチャー企業であった。海外留学の最中に翻訳機を開発し豊富な資金を得た孫は，福岡の郊外にソフトバンクの前身となるユニソンワールドを設立した。孫は，パーソナルコンピュータの普及にあわせ，コンピュータに不可欠なソフトウェアの流通をてがけた。その後，インターネットの普及を読んだ孫はポータルサイトYahoo!と提携した。携帯電話が次のメインメディアになると予想すれば，ボーダフォン日本法人を買収した。日本におけるiPhoneの発売もソフトバンクがはじめて手掛けたものであった。

このように時代が動く前に先手を打ち，状況が変わるほど高いパフォーマンスを生み出すのが孫正義の特徴である。ユニソンワールド創業の時の指標の一つ「進化を味方にできる」こそ，ソフトバンクの発展のもととなった言葉であろう。世の中にはこのように世界の変化を見据えた会社が多くある。そのなかには停滞してしまう会社が数多くある。それはなぜだろうか。この事例の説明にもヒントがあるので考えていただきたい。

【参考】「ソフトバンクグループ　アニュアルレポート2019」（https://cdn.group.softbank/corp/set/data/irinfo/financials/annual_reports/pdf/2019/sbg_annual_report_2019_001.pdf）［2020年2月24日閲覧］

第2章
起　業　家

第1節　はじめに

　本章は起業家（仏・英 entrepreneur, アントレプレナー）という用語がいつ頃からどのような意味で理論化されたのかを探る。また関連した用語として起業家活動（entrepreneurship, アントレプレナーシップ）という用語についてもふれる。

　アントレプレナーは日本語では企業家，企業の創業者，スタートアップ[1]を起こす「起業家」という用語も使われ，「企業者」という訳語もある。そうした創業者の意味もメインとしつつ広い意味で「起業家」という用語を使う。どんな大企業でも始まりの時点では小規模であることは言うまでもない。

　創業者としての起業家を学ぶ意義とは何だろうか。ゼロからあたらしい企業を創業して，その企業を一代で大きくさせた著名な起業家は歴史に名を残している。彼ら起業家の果たす役割は経済発展の原動力となり，本章で詳しく述べるシュンペーターの理論として大変有名である。シュンペーターによれば，起業家は市場の均衡を破るイノベーター（革新者）であり，人類社会に豊かさをもたらす源泉となる。いつの時代でもイノベーターが必要であり，起業家の学習は経営学を学ぶ学生にとっては必須である。

　さて創業者としての起業家と対比されるのが，既存の企業の継承者である専門経営者（professional manager）である。創業者は永遠にその企業を維持していくことはできない。いつか次世代の経営者にバトンタッチしなければならない。継承された企業体はゴーイング・コンサーンとして持続することが意図されるが，企業の持続的発展は簡単なことではない。企業が行う事業の失敗，事

業の撤退または企業倒産，企業合併など企業寿命は常に短くなる傾向にある。

　現在ではそのような専門経営者たちで，諸機会に対して機敏な人こそが実は起業家だという見方も生まれている。すなわち起業家とは市場の均衡を破る創業者だけでなく，市場の均衡をもたらす経営者も起業家の概念に入っている。本章ではこのような起業家の概念がいかに生まれて発展してきたのかを第2節で経済学の理論として考える。第3節では経営学における起業家の概念がさらに広がっている状況を2人の研究者を通じて俯瞰する。

　これらのことを通じて，起業家の概念を理解することを，この章の学習目標とする。

第2節　起業家という概念の生成と発展

1．フランスの銀行家の貢献

　Entrepreneur（起業家）とはフランス語であり，「仲買人」というのが元々の意味である。この用語は，英語でも同じスペルで書くが，フランス語では「アントルプルヌフ」，英語では「アントレプレナー」の発音に近い。また日本語においては「企業家」や「起業家」あるいは「企業者」と訳される。使用する人によって，それぞれ企業家や起業家に異なった意味をもたせる場合もあるが，もとは Entrepreneur である。この著書では，最近使用される頻度の高まった「起業家」に統一する。

　この起業家が市場システムの中で仲介的な役割があることを最初に理論化したのは，リシャール・カンティヨン［フランス語読み，1680？ −1734］である。アイルランド出身で，若い頃のことはよくわかっていない。封建地主の次男として生誕。ジャコバイト派のため先祖伝来の土地が収奪された。ヨーロッパ各地を旅し，研究を重ね，スペイン継承戦争のスペインにも滞在したことがある。主としてアイルランド系のフランスの銀行家として活躍した。

　ジョン・ローによるミシシッピー体制のバブル崩壊によってフランスは大失敗し，イギリスでも南海泡沫事件で大損した。多くの投資家が大失敗し自殺者も出たこのバブル崩壊事件においてカンティヨンは巨額な蓄財に成功し

た。そのため多くの敵を作ってしまった。市場の不確実性を深く洞察した経験に基づいて 1730 年頃にフランス語で『商業試論』（仏：Essai Sur la Nature du Commerce en Général, 英：Essay on the Nature of Commerce in General）が書かれた。そして 1755 年にイギリスで出版された同書は，彼の死後に評価され，経済学の最初の理論書とみなされている。生産，消費，貨幣，利子，国際貿易，景気循環，インフレーションなどが論じられ，アダム・スミスなど多くの有力な経済学者たちに影響を与えた。

　同書は投資資金の高利について告訴されたことに対して外国為替の仕組みを説明するために書かれたと推定されている[2]。パリでは一時期拘留もされ，1720 年代は訴訟対応に追われた。最後は逃亡先のロンドンで焼け死んだという。

　英語名はリチャード・カンティロン（Richard Cantillon）である。マーフィー教授は，カンティヨンはケインズのように銀行家でありながら，理論家であったと評価している。オーストリー学派にとっては近代経済学の創始者として高く評価されている。

　カンティヨンによれば，社会には 4 つの階層があるという。政治家，地主，起業家，賃金労働者である。この中で，起業家とは危険を負担する小さな店の商人やあらゆる種類の小売商人である。商人は田舎から物資を一定の価格で買い，都会で転売するか一定でない価格で小売する。商人には競争があり，実際の需要を知らず，破産する者も出てくる。「不確実性のもとでの危険負担」が起業家の役割となる。一国の市場において需要と供給を仲介する起業家の重要な役割があることにカンティヨンは注目したのであった。そしてその役割は資本調達とは異なる点を明確にした[3]。

　経済学的に起業家の概念を最初に位置づけたカンティヨンの功績は大きい。

2．フランス経済学の貢献

　カンティヨンに続いて，起業家を経済学の理論として体系的に位置づけたのが，フランス人のジャン－バティスト・セイ［1767 - 1832］である[4]。

　セイはリヨンでユグノーの家庭に生れた。自然科学の教育をうけ，青年期に

イギリスのロンドンで英語を学ぶだけでなく，産業革命そのものを実地に学び，産業主義に生涯関わることになる。芸術への願望があったが，父の願いから実業の修行を始める。パリでは後の財務大臣となったクラヴィエの保険会社の秘書となり，その厳格な事務所において几帳面さを学ぶ。クラヴィエから借りたアダム・スミスの『国富論』に感銘を受け，自ら買って，注釈を書き続けた。その中で発表された論考が注目され，新聞社に呼ばれる。その後，自由主義の雑誌を創刊し，自ら健筆を揮った。

セイはナポレオン政権下で護民院のメンバーにもなった。しかし自由主義的な経済政策を望み，1804 年に辞任した。そして綿製造業など多くの実務にも携わった。

主著となる『経済学提要』（仏：Traité d'Économie Politique，英：Treatise on Political Economy）が 1803 に出版された。独創的で体系的な同書は生前，四度も改訂された。セイはアダム・スミスの『国富論』は一般の市民には手に入りにくく，具体例に欠け，いくかの重要なアイデアが欠けているか，誤っているとみなした。ここでは財・サービスの生産，分配，消費が理論化され，農業，製造業，商業の 3 つの産業によってもたられるとみなした。セイはアダム・スミスの紹介者という英語圏の評価は正当とは言えない。

同書は英訳もされた。トマス・ジェファーソンはその書を愛読した。セイは 50 歳のころ，産業振興が進むアメリカへの移住についてジェファーソンと相談した。セイはイギリスの経済学者であるリカードやマルサスとも論争した。

セイはこの著作で世界的に有名となった。1830 年にはコレージュ・ド・フランスの経済学の教授ともなった。その後，妻に先立たれ，心臓を弱くしたセイは 1832 年に亡くなった。

セイは起業家を地主，資本家，労働者とともに経済社会を構成する 4 人のアクターの一人として把握する。セイによれば，起業家とは「自分の計算に基づき，利益を求めリスクに身をさらしながら，なんらかの生産物を生産しようと企てる者である」と定義している。

セイの企業者機能について栗田（1986）は以下のように 5 つの特色があることを論じている。

1．生産における意思決定　2．資本調達　3．情報収集
4．危険負担　5．イノベーション

1に関して，セイの企業者機能として，管理者，調整者としての側面がもっとも注目されてきたという。起業家は資本や労働をあつめて，仕事を割りふる。生産における意思決定はセイにおいてはじめて認識された。

2に関して，起業家は必要な資金を調達する。起業家は資本家である必要はなく，企業者機能と資本家機能をセイは明確に分離させている。起業家は資本を借り入れる能力と人望が必要である。

3に関連して，起業家は需要側と供給側の双方の情報を入れることで，仲介者として機能するだけでなく，超過利潤を獲得できる。起業家における情報収集活動と起業家利潤との関係性がセイにおいて独自に見出された。起業家の主要な「判断力」は情報に基づくのである。

4に関連して，起業家は不確実性によって，自分の資産や名誉を失う危険性を負わねばならない。危険性の負担はカンティヨンが定義した起業家の特色であり，セイにおいても継承されている。

5に関連して，起業家は現在の言葉でいうところの新製品開発（プロダクトイノベーション），その製造方法の新開発（プロセスイノベーション）によって，差別化を行うことで利潤の獲得を求めるとセイは明確に考えた。失敗や技術の陳腐化という危険を承知の上で，起業家は革新（イノベーション）を実行することをセイは認識していた。

栗田は，1，2，3は均衡を維持・回復させる静態的役割，4，5は均衡を攪乱する動態的役割だと分類している。この中で，セイによってはじめて明らかにされたのが，1，5の起業家機能である。セイが，起業家は市場均衡を破壊し，回復させるという両方の側面を描いたことは，現代的に見ても高く評価できるものである。

セイは「販路の法則」で有名であるが，「販路の法則」に関連して，栗田は次のように述べている。

均衡状態では期待できない超過利潤を動機として，企業者は危険を伴うイノベーションを追求する。しかし，合理的な多数の（潜在的）企業者の存在は，その超過利潤を消滅させ，新たな均衡状態を出現させる。それが，「販路の法則」の世界である。そこでは，価格と生産費が均等しているので，企業者は生産費に含まれる彼の「労働」に対する報酬を受け取るにすぎない[5]。

3．シュンペーターの起業家論：伝統的理解の形成

　セイにおいて起業家機能の一つとして革新（イノベーション）があることが発見されていた。この概念を突出させて論じたのが，ヨーゼフ・A・シュンペーター［1883-1950］である。シュンペーターはケインズとならび，20世紀経済学の天才と言われているが，ケインズの華々しい活躍の蔭に隠れてしまった孤高の経済学者とされている。しかし，その起業家に関する理論は，むしろ経営学分野において継承されて，今なお注目されている。

　オーストリア・ハンガリー帝国のモラヴィア領のトリーシュという小さな町の織物工場主の子供として生まれた[6]。しかし父が若くして亡くなると，母は退役陸軍中将フォン・ケラーと再婚する。10歳のシュンペーターは，ウィーンの貴族の子弟向け名門校テレジアヌムに通い，優れた才能を発揮した。古典語，現代語だけでなく，哲学や社会学など幅広く学ぶ。1901年にテレジアヌムを優秀な成績で卒業し，ウィーン大学法学部へ進学。経済学を学ぶが，ワルラスの静態的な経済理論よりもマルクスの動態的な経済発展の理論に関心をもった。1906年には法学博士を授与されウィーン大学を卒業。イギリスに遊学し，カイロで法律家の仕事をしながら，最初の処女作である『理論経済学の本質と主要内容』（1908年）をドイツ語圏に向けて書いた。

　1909年から大学の教員となり，1911年にはグラーツ大学の教授に任命された。頭が良すぎるためにその任命に至るまでには多少の混乱があった。このグラーツ時代の1912年に『経済発展の理論』（初版）が書かれた。わずか29歳の時に主著の一つが完成したのであった。

　財務大臣，銀行家，そしてボン大学時代の10年を経て，1932年からアメリ

カのハーバード大学教授として過ごした。1950 年に脳溢血で急死した。最後の主要な著作は『資本主義・社会主義・民主主義』(1942 年) で民主主義の研究書であった。広範な深い教養により，その時代を洞察した警世の書であった。

（1）経済発展と新結合

シュンペーターによれば，発展とは内発的に経済に起こりうる変化である[7]。生産とはわれわれが利用する物や力を結合することである。発展は生産手段の新結合を通じて非連続的に表れる。こうした新結合を遂行することが革新である。新結合には以下のような 5 つの場合があり，大変有名である。

① 新しい生産物または生産物の新しい品質の創出と実現
② 新しい生産方法の導入
③ 産業の新しい組織の創出（例えばトラスト化）
④ 新しい販売市場の開拓
⑤ 新しい買い付け先の開拓

①はプロダクト・イノベーションであり，革新的な製品やサービスの開発は差別化の最大の要因となる。

②はプロセス・イノベーションと製造方法の革新である。例えば，大量生産方法の分業が見直されて，一人屋台生産のマイスターによる製造はより高い効率性とやりがいを生み出している。

③は組織のあり方，④は市場開拓，⑤はサプライヤーの開拓であり，現在の経営戦略論においても高度に発達したテーマである。

こうした新結合の遂行ないしは革新の担い手が起業家（独：Unternehmer）である。

（2）起業家とその役割

シュンペーターにとって起業家とは，新結合の遂行を自らの機能とし，その遂行にあたって，能動的要素となるような経済主体のことである。起業家は変動のメカニズムの担い手である。そして起業家類型は，創意，権威，先見性な

どによって特徴づけられる[8]。ここでも起業家像は英雄的な人物像が想定されている。

また起業家の行動を適切に解釈する動機を3つ上げている。

① 私的帝国を建設しようとする夢想と意志。
② 勝利者意志。利潤量はしばしば別の指標がないという理由だけで成功の指標となる。
③ 創造の喜び。起業家は変化と冒険とまさに困難そのもののために，経済に変化を与え，経済の中に猪突猛進する。

シュンペーターにとって，起業家とは「新結合を遂行する場合」のみである。そして起業家の多くは創業者であり，新企業をおこす若い新人だと仮定した。その際，危険を負担する者は起業家の要素には入れていない。リスクキャピタル（返済されない危険な投資金）を背負う銀行の役割をシュンペーターは高く評価する。危険を背負うのはいつも資本家だが，起業家は必ずしも資本家とは限らないとみなす。

一人の起業家が困難を乗り越えて成功すると，それは模倣され，他の多くの起業家の群生的出現を促す。

シュンペーターによれば，起業家による「創造的破壊」の過程こそ資本主義の本質的事実である[9]。シュンペーターは市場均衡の破壊者として起業家を捉えた。このような起業家像は後世に大きな影響を与え，起業家の伝統的理解を構築した。

しかし，後期においてシュンペーターは，トラスト化された資本主義において起業家機能が低下すると述べている。革新は大企業において日常業務化すると予測する。「新企業・新人」を後期において撤回した[10]。

しかし，現実には，アメリカでは大企業に代わって，1990年代にベンチャー企業が蘇生した。アメリカの「ニューエコノミー」において，前期シュンペーターの「新企業・新人」がむしろ正しいことが証明された。

4．カーズナーの起業家論

　シュンペーターと対比される起業家論を打ち立てた経済学者として著名なのが，イスラエル・M・カーズナー［1930-］である。イギスリで生まれ，南アフリカで少年時代を過ごし，アメリカのニューヨーク大学で学位を取得した。ニューヨーク大学のネオ・オーストリー学派の経済学者のミーゼスの弟子である。

　経済学の主流派である新古典派経済学においては，完全競争によって市場均衡があるとされて，起業家という主体的で能動的なアクターは必要のない理論となる。これに対してミーセズやハイエクによるネオ・オーストリー学派の経済学においては，起業家が市場プロセスにおいて不均衡から均衡を生む主体として描かれる。

　カーズナーはユダヤ教の聖職者のラビであり，タルムード学者でもある。

　カーズナーはシュンペーターの起業家がイノベーションを起こし続ける者であるよりも，「すでに存在し，気づかれるのを待っている諸機会に対して機敏である」者としてとらえた[11]。カーズナーは市場均衡を破壊する者だけが起業家なのではなく，むしろ市場均衡にいたるまでの市場プロセスにおいて「諸機会において機敏である者」として起業家が働く余地があるとみなした。カーズナーの起業家とは，不均衡の状態において「均衡をもたらす変化」を担うという独自の性格がある。

　シュンペーターの起業家像と対比させながら，カーズナーは以下のように語っている。

　　「私にとって，起業家活動の重要な特徴は，日常性と決別する能力ではなく，他者が気づいていない新しい機会を認知する能力である。起業家活動とは，新しい製品や新しい生産技術を導入することではなくて，新しい製品が消費者に疑いなく価値あるものとなり，他者が知らない新しい生産方法が実現可能となることを見通す能力なのである。私にとって，起業家の機能とは，彼の直面する費用曲線または収益曲線を移動させることではなく，どのように移動したかを認識することにある。

　シュンペーター体系において起業家活動が達成するものは，循環を攪乱し，不均衡を創造することである。逆に，私にとって起業家の役割は，体系内の運動の根本ではあるが，均衡化影響力をもっていることである。すなわち，均衡というなめらかな循環への傾向をつくり出すのは，未知の機会に対する起業家の機敏性（alertness）である。シュンペーターにとって，起業家活動は経済発展を触発するうえで第一次的に重要である。私にとって第一次的に重要なことは，あらゆる意味で市場プロセスがうまくワークするようにさせることであり，経済発展の可能性は特殊ケースの一つにすぎない」[12]。

　シュンペーターの起業家像が英雄的でごく限られた起業家を想定している。他方で，カーズナーが想定する起業家は大半の企業経営者に該当して，大変現実的な理論として歓迎されている。

第3節　経営学における起業家論

1．ドラッカーの起業家論

　前節では経済学者による起業家の概念をたどってきた。経済学の理論の中で起業家は市場均衡を破壊するもの，またはそれとは対極的に市場を調整するものとして描かれた。

　経営学においてはより現実的にマネジメントの主体として起業家は盛んに論じられている。特にベンチャービジネス論と関連して，起業家の出自，心理，役割，責務，マネジメント能力，育成や支援のあり方などが研究されている。ここでは，経営学分野において，古典的な扱いを受けている P. F. ドラッカーの『イノベーションと起業家精神』（Innovation and Entrepreneurship [1985]）について取り上げてみよう。

　ドラッカーはウィーン出身であり，その父がウィーン大学の講師でもあった関係からシュンペーターとも一度だけ会ったことがある。アメリカの GM という世界最大の自動車会社のマネジメントの具体的な研究から始まり，壮大な

マネジメント理論を文明史的な視座から書き続けた研究者である。そして偉大な経営コンサルタントであり，日本の実業界にも大きな影響を与えた。マネジメントという学問分野の確立に甚大な影響をドラッカーは与えた。初著の『マネジメント』から30年たって，今度は，『イノベーションと起業家精神』をマネジメント分野の一つとして体系づけたのであった。

　ドラッカーはセイやシュンペーターの起業家論に依拠しながらも，アメリカの起業家的な経済社会の文脈から起業家をかなり広く定義する。起業家とは「変化を捜し，変化に対応し，変化を機会として利用する者」とみなす。イノベーションを起こすものが起業家ということになり，シュンペーターの創造的破壊の考え方を継承している。ただこの起業家の概念は新規開業のベンチャー（new venture）だけでなく，歴史ある大企業，さらに公共サービス機関である大学，病院などあらゆる組織が起業家的であることの重要性を指摘した[13]。

　そして起業家の行動，態度がEntrepreneurship（アントレプレナーシップ，起業家活動）である。Entrepreneurshipは「起業家精神」と翻訳されることが多いが，清成は「精神を含めた起業家の全体的行動」を指しており，「起業家活動」と訳すべきだと語っている[14]。

　本書は3部構成となり，Ⅰ．イノベーション，Ⅱ．起業家活動，Ⅲ．起業家戦略からなっている。多くの実践的に役立つ原理が説かれているが，ベンチャーに関することだけ紹介してみよう。

　発明家のエジソンのように，ビジネスマンとしての起業家が独善的になって事業を潰してしまうことを指摘する。そしてドラッカーは新規事業（New venture）の起業家的マネジメント（entrepreneurial management）として4つの要件を上げている[15]。

　1）市場へのフォーカス
　2）財務的な予見，特にキャッシュフローと先行する資本的必要性の計画
　3）立ち上げるずっと前にトップ経営のチームを作ること
　4）創業起業家には，役割・仕事の領域・関係性に関する決断が必要なこと

　このような持続するマネジメントの視点からベンチャーの創業者の在り方を

28

規範的な立場から論じている。起業家は決して一部の特異な人物による神秘でも天才の閃きでもなく，経営層をはじめ誰でもが組織化できる起業家の理論を構築しようとした[16]。

2．起業家のイメージとその打破

　ドラッカーが起業家の神秘性を打破したように，起業家に対するイメージの打破を現実的な統計から明かしたのが，シェーンによる『起業という幻想』（The Illusion of Entrepreneurship [2011]）である。米国の「起業家活動」を専門とする有力な経営学者による書籍である。ここで語られる起業家とは，「新たにビジネスを始めた人」という大変シンプルな定義である。すなわち事業を起こす小店主からベンチャー・キャピタルを受けたスタートアップの起業家まで含まれている。同書によれば，数多くの起業に関する神話が打破されている。そのうちのトップ10の神話を上げると，以下のようになる[17]。

1）新規事業を立ち上げるには多額の資金が必要である。
2）創業資金としてベンチャー・キャピタルが有効である。
3）ほとんどのビジネス・エンジェル[18] は裕福である。
4）開業資金は借金で賄われることはない。
5）銀行は開業資金を提供しない。
6）ほとんどの起業家は魅力的な産業でビジネスをはじめる。
7）新規事業の成長は，選んだ事業よりも起業家の才能による。
8）ほとんどの起業家は財務的に成功している。
9）多くの新規開業者は株式投資家が期待する売り上げ成長を達成している。
10）ビジネスをはじめることは簡単である。

　アメリカにおける等身大の自営業者の姿とは，白人男性で人の下で働くのがいやで起業した人たちである。起業とは実は平凡なことである。グーグルやアマゾンなどのような巨大化したスタートアップによる人物像が流布されているが，これは少数の事例から過大評価された起業家像なのである。「少数の法則」は誤りなのである。こうして一部の大成功した起業家たちによって生み出され

た英雄的な起業家像の幻想が打破された。

第4節　むすびに

　本章は限られた紙面で起業家の概念について，経済学者による概念，そして経営学者による概念を大まかにみたに過ぎない。起業家の最新の研究である小野瀬（2019）によれば，起業家行動の前提となる意思（intention）も海外では深く研究もされており，経営者教育の視点からも重要な論点となる。

　中園（2016）が起業家研究について大まかな整理をしているように，起業家研究はSchumpeter（1934）から始まり，Coase（1937）やPenrose（1959）の起業家論がある。Sorenson and Stuart（2008）は，組織社会学や経済社会学の枠組みを用いることを提唱しており，また桑田他（2015）は，制度理論を用いることを提唱し「制度的起業家」を論じる[19]。ただ本稿では経済学の概念からさかのぼって，起業家の概念が生成発展してきたことを確認した。

　起業家研究はこのように隣接学問分野からも盛んに研究され，多様な視角と研究の可能性を開いている。その中で，起業家の概念そのものも融合や拡張を広げていくに違いない。

📖考えてみよう！

　　本章からは起業家の概念は一握りの天才だけでなく，あらゆる人が起業家となることが可能であるという理解に広がったことが分かる。社内起業を支援する麻生要一の理論について調べなさい。

【注】

（1）創業して間もない会社は英語では，スタートアップ（Startup）と呼ばれる。しかし，近年ではイノベーションと社会貢献を存在意義とする "新しいビジネスモデルを開発し，ごく短時間のうちに急激な成長とイグジットを狙う事で一攫千金を狙う人々の一時的な集合体" の意味で使われている（Brandon K. Hill）。本章では前者の意味でスタートアップを利用した。

（2）カンティヨンの生涯については Murphy（1989）が詳しい。

（3）根井雅弘『企業家精神とは何か　シュンペーターを超えて』平凡社，2016年，31ページ。

（4）セイの略歴は，Forget（1989）を参照した。

（5）栗田啓子「J.-B.セイの企業者概念—革新者の出現—」『商学討究』第36巻第3号，小樽商科大学，1986年，186ページ。

（6）シュンペーターの生涯は根井（2016），小沼（2016）などを参照した。

（7）シュンペーターの企業家論は清成「編訳者よる解説」（1998）を参照した。

（8）清成忠男「編訳者よる解説」（J. A. シュンペーター『企業家とは何か』東洋経済新報社，1998年所載），157ページ。

（9）根井雅弘『企業家精神とは何か　シュンペーターを超えて』平凡社，2016年，123ページ。

（10）清成忠男「編訳者よる解説」（J. A. シュンペーター『企業家とは何か』東洋経済新報社，1998年所載），160-162ページ。

（11）根井雅弘『企業家精神とは何か　シュンペーターを超えて』平凡社，2016年，124ページ。

（12）清成忠男「編訳者よる解説」（J. A. シュンペーター『企業家とは何か』東洋経済新報社，1998年所載），174-175ページ。

（13）Drucker, P. F., *Innovation and Entrepreneurship: Practice and Principles*, Harper & Row: New York, 1985, pp.24-25.

（14）清成忠男「編訳者まえがき」J. A. シュンペーター『企業家とは何か』東洋経済新報社，1998年，pp. ii -iii.

（15）Drucker, P. F., *Innovation and Entrepreneurship: Practice and Principles*, Harper & Row: New York, 1985, p.189.

（16）Drucker, P. F., *Innovation and Entrepreneurship: Practice and Principles*, Harper & Row: New York, 1985, p. vii.

（17）「Top Ten Myths of Entrepreneurship」（https://guykawasaki.com/top-ten-myths-o/）［2019年11月15日閲覧］

（18）エンジェル（angel）とは起業資金を融通してくれる投資家を意味する。

（19）中園宏幸「オープン・イノベーションにおける企業家プラットフォームのダイナミズム」『同志社商学』第68巻，1・2号，2016年，110ページ。

◆参考文献◆

＜英語文献＞

Drucker, P. F., *Innovation and Entrepreneurship: Practice and Principles*, Harper & Row: New York, 1985.（P. F. ドラッカー著／上田惇生編訳，イノベーションと起業家精神【エッセンシャル版】ダイヤモンド社，2015年）

Forget, E. L., *The Social Economics of Jean-Baptiste Say: Markets and Virtue*, Routledge:

London, 1999.

Murphy, A. E., *Richard Cantillon: Entrepreneur and Economist*, Clarendon Press: Oxford, 1986.

Shane, S. A., *The Illusions of Entrepreneurship: The Costly Myths That Entrepreneurs, Investors, and Policy Makers Live By*, Yale University Press, 2011.（スコット・A・シェーン著，谷口功一ほか訳『＜起業＞という幻想—アメリカンドリームの現実』白水社，2011年）

＜日本語文献＞
小野瀬拡「第6章 起業家育成における起業家の意思の意義」『スモールビジネスの経営力創成とアントレプレナーシップ』学文社，2019年，90-109ページ。
清成忠男「編訳者よる解説」（J. A. シュンペーター『企業家とは何か』東洋経済新報社，1998年所載）
栗田啓子「J.-B. セイの企業者概念—革新者の出現—」『商学討究』第36巻第3号，小樽商科大学，1986年，163-189ページ。
桑田耕太郎・松嶋登・高橋勅徳編著『制度的企業家』ナカニシヤ出版，2015年。
小沼宗一「シュンペーターの経済思想」『東北学院大学経済学論集』187巻，2016年12月，1-14ページ。
中園宏幸「オープン・イノベーションにおける企業家プラットフォームのダイナミズム」『同志社商学』第68巻，1・2号，2016年，107-130ページ。
根井雅弘『企業家精神とは何か シュンペーターを超えて』平凡社，2016年。

┌─ 事例2－1 アップル社の創業者スティーブ・ジョブズ ──────

現代の情報化時代の恵みをもたらした起業家の一人として，アップル社のスティーブ・ジョブズ［1955－2011］を誰しもが取り上げるだろう。公式の伝記作家ウォルター・アイザックソンによれば，ジョブズは「創造的な起業家であり，完璧性さと貪欲さをもった情熱によって，パーソナル・コンピュータ，アニメ映画，音楽，電話，タブレットのコンピュータ操作，デジタル出版の6つの産業に革命をもたらした」とされる。宇宙に衝撃を与えるほどのものを作り続けることが彼の夢（意図）であった。

創造的な破壊で市場の均衡を破るというシュンペーター的な意味での稀有な起業家であり，強い意思を持った人であった。その死は大変惜しまれた。

中学生の頃からビジネスへの関心があり，21歳でアップル・コンピュータ（現アップル社）を創業させた。友人のスティーブ・ウォズニアックが開発した世界最初のパーソナル・コンピュータであるアップルⅡの商業化に成功させた。画面にマウスでアイコンを表示させるGUIの原型を完成させた。25歳での株式上場により大金持ちとなる。エンジニアではなかったが，亡くなるまで製品のデザイン・コンセプトを徹底させるプロデューサー兼ディレクターであった。販売不振から30歳で同社から追放されるという悲哀をなめた。しかしネクスト社の創設，ピクサーの買収に関わり，経営者としての実績をつむ。そして古巣のアップル社に41歳で復帰し，CEOとなる。瀕死の同社を起死回生させ，iMac，iPod，iTunes Music Store，iPhone，iPadなどの市場化を大成功させたことはあまりにも有名である。

新製品発表におけるプレゼンの達人であり，歩く広告塔であり，最高のセールスマンでもあった。ただ感情の起伏が激しい側面もあり，その完璧性を求める厳しさについてこられない社員たちが去っていたことも事実である。

養子としてサンフランシスコ湾周辺で育ち，リーズ大学には1年もいず，自分探しのためにインドを放浪した。日本の禅仏教に心酔し，曹洞宗の禅僧である乙川弘文のもとで1991年に結婚式を挙げた。アップル製品の簡素なデザインや卒業式の講演からは禅思想への傾倒が表現されている。

【参考】ウォルター・アイザックソン著，井口耕二訳『スティーブ・ジョブズⅠ』
　　　　講談社，2011年。
　　　　ウォルター・アイザックソン著，井口耕二訳『スティーブ・ジョブズⅡ』
　　　　講談社，2011年。

事例 2 - 2 　証券業界のイノベーター：松井証券の松井道夫

　ドラッカー的な意味で既存の規制や業界の因習を打破する人も起業家である。証券業界の異端児と言われた松井道夫こそはイノベーター（改革者）としての起業家である。日本で初めて外交営業を廃止させ，オンライン証券大手に大変身させた四代目経営者である。

　1953 年生まれの道夫は高 3 までは画家志望であったが芸大卒の美術の先生に諭されて方針転換。大学紛争を身近に体験し，一橋大学に入学。剣道部に所属し，経済学部の石ゼミでは米国金融論の原書を読む文武両道を目指す真面目な青年であった。海外勤務に興味をもって日本郵船に入社。カルテル同盟がなくなった海運業界での過激な価格競争でビジネスの厳しさを体験。日本郵船では若者に大幅に権限移譲をする社風の中で経営者となる修行を積む。結婚して 1 年後，旧姓の務台を捨て，松井道夫として妻の父（二代目社長松井武）がオーナー企業となっている松井証券に 1987 年に入社した。

　バブル経済の恩恵を受けて弛緩した業界に唖然としながら，株価暴落までの 3 年間は，じっと社内観察をしていた。暴落後は常務営業本部長兼実質的 CEO となり社内改革を開始。パソコンの活用を始め，賃金体系を能力給に，組織をフラットに改変。イメージ広告を辞めて，自らの主張を広告文に掲載。そして支店と営業マンを全廃して，電話での通信営業に切り替えた。反発した主要な社員は辞職していったが，ドブ板営業より会社の机で電話取引する女性社員の実績が上回った。98 年 5 月にはオンライン取引を開始。オンライン取引が爆発するまでのつなぎとしてコールセンター作りにかかった。しかし予想以上の速さでインターネットが普及。突然のコールセンターの全廃を決断。改革のたびに主要な社員が辞めていった。

　2000 年 8 月に信用取引の取引株数でついに野村証券を抜く。同年 10 月には売買金額で 4 番目に入った。その他数々のイノベーションを起こし続ける。満を持して，「20 年前の借りを返してやる」としてロボットアドバイザーによる「投信工房」を 2018 年に開始。虚業ではなく，お客さまが認めるコストで成り立つ実業の世界を松井は信じ，証券業界の改革に挑み続けている。

【参考】松井道夫『美しい絵を描きたかっただけ　松井証券創業 100 年史に代えて』
　　　　松井証券株式会社発行，2019 年（A4 冊子体，全文 41 ページ）。など多数

第3章
ベンチャー企業のプロセス

第1節　はじめに

　目の前の人が「ベンチャー企業でがんばろう」と言ったとする。その人はどれほどの規模の会社のことを指して，がんばろうとしているのだろうか。たとえば，事業計画が設定されたばかりで，個人レベルで動いている企業だろうか。創業後，資金調達に駆け回っている段階の企業だろうか。幾多の資金調達を経験し IPO を控え組織体制を整えている企業だろうか。上場直後に，さらに新しいプロダクトをローンチしようとしている段階だろうか。これらはすべて「ベンチャー企業」を名乗ることがある企業である。置かれている状況は大きく異なるから，これらを同じベンチャー企業として扱うことは難しいはずである。

　ベンチャー企業が注目をあつめるのは創業間もなく急成長するためである。それでは，なんの条件を満たしたら急成長しているベンチャー企業となって，どこまで成長したらベンチャー企業でなくなるのだろうか。この問いは「その人の解釈次第」で済ますことができる。

　しかし，何らかの議論や交渉を進める際には，状況を理解しなければならない。だからこそ，まず企業がどの段階にいて，どんな課題に直面しているのかというプロセスを考えなければならない。そのため，ベンチャー企業のプロセスを理解することを，この章の学習目標とする。

　一般にすでに第1章で言及したように，目のまえの「ベンチャー企業」がどの位置にあるのかが明確でなければ，なにも議論できない。そこで，一般的に使用されるベンチャー企業の成長プロセスを整理するのが，この章で行うこと

である。このプロセスには様々な見方が存在し，用語も多様である。この章を学習することで，創業希望者にとっては直面していく経営課題や様々な物事の規模を知るヒントになり，ベンチャー企業をクライアントとする人物には，その企業が現在どんな状況にあるのかを知る手掛かりになる。

第 2 節　ベンチャー企業特有のプロセス

1．古典的なプロセス

（1）プロセスを見る意義

　起業家やベンチャー企業のプロセスはいくつかの見方がある。ただし，起業家にとっては，このプロセス通りにしなければいけない，という性質のものではない。また，このプロセスの通りにしようとしてできる性質のものでもない。ここで重視されるのは現状把握である。ある程度の共通理解がなければ，企業家からみれば自社がどの位置にあるのかを説明できないし，分析する側からみれば分析対象の企業がどの位置にあり，どの方向に向かおうとするのかがわからない。

（2）マネジメント・プロセス

　経営学においてプロセスといえば，マネジメント・プロセスを思い浮かべる人もいるかもしれない。マネジメント・プロセスとは経営学の初学者がはじめに習うクラシカルなものである。たとえば，PDCA (Plan Do Check Act (Action))や Plan Do See というものがそれである。このマネジメント・プロセスの原点として位置付けられるものに，アンリ・ファヨールの『産業ならびに一般の管理』がある[1]。ファヨールは低迷していたコマントリ・フルシャンボ・ドゥカズヴィユという鉱山会社を成長させたことで知られる。

　ベンチャー企業は，ファヨールの鉱山会社のような多くのリソースを持つ企業とは全く性質が異なる。事業を立ち上げ成長させていくベンチャー企業においては，このようなマネジメント・プロセスとは別の観点でそのプロセスを示す必要がある。

（3）グレイナー・モデル

　よく知られた古典的なプロセスとして，グレイナー・モデルと呼ばれる成長の５つのフェーズの理論がある。このモデルでは，企業の発展を５つのフェーズに分け，それぞれのフェーズに，進化（evolution）と革命（revolution）の二つが起こることが示される。概説すれば，企業は一定の成長のあと重大な混乱が起こり，その混乱をクリアする方法によって次のフェーズに進むとされる。企業は，最初のフェーズにおいては創造性によって成長していくが，やがてリーダーシップに関する問題に直面する。これをクリアするために組織構成員に自律性を与えると問題が解決され次の成長ステージにすすむことができると位置づけられる。

　ベンチャー企業は，「１年目に売上高１億円，２年目に売上高２億円，３年目に売上高３億円……」といった具合や，「１年目に従業員10名，２年目に従業員20名，３年目に従業員30名」といった具合に直線的に成長することは極めてまれである。

（4）着想から成長までのモデル

　グレイナーは大規模な企業までを想定したモデルである。ベンチャー企業のプロセスを見るためには，創業から成長していく段階に焦点をあてる必要がある。企業家研究の企業家プロセスとしてよく知られているもののひとつに，バイグレイブによるプロセスのモデルがよく知られている。ただし，これはキャロル・ムーアのプロシーディングに基づくものである[2]。

　そのプロセスは着想，引き金，実行，成長をたどって成長していくものとして説明される。着想からスタートし，創業のきっかけとなる「引き金」の出来事があることが示されている点に特徴がある。こののち成長につながっていくことになる。とはいえ，設立後数年で Airbnb や Netflix のように急成長するパターンはまれである。

　そもそも，アイディアが実行される創業には様々な要因によって左右される。その要因として，個人的要因，社会的要因，組織的要因，環境的要因が挙げられる。これら要因がプロセスに影響するものとしてこのモデルに位置付け

られている。豊富なリソースをもつ大企業と比較すれば，ベンチャー企業は単体では存在しえない。個人と環境とがプロセスに影響を与えていると表現される点に特徴がある。

2．リーンスタートアップ

（1）不確実性

　リーンスタートアップはエリック・リースによって提唱されたもので，コストや手間をかけず試験的に事業を始めつつ修正を加えていく方式である[(3)]。当然ながら新規事業は未知の領域を進むものである。たとえば YouTube はもともとユーザ同士の出会いを目的としたサービスだったが，動画サイトに力を入れるようになって成長した。PayPal は暗号アプリとして開発が進んだものだったが，応用領域の決済サービスで成長した。

　新規事業を展開していくことは不確実の世界を進むことと同じである。そのような状況で，一つの大規模な計画を打ち出し，展開していくことは失敗する可能性を高めるだけである。そこで，リーンスタートアップでは，最小限のプロダクトを市場にリリースし，その反応を見て改良を加えるプロセスをとる。

　当初の計画通り事業がのびることはないため，市場の反応を見ながら試行錯誤を繰り返す手法が注目される。このような状況では，いきなり多額の投資をして大きくリターンを得ようとする計画策定は非現実的なものとみられる。このようにムダを省き，市場の反応から次の手を打っていく方式がリーンスタートアップである。

（2）リーンスタートアップのプロセス

　そのプロセスは，最小限のプロダクト（minimum viable product：MVP）を作ることから始まる。必要最小限のプロダクトで市場にリリースをかけるわけだから質も低い。しかし，市場の反応をみることで改良を加えることができる。MVP を投入する段階を構築・検証という。これを新規顧客の獲得率をベースにした革新会計をもとに計測する。この計測から，の3つのポイントをもとにした計測を行う。このあと方向転換（pivot）とよばれる方針転換をするかどう

かを検討することになる。このリーンスタートアップについては，第5章でも
紹介する。

3．ファイナンスの世界

（1）企業の状況を反映する資金調達

　資金調達のプロセスで使用されるファイナンスに関する用語は2010年代中
盤から広く認知されるようになった。そのため，それぞれの資金調達ラウンド
の名称が，そのままその企業の成長段階を意味するようになった。また資金調
達も大型のものがでると知名度と信用が上がるようにもなった。

　さらにこのプロセスで見た場合，次の二つの点が近年の特徴となる。第一に，
製品・サービスのローンチ前から資金調達に成功する事例が出てきたことであ
る。従来のパターンでは，起業してからある程度事業を軌道に乗せ，実績をつ
くったところで資金調達をするというものである。現在でもこのようなパター
ンが一般的である。しかし，たとえばTechCrunchのようなイベントにいく
とローンチ前の段階で展示ブースを出している事業者も目立つ。それらの中に
は創業前から資金調達を行うものもある。

　第二に，IPOばかりではなく大企業へのM&Aがとられるようになったこ
とである。GoogleのYou Tube買収（16億ドル），MicrosoftのLinkedIn買収（262
億ドル）など，IPOよりもM&Aのほうが高い評価額となるように見えること
も珍しくない。このように近年ではM&Aが効果的に使われるようになった。
これまでのプロセスのパースペクティブだけでは十分に説明しきれない状況が
目立つようになってきている。

（2）資金調達ラウンド

　ベンチャー企業の資金調達で使用される用語として「ラウンド」がある。ベ
ンチャー企業は成長するにしたがい資金調達をしていく。その際に，その資金
調達の段階として使用されるものである。およそのパターンでは創業前後の資
金調達である「シードラウンド」から始まる。創業後個人投資家やベンチャー
キャピタルを中心とした「シリーズA」とよばれる資金調達ラウンドがある。

その後上場等に向けて「シリーズ B」,「シリーズ C」といったぐあいに資金調達ラウンドがアルファベット順に命名される。このステージの名称や調達額が, 単に資金調達ラウンドというだけにとどまらず, ベンチャー企業の成長の程度を示すものとして使用されることもある。たとえばかつてユニコーンとして知られた Uber は 2015 年時点でシリーズ E を達成し, 12 億ドルを調達していた。それまでの調達額は 50 億ドルになったとされる[4]。このことは, ウーバーの規模や成長の程度を理解するものとして話題になった。

　このような資金調達ラウンドを経て, ベンチャー企業は IPO や M&A に至る。この段階で投資家たちは, そのベンチャー企業の株式を市場や企業に売却することによって利益を得る。このことを一般にイグジットという。

（3）投資家側から見た成長段階

　どの段階で投資するかという点でいえば, シード, アーリー, ミドル, レイターという用語も使用される。およそ創業から間もない段階にある企業をシードといい, 順にアーリーやミドルというステージがあり, 上場に迫る状況の企業をレイターという。

　シードステージやアーリーステージで投資することができれば少額で株式を保有することができ, 成長し上場等によって利益率が高くなることになる。しかしその反面, 事業として軌道に乗るかどうか, 上場できるかどうかといったリスクをもつことになる。これに対し, レイターステージでの投資は上場する可能性が高い状況での投資となる。投資額は高額になりがちで, 上場等による利幅もシードでの投資と比較すると小さくなる。資金調達ラウンドやシード, アーリーなどのステージについては, 第 8 章においてよりくわしく紹介する。

　投資に関する用語としてプライマリーとセカンダリーといった用語もある。これは上場前後の株式の購入に関する用語であり, 上場前の公募で株式を購入することを「プライマリー」といい, 上場後の株式取引を「セカンダリー」という。この用語が使用される際には, その会社は上場前後の位置にあるということを意味する。

（4）デットファイナンス

　ベンチャー企業の資金調達ではエクイティ・ファイナンスが注目されがちだが，デット・ファイナンスの観点からもステージを把握することもできる。最初に借りるのは親族，友人であろう。次に候補としてあがるのが日本政策金融公庫のような政府系金融機関からの融資である。その後，信用金庫，銀行と取引をしていくことになる。このように，出資者や，どこの取引している金融機関も，その企業の成長や実績の程度を示すものとして見られることもある。

4．研究開発におけるプロセス

　ベンチャー企業のなかでも研究開発系のベンチャーでは，技術シーズから事業化や産業化にいたるまでのプロセスが示される。当然だが技術シーズはかならず事業化するわけではない。さらに産業に至るほど成長する技術となると，ごくわずかなものになる。このプロセスにある淘汰の段階として，魔の川（The Devil's River），死の谷（The Valley of Death），ダーウィンの海（The Darwinian Sea）と呼ばれる段階を踏むとされる。

　研究開発の現場で見出された技術シーズは，それ自体だけでは製品化に至らない。製品化に向けた活動がなされても，研究室の中だけでできたものがその後必ず大量生産に成功するものではない。この製品化へのプロセスの途中で淘汰されていく障壁の事を「魔の川」という。これは技術開発のみならず，ベンチャー企業の創業当初のキャッシュフローが回らない状況の事を指すこともある。

　製品化することができれば販売が課題となる。しかし，それまでにない製品がすぐに売れるわけではない。軌道に乗るめどが立ち事業化に成功するまでにまた淘汰がある。これを「死の谷」という。

　どれほど技術的に優れていても，市場環境はコントロールできるわけではない。そのため，事業化にある程度成功したとしても，市場シェアを大きく獲得し，一大産業を築くほど成長することは数少ない。それどころか，事業化の成功はその後の生き残れるかどうかを保証するものでさえない。事業化の後の淘汰を「ダーウィンの海」という。

　このプロセスは，第14章　大学発ベンチャーにおいてさらに詳しく触れる。

5．キャズムの観点から見るプロセス

　ある程度事業化に成功したベンチャー企業が突然失速することがある。ムーアのテクノロジー・ライフサイクルの観点からみれば，その理由がキャズム（chasm）によるものであると位置づけられる。テクノロジー・ライフサイクルとは，新しいテクノロジーによるプロダクトが市場に受け入れられていくプロセスを示したものである。このプロセスでは，顧客層が変化していくことになる。テクノロジーを受け入れていく顧客層は順にイノベーター（Innovator）とアーリーアドプター（Early Adoptor），アーリー・マジョリティー（Early Majority）とレイター・マジョリティー（Late Majority）とラガード（Laggard）と呼ばれるものである。

　イノベーターやアーリーアドプターとよばれる最初に製品サービスを受け入れる客層からアーリー・マジョリティーに至る客層にアプローチをかける時がもっとも難しいとされる。この間に越えることが難しい溝があるとされる。この溝の事をキャズムという。アーリーアドプターとアーリー・マジョリティーの顧客層は極めて似ている。しかし，前者が変革のためにテクノロジーを受け入れるのに対し，後者は生産性改善のためにテクノロジーを受け入れるものである。このためキャズムが発生する。

　キャズム越えの例として日本国内における企業の Twitter 利用の例を紹介する。2010 年 6 月に日本国内の接触率が 15.1％となった Twitter は，その後 SNS の代表格になった。アーリー・マジョリティーの前のキャズム越えには 15.1％という数字が関連する。これはクリティカルマスになるかどうかの数字であり，突破できればキャズム越えと位置付けられる[5]。その意味で Twitter は米国に先駆けて日本でキャズム越えを達成したことになる。このことから考えれば，アーリー・マジョリティーに達する 15.1％のシェアを取れるかどうかが，イノベーションを起こすベンチャー企業かどうかの分かれ目になるといえる。

　このため，自社を分析する際に，どの顧客層にアプローチをかけているのかということがその企業の成長・成熟度合いを示すことになる。多くの人に開発された製品・サービスを広めようとする人物をエヴァンジェリストと呼ぶことがある。

6．ベンチャー企業支援の観点からのプロセス

（1）段階ごとの経営課題と支援

　ベンチャー企業は，成長段階によって直面する経営課題が異なる。支援する行政や投資家などの観点からみれば，そのベンチャー企業がどの段階でどんな課題と直面しているのかを考えることが大事になる。

図表3－1　高成長型企業が各成長段階で直面している課題

創業期の課題		成長初期の課題		安定・拡大期の課題	
n = 118		n = 114		n = 111	
資金調達	58.5%	資金調達	56.1%	質の高い人材の確保	57.7%
事業や経営に必要な知識・ノウハウの習得	39.8%	質の高い人材の確保	50.9%	企業の成長に応じた組織体制の見直し	42.3%
家族の理解・協力	37.3%	量的な労働力の確保	42.1%	量的な労働力の確保	35.1%
販路開拓・マーケティング	32.2%	販路開拓・マーケティング	33.3%	新たな製品・商品・サービスの開発	35.1%
自社の宣伝・PR	28.8%	自社の宣伝・PR	27.2%	資金調達	31.5%
質の高い人材の確保	26.3%	事業や経営に必要な知識・ノウハウの習得	26.3%	製品・商品・サービスの競争力強化	29.7%
量的な労働力の確保	16.1%	製品・商品・サービスの競争力強化	20.2%	販路開拓・マーケティング	27.9%

出所：中小企業庁『2017年版　中小企業白書』172ページより作成。

　表では，『2017年版　中小企業白書』が高成長型と位置付ける企業のステージごとの経営課題が示されている。成長するごとに直面する課題の優先順位は異なってくることが確認できる。たとえば行政ではベンチャー企業の人事労務の相談を受け付けている。それ自体は，ある程度成長したベンチャー企業にとっては実に大事な支援である。しかし，創業間もない個人事業規模のベンチャー企業にとっては，人事労務よりも販路拡大や資金調達など優先すべき課題がある。ステージ別に創業前から支援していくことがより重要になる。

（2）アクセラレーターとインキュベーター

　起業家は自らの力だけで事業を展開するわけではなく，様々な取引先からの協力を得ることで存在する。オープン・イノベーションとは1社のみで新規事

業を行おうとするのではなく，ベンチャー企業や大企業がともにプロジェクト
を進めていくことである。その際，間に入り活躍するのがアクセラレーターと
呼ばれる存在である。Airbnb をうみだした Y コンビネーターは最も有名なア
クセラレーターのひとつである[6]。

　オープンイノベーションの世界から見れば，起業家の着想から実行に移行す
る前に，アクセラレーターなど他のプレイヤーと結びつくことで事業を展開す
ることが示されることがある。およそピッチから投資に至り，支援を受けつつ
事業を伸ばしていくというプロセスが取られていく。

　なお，かつてはベンチャー企業を支援する機関といえばインキュベーターで
あった。インキュベーション施設ともいわれるインキュベーターとは卵の孵化
器の意味をもつものである。ベンチャー企業を育成しようとする意味が込めら
れている。このインキュベーターにおいては，期間限定でオフィスを提供する
ことで，事業が軌道に乗るまで様々な支援が行われる。このように見るプロセ
スは，支援する側から見たものである。アクセラレーターやインキュベーター
を利用せず成長する企業も多い。アクセラレーターについては，第16章で詳
述する。

第3節　理解するための問題

1．成長は不可逆的ではない

　冒頭で説明したクラシカルな成長理論では，企業は成長し続け，衰退しない
ことが問題視されることがある。当然だが，会社は成長するばかりではない。
競合他社の競争力強化や代替品の登場などにより，ベンチャー企業のみならず
停滞，衰退の局面もある。新規事業への投資に失敗したり，予測不可能な事故
の発生による大規模損失によって赤字転落したりすることもある。たとえばア
ディゼスはグレイナーのモデルのこの点についてフェーズごとに衰退する場合
があることを自身のモデルで表現している[7]。

　企業は時間とともに成長するだけではなく後退することもある。それなら
ば，経営課題がかつてクリアした簡単なものに戻っていくのかというと，そう

ではない。ステージとしては戻ったものと定義されても，過去に起きた問題に
ついては継続して対面していかなければならない。このため，成長プロセスは
今後の経営課題の予測とその対応には使用できても，生じる事態を約束するも
のではない。経営課題にどう向き合い，どう対処するか，新規事業を行うべき
か耐えるべきなのか，どんな支援を提供したほうがいいのか，どんな条件で投
資すべきなのか，これらの問題は最終的にはその当事者に委ねられることにな
る。

2．どこからどこまでしか把握できないか

　何度も説明したが，ベンチャー企業の定義はあいまいである。どこからベン
チャー企業となる条件を満たして，どこまでいったらベンチャー企業でなくな
るのかは様々な理解がある。このことは，ベンチャー企業のプロセスとしてみ
る際の注意点として次の二つを示すものである。

　第一に，起業家プロセスの前に起業家はどんなことを経験しているのだろう
かという問題である。起業家のストーリーはビジネスアイディアの着想から始
まりやすい。しかし，当然ながらアイディアの発生とともに起業家が生まれる
わけではない。それまでにどんな経験をして事業開始に至ったのかという文脈
を探ることも大事なことである。たとえば三島海雲は大陸に行った際の乳製品
を参考に帰国してカルピスを開発する。しかし，実は三島海雲は大陸で馬，銃，
緬羊など多くの事業を手掛けては何度も失敗している[8]。このことからカル
ピスの成功は「おいしいカルピスを開発したから成功した」というような単純
な話ではないことに気づかされる。

　第二に，逆に事業から退いた後のストーリーを知ることが少ないという点も
考えなければならない。よくある成功事例であれば，事業成功ののちに引退し，
財団を作り福祉活動するということはよく聞く。また，事業に失敗した後どう
なるのかということは大事な点ではないか。たとえばZOZOの前澤は代表を
退いた後，念願の月に行く準備をはじめながら，以前の社名スタートトゥデイ
を創業した。月に行く話も魅力的であるが，さまざまなことに再度挑戦しよう
とする姿勢も見なければならないプロセスであろう。事業としては撤退したと

しても，その人の人生が終わるわけではない。

第4節　むすびに

　ここでは，ベンチャー企業を理解するためのプロセスを紹介した。様々な観点からベンチャー企業のプロセスは説明される。それぞれ見地が異なるため，ある程度の基礎知識で整理しやすいように説明を加えた。大事なことは，議論や理解を整理しやすくするために，「プロセス」というパースペクティブが用いられるということである。そのため，起業家がプロセスに縛られるというものではない。実践するにあたっては，他のフレームワーク同様，これに縛られず問題を解決していくことが重要である。プロセスに関する知識があれば，自社の位置するステージを確認することで今後の予測に役立つかもしれない。しかし，一般的な傾向と特定の会社で起こることは別問題である。

　また，ここで挙げられたプロセスとは議論を整理しやすくするものであるため，衰退プロセスが論じられることが少ないという問題がある。当然，衰退したときにどのようにリカバリーするのかという問題は，起業家にとって重要な問題である。

　成長に伴ってエンパワーメントの重要性が説かれることもある。しかし，一族や創業メンバーへの権力の集中が，どの場合でも望ましくないものというわけではない。むしろ長期的なプロセスを知っているからこそできることもある。「あの会社はベンチャーである」という現象面のみではなく，どんな経緯で現在に至り，今後どんな展開を見せるのか，という観点を持ち込むことで，その会社の事情をより正確に見ることができる。

　最後のほうでもふれたが，研究の世界では，事業開始から成功もしくは失敗などの一区切りの期間以外については分析の対象になりにくい。事業に携わっている期間以外の要素についての研究は数多くあるものの，それらは調査対象のメインにはなりにくい。しかし，創業前の様々な試行錯誤や苦い経験や，一線を退いた後の活動が大事な意味を持つのも一面の真実ではないか。事業を成長軌道に乗せることは当然だが，その成長ステージではない人物でも，あるい

は創業を行わないような人物でも，現在の状況が将来の糧になる可能性を意識することが重要なことである。

📖 **考えてみよう！**

　ベンチャー企業，スタートアップの記事を読み，その企業がどのような段階にあるのかを説明し，1年後どうなるのか予想しなさい。

【注】

（1）ファヨールからマネジメント・プロセスの研究がどのように展開されたのかについては，佐々木恒夫編『経営学史叢書Ⅱ　ファヨール　—ファヨール理論とその継承者たち—』文眞堂，2011年を参照せよ。

（2）ここでの説明は Bygrave, W. and A. Zacharakis, *Entrepreneurship*, Wiley & Sons, 2008（高橋徳行・田代泰久・鈴木正明『アントレプレナーシップ』日経BP社，2009年）をもとにしている。

（3）Ries E., *The Lean Startup*, Portfolio Penguin, 2011（伊藤穣一訳『リーンスタートアップ』）．このリーンスタートアップの名前の由来は，トヨタのリーン生産方式にある。しかし，トヨタ生産方式のみならず意識されている経営学の古典がある。それが1911年に出版されたフレデリック・W・テイラーの『科学的管理法』である。ちょうどこの100年後に出版された『リーンスタートアップ』では，企業家のマネジメントの科学的な厳密性のなさがエピローグで指摘されている。なお『科学的管理法』の訳書については2009年の有賀裕子訳の新訳にその現代的意義が示されている。

（4）「Uber，シリーズEの調達額を22億ドルに拡大。投資家の需要に答える TechCrunch」（https://jp.techcrunch.com/2015/02/19/20150218ubers-series-e-round-surges-to-2-2-billion/）〔2019年11月28日閲覧〕

（5）なお当時米国のリーチ率は10％前後であった。「事例に学ぶTwitter活用法」『日経デジタルマーケティング』2010年9月号，52-55ページ。

（6）ポール・グレアムがYコンビネーターにおいて，どのようにベンチャー企業を育成していくのかについては Stross, R., *The Launch Pad: Inside Y Combinator, Silicon Valley's Most Exclusive School for Startups*, Portfolio, 2012（滑川海彦・高橋信夫訳『Yコンビネーター：シリコンバレー最強のスタートアップ養成スクール』日経BP社，2013年）を参照せよ。

（7）Adizes, I., *Corporate Lifecycles: How and Why Corporations Grow and Die and What to Do about It*, Prentice Hall, 1988.

（8）三島海雲『初恋五十年 甘くて酸っぱい人生遍歴』ダイヤモンド社，1965 年。

◆参考文献◆

Adizes, I., *Corporate Lifecycles: How and Why Corporations Grow and Die and What to Do about It*, Prentice Hall, 1988.

Bygrave, W. and A. Zacharakis, *Entrepreneurship*, Wiley & Sons, 2008（高橋徳行・田代泰久・鈴木正明『アントレプレナーシップ』日経 BP 社，2009 年）.

Greiner, L. E., "Evolution and Revolution as Organizations Grow," *Harvard Business Review*, 50(4), 1972, pp. 37-46.

Moore, G. A., *Crossing the Chasm: Marketing and Selling High-tech Products to Mainstream Customers*, revised edition, Harper Business, 1999（川又政治訳『キャズム』翔泳社，2002 年）.

Ries E., *The Lean Startup*, Portfolio Penguin, 2011（伊藤穣一訳『リーンスタートアップ』）.

Stross, R., *The Launch Pad: Inside Y Combinator, Silicon Valley's Most Exclusive School for Startups*, Portfolio, 2012（滑川海彦・高橋信夫訳『Y コンビネーター：シリコンバレー最強のスタートアップ養成スクール』日経 BP 社，2013 年）.

佐々木恒夫編『経営学史叢書Ⅱ　ファヨール　―ファヨール理論とその継承者たち―』文眞堂，2011 年。

F. W. テイラー著，有賀裕子訳『科学的管理法』ダイヤモンド社，2009 年。

三島海雲『初恋五十年 甘くて酸っぱい人生遍歴』ダイヤモンド社，1965 年。

48

┌─ 事例3−1) Microsoft　ビル・ゲイツ ──────

　Windows でインターネットの世界を一般的にした会社といえばマイクロソフト
であろう。

　ビル・ゲイツは大学在学中に Microsoft を創業するが，実はマイクロコンピュー
ター組み立てキットの BASIC を完成したといって納品の約束をとりつけてから作成
するという破天荒なことを行った。IBM の取引により，パソコン普及とともに急成
長した。しかし，基本的に取引を約束してから開発を進める傾向があり，1985 年
の Windows1.0 は酷評をうけた。

　しかし，地道なアップデートで Windows2.0 が健闘し，90 年の Windows3.0 で
は画面デザインを一新し，2 年で 1,000 万本の売上を達成した。そして Microsoft
の王国は，1995 年の Windows95 で完成する。これは子供や学生といった PC に慣
れない顧客を意識して開発したもので，インターネットに簡単に接続できる点で優
れていた。

　OS を提供する企業としてアプリケーションとなる Word や Excel の競争力も高
かったことも見逃せない。こうして Windows は OS の覇者となった。

　その成長を見ると，華々しく Windows 王国を築いたというよりは地道な改良に
よって成長していったという方が適切である。地道にソフトウェアを改良していっ
た Microsoft は iPhone などを華々しくリリースしていった Apple とは対照的であ
る。一般的なベンチャー企業のプロセスとは，一気に成長してその都度経営課題が
変わっていくというよりは，地道な努力の結果成長することになり，その過程で経
営課題が突き付けられるようなイメージの方が適切なのかもしれない。

【参考】「ビルゲイツの軌跡」『日経アソシエ』2015 年 3 月号，85-87 ページ。

┌─ 事例3-2 　楽天　三木谷浩史 ─────────────────

日本のベンチャー企業を説明する際に三木谷浩史を抜いて語ることはできない。今では連結売上高1兆円を超え，国内ECの王者として君臨する楽天だが，やはり創業は小さなものであった。これを率いたのが三木谷浩史である。彼は楽天を立ち上げ楽天市場によって，消費者の購買行動や業者の販売方法を劇的に変えた。

その成長を支えたものがM&Aであった。証券業，銀行，決済，電子書籍などサービスは多岐にわたる。現在それぞれの事業をクラウド上で管理するよう改革を進めていく。携帯電話事業の参入はこの文脈でなされている。

しかし，かならずしもよいことばかりではない。海外事業での撤退がいくつもあったし，携帯電話事業も予定通りにはリリースされなかった。つまり成長企業であっても，多くの経営課題に直面していくのが通常というわけである。

楽天でさえそうであるのだから，直面する課題に向き合うことがより大事になるのだろう。誰もが無理だという課題に取り組めることこそが成長にとって不可欠なことなのではないだろうか。

最後に，楽天の成長についてのインタビューに対する三木谷の回答を紹介する。
「1兆円というのは誇るべきことかもしれません。でも，もはや登り切った山です。私たちは目標を達成したら次の瞬間には忘れ，次の山を決めます。『Does not live in the past, live in the future（過去に生きるな，未来に生きろ）』です」(36ページ)

【参考】「楽天　不可能を可能にするテクノロジー経営」『日経コンピュータ』2019
　　　　年4月4日号，22-39ページ。

──────────────────────────────────

第4章
事業機会

第1節　はじめに

　自ら事業を起こし，起業家として活躍する自分をイメージすることはあっても，そうなるための行動にふみきることはなかなかできない。その理由のひとつに，「事業をはじめてもうまくいかないのではないか」という漠然とした戸惑いがあるのではないだろうか。そのことは，逆にいえば，「うまくいく事業機会があれば，開始することができる」が，そうではないから創業に踏み切ることができない，ということでもある。それでは，なぜ優れた事業機会にふれることはできないのか。その一方で，なぜ事業機会をいかす人物がいるのだろうか。

　この章では，事業機会が単なるアイディアではないことを理解することが学習目標である。その意義は，日本人が事業機会を発見できない傾向や，事業を始めてもなかなかうまくいかない状況があるためである。この章を学習することで，単なる思い付きにとどまらない独自の事業機会の追求をすることができるようになる。

　さて，事業機会といえば，このように「『自分がどうしたいのか』だけで事業が進むわけではない」ものとして位置付けられる。事業は当然ながら市場環境やリソースその他の条件に大きく左右される。それら多様な要素を考えない事業は成立しない。このことは事実であるが，これを踏まえたうえで，「自分がどうしたいのか」の重要性についても説明する。

　この議論を行う前に，事業機会がなぜ大事なのかを本章では紹介する。実は，

日本における事業機会の発見には大きな問題があり，特に深刻である。日本では事業機会を発見しにくいという調査結果がでているためである。このため，まずはアイディア発想法を紹介し，再度，事業機会概念を検討していく。

第2節　事業機会とは何か

1．アイディアの発見

（1）日本における事業機会の発見

　日本でベンチャー企業がなかなか育たない理由として，事業機会を発見しづらいことが挙げられることがある。GEM[1]（Global Entrepreneurship Monitor）は国連，世界経済フォーラム，世界銀行，OECD などの国際機関が採用する企業家活動調査である。ここでは，「自分の住んでいる地域で企業を設立する機会が多い」割合を示す「知覚された事業機会（perceived opportunities）」という項目を紹介する。

　日本はこのランキングにおいて，7.4％で最下位である。トップが Spotify を登場させスタートアップインフラが向上するスウェーデンと，ソフトバンク・

図表 4 − 1　知覚された事業機会の国際比較

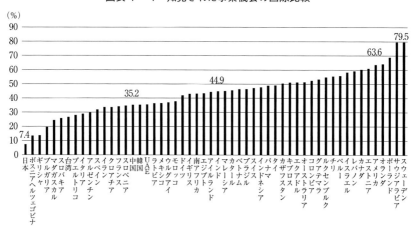

出所：Global Entrepreneurship Monitor, GEM 2017 / 2018 Global Report, 2017, pp.104-105 より筆者作成。

ビジョン・ファンドにも投資した経済改革を進めるサウジアラビアである。その割合は79.5％で，単純計算で日本の10倍である。なお，起業家を次々と生み出す米国が63.6％で上位に組み込まれている。

　日本は人口やGDPからみても市場規模が小さいことはないはずである。このため，事業機会をどう発見するかは日本において重要なテーマになる。

（2）アイディアの発想

　あなたが事業機会を発見したと感じるような事態になったとしても，それはアイディアの段階である。「自分がどうしたいのか」だけで事業が進むわけではない。ワークショップでは何人かのグループでブラッシュアップするスタイルが取られる。そこでは，自社の提供する製品・サービスが市場に受け入れられているかどうかが問題となる。顕在的あるいは潜在的な市場ニーズにあった事業を展開する必要がある。

　アイディアをどのように生み出す方法にはいくつかある。事業機会をどう発見するかについては，第6章の事業計画の策定においても紹介しているのであわせて参考にせよ。ここでは，ワークショップで行われる古典的な方法であるKJ法と，比較的最近使用されるリーンマトリクスを紹介する。

①　KJ法

　KJ法とは，カードとそれらをかこう紐を使用している。各人で出されたカードを類型化していき，メンバー同士でアイディアを出させる方法である。詳細は川喜田二郎『発想法　改訂版』を参照されたい。いくつかのワークショップでは，さらにカスタマイズされ，ブレインストーミングとしてアイディアの要素を付箋に書き出し，それらをグループ化していく方式がとられている。

　KJ法に限った話ではないが，個人のみの発想で展開されるものではなく幅広い視野を得ることができる。考えようによっては，適切ではない確証が強まるともいえる。

②　リーンマトリクス

　ワークショップでは，ビジネスモデル・キャンバスが使用されることがある。これは，ビジネスの設計図として，様々なビジネスの段階において使用される。この詳細は第5章を参考にしていただきたい。ここでは，ビジネスモデル・キャンバスとよく似たものとして，創業前や創業直後の段階に使用されるリーンキャンバスを紹介する。リーンキャンバスとは，アッシュ・マウリャがビジネスモデルキャンバスに手を加えたものである。使用される図としては，以下のように9つに区切られた空欄を埋めていくものである。

図表4−2　リーンマトリクス

課題	ソリューション	独自の価値提案	圧倒的な優位性	顧客セグメント
	主要指標		チャネル	
コスト構造		収益の流れ		
	製品		市場	

出所：Maurya, A., *Running Lean*, O'Reilly Media, 2012（角征典訳『Running Lean 実践リーンスタートアップ』オーム社，2012年，5ページ）をもとに筆者作成。

　作業は，枠を埋めていくことである。まずどんな「課題」があって，どんな「顧客セグメント」があるのか，その課題の対処のため，どんな「独自の価値提案」があるのか，を考える。それぞれの枠には，これらを成立させるための視角が記載されている。多くの場合，ソリューションばかりに目を奪われがちだが，そのほかにも多くの事を考えなければならないことに気づかされる。こうしてできたプランを改良する作業が行われていく。最初の事業に関する仮説は，当然ながら誤っていることが多い。リーンキャンバスは，当初の仮説を長い文章で紹介するよりも1枚で作成し，簡単に表現できるうえに共有が簡単なものである。

　発想法としては，本書であげた以外にも多くのものがある。様々なワークシ

ョップに参加し，あらゆる角度から自らの発想を練っていくことが事業アイディアのヒントになる。

２．事業機会の性質

（１）事業機会とアイディアの相違

　以上のように事業アイディアの出し方を説明したが，事業アイディアと事業機会は明確に異なる点に留意する必要がある。ジェフリー・ティモンズ（Jeffry A. Timmons）は，機会を企業家のプロセスにとって重要なものと位置づけた。彼は，「失敗したらやり直せばいい」程度に考えていることが重大な失敗につながると指摘する[2]。ここでは，事業機会とアイディアは違うものであるとして，その違いが大きなポイントとして位置づけられている。

　以上の指摘がなされた後の現代でも，状況は同じである。SNS といえば，Facebook や LINE などの有名なサービスをすぐ連想することができる。しかし，2000 年代初頭ではスポーツや就職，その他さまざまなグループをまとめる SNS が雨後の筍のように生まれた。それらの事業者は SNS の利用者が増える傾向を事業機会としてとらえた。事実 SNS ユーザーは増えたが，それらの大部分は有名 SNS のユーザーとなり，先述の多様な SNS のユーザー数は増えず，それらのサービスは頓挫する場合が多かった。

　このように，事業機会は事業アイディアとは異質なものである。この例でいえば，SNS ユーザーは増えるだろうという事業アイディアは間違っていなかったが，どう展開するかに問題があったわけである。事業機会はある時点でのアイディアではなく多様な要素が絡み合ったプロセスである。そのため，単に「これは面白そう」「この事業は成長しそう」というアイディアだけで事業が伸びるわけではない。多くの点でその機会を評価する必要がある。

（２）事業機会の評価

　事業機会をどう評価するかは，様々な角度から見る必要がある。たとえば，ティモンズは事業機会の評価として，①業界と市場，②経済的要件，③ベンチャーの収穫，④競争優位性，⑤経営チーム，⑥欠陥，⑦企業家個人，⑧戦略的

差別化，といった諸点をあげている⁽³⁾。

　SNS サービスが次々と生まれていった時代は，業界と市場は拡大傾向にあったが，それらサービスの全てが十分な差別化ができていたとはいいがたい。たとえば，Facebook はさらに競争優位性や差別化も優れていたとみることができる。しかし，これらの要件をすべてクリアするようなものを事前に把握することができるかどうかは議論があろう。

　だから，本書のように発想法を示して事業機会となりうるアイディアがうまれたとしても，自ら創業し経営者になろうとする一歩を踏み出せないことは，ある意味，当然のことである。ふと思いついた事業では，本当に採算がとれるかどうか，顧客が増えるだろうか，競合が増えたりしないだろうか。そのため，事業機会とアイディアは別物として考えることになる。

（3）タイミング

　さらに，事業機会がアイディアでないことは，タイミングの問題を考えることで，さらに明らかになる。かつて Second Life という 3D で構成された SNS のようなウェブサービスが注目されたことがあった。Second Life ではユーザー同士がコミュニケーションをとることができ，リンデンドルという独自の通貨が流通していた。

　VR や仮想通貨が盛んになった 2020 年前後の感覚からみれば，Second Life は画期的なサービスである。3D で操作することができ，流通する通貨もあった。しかし，このサービスは順調に成長しなかった。理由はいくつかあるが，その一つとして，3D を処理するユーザーの端末の能力がサービスを動かすのに十分ではなかったことが挙げられよう。端末のメモリが向上した数年後にリリースのタイミングが遅れれば，別の結果になった可能性がある。逆に，リリースが遅すぎれば，競合が多数現れるため事業展開の難しさが増す。アイディアの良さが良い結果につながらないことはタイミングの点から見ても明らかである。

３．事業機会の研究と実践

（１）研究における事業機会

　これまで説明してきたとおり，事業機会は複雑な要素が関係するものである。実際に起業家研究においても，事業機会は重要な構成要素として位置付けられながら，概念的な問題をもってきた領域でもある。

　事業機会の理解の問題が研究上にはある。事業機会は突然あらわれるものではない。あるとき閃いたように事業機会を発見し，開業し，成長して成功したといったような話は聞いたことがあるが，単純化されてはいないだろうか。これはよく指摘されることであるが，たとえばヴォーゲルは，事業機会は事業アイディアとの相違があり，機会の概念の不明確さが事業機会をめぐる研究を難しくしているという[4]。

　事業機会とは要素の組み合わせである。彼は事業機会を内生的かつ外生的に与えられた状況の組み合わせであると説明する。事業機会といっても，プロセスの中で形成されていくものであるし，そこには多様な要素が組み込まれていくのは当然である。

　事業機会は複雑な要素が絡み合い，しかもそれら諸要素も要素間の関係も変化し続けるものであるため一定の構造を維持しない。よい事業機会は事後的になってわかる面がある。よい事業アイディアであると認識されたことによって起業し成功した場合は，事後的によい事業機会であったと判断されたことになる。事業機会と事業アイディアが混同されやすいのはある意味当然のことでもある。

　Vogel（2017）は，着想された事業アイディアが発生からインキュベーション段階を通して事業機会となると位置づける。機会をプロセスであると位置づけるこの発想では，当初のアイディアは変化しいていくことになる。着想されたアイディアは生成の過程で変わるし，その後のインキュベーションとよばれる成長段階ではアイディアも実際の中身も変わってくる。これらの評価は見る人によっても異なる。事業機会を考える際には，それぞれコンテキストの異なる多くの人物が関係することから社会的および環境的背景に左右されるともいえる。そのことは起業家個人の着想や能力のみならず，起業家に関係する多く

の人物が事業機会の成果を左右するともいえる。

（2）実践における事業機会

①　事業機会は事前に知ることができない

　事業機会は個人がアイディアをもって事業を計画通りに行うプロセスというよりは，あまりにも多くの要素がかかわる変更の多いプロセスである。事業機会を事前に完全に把握することはできない。しかし，それはサイコロを振って事業をしろということを意味するものではない。

　スティーブ・ジョブズのスタンフォード大学卒業式での有名なスピーチに「コネクティング・ドット」がある。大学を退学したジョブズは，聴講生としてカリグラフィの授業に出席していた。このことが，様々なフォントを備えたコンピュータにつながった。アップル社を追い出されたジョブズは，PIXARをつくった。このことがジョブズのアップル社へのカムバックにつながる。このように点と点とがつながっていくようすを「コネクティング・ドット」という。大事なことは，点と点を結ぶことは，事前に計画してつなぐことではなく，後から振り返ってつながっていたことがわかる，という点である。

　このスピーチのように，事業機会がなんだったのかは，終わった後でしか判定できない問題がある。しかも事後的であっても事業機会として重要な役割を果たした要因を特定することも難しい。事業アイディアの着想だけでは事業機会とならない。最初の大きなビジョンが維持されることはあっても，事業内容は自らブラッシュアップし続けるとともに，第三者からの支援等があってその発展していく。これらの関係なしに事業が成長することは難しいことであろう。プロセスで見れば様々な要因が事業の成長には絡んでくる。これは，事後的であっても事業機会を特定の事柄に求めることが難しいことを意味する。

②　経験は必ずしも有効ではない：シリアルアントレプレナー

　何度も事業機会を発見し生かしている人物がいる。特に注目されているのが，何度も事業を立ち上げているシリアルアントレプレナー（連続起業家）である。何度も成功していることから，初めて事業を始めようとする人物よりも，

様々な事業機会を見つけていそうである。

　たとえば，世界的な企業となった Uber は，後に CEO となったカラニックによって成長した。カラニックは Uber に入る前に scour や Red Swoosh などを共同創業した経緯をもつシリアルアントレプレナーである。なにより Uber をユニコーン企業へと成長させた人物が彼であることは実に有名なことである。カラニックは，スキャンダルなど多くの問題をうけて 2017 年に Uber から離れるが，最も注目されたシリアルアントレプレナーであろう。

　日本にも，何度も事業を立ち上げ，自らがトップを維持したまま成長を続けるシリアルアントレプレナーがいる。ソフトバンクグループの孫正義は事業機会を抑えているようにみえる。家庭用パーソナルコンピュータの普及にともなってソフトウェア流通事業を行い，インターネット時代の到来とともに検索エンジンの Yahoo! JAPAN をてがけ，携帯電話の普及から Vodafone 日本法人を買収していった経緯からは気付かされることが多い。なにより，ソフトバンク・ビジョン・ファンドで世界のベンチャー企業に投資していることは，世界で最もベンチャー企業にコミットした人物としての孫正義を特徴づけるものである。

　レンタルサーバーで起業した家入一真は，2003 年に有限会社 paperboy&co. をたちあげ GMO に事業を譲渡した。同社は現在 GMO ペパボになっている。2011 年にはクラウドファンディングサイトの CAMPFIRE を立ち上げて以降，いくつもの会社の創業者になっている。またエンジェル投資家としても有名である。

　ところで，シリアルアントレプレナーは，事業をはじめたことのない起業家よりも成功する可能性は高いのだろうか。研究の世界では，別の調査結果も示されている。たとえば Toft-Keller（2014）の調査は，パフォーマンスが低下するのは 1 回目よりも 2 回目であると示した。創業の経験や学習が活かされるのは 3 回目以降であるとするこの調査結果は，経験があることがどんな条件でも成功要因とはならないことを意味する。

第３節　事業機会に対する姿勢

（１）事業機会と偶然

　筆者は「『自分がどうしたいのか』だけで事業が進むわけではない」と説明した。ここでは，さらに，「『自分がどうしたいのか』以外のことだけで事業が進むわけではない」ことを説明する。

　人間は限定された情報からしか意思決定することができない。確実に成功する事業機会を見つけ事業を開始し，それを停滞なく成長させることはありえない。だからこそ，最小限のコストで試行錯誤を繰り返すリーンスタートアップ[5]が注目されたりする。なにかしらの「機会がある」とする認識が，そのまま事業につながっていくわけではない。そこで様々な要因を考えて試行錯誤し最適なやり方に変えていくことがよいとされる。

　しかし，自分の良いと考えるものが，あらゆる要因を踏まえた試行錯誤よりも劣ったものと位置づけるだけでよいのだろうか。

　そもそも起業家は市場にあった事業のみを展開するわけではない。急成長するような新しい領域での事業展開を考えているのか，あるいは堅実な成長を遂げることを考えるのか，だけでも事業機会の追求の仕方は異なる。前者は，これまでにないようなアイディアやアプローチから生まれる。これに対して後者はこれまで多く見られているような成功や失敗のパターンから，成功確率の高い方法で展開するものである。

　この極端な二者択一で考えると，事業をはじめようとする個人が「どのような事業を展開していきたいのか」という点が何よりも優先される。急成長する事業を考える場合，堅実な事業で進める場合よりも，途中のプロセスで資金やリソースが投入される。そのため，このプロセスの途中では大幅な赤字が発生する可能性がある反面，その後急成長する可能性が生じる。これに対し，堅実な成長を志向する一般的な事業で創業するとなれば，そのようなロスが生じなくなる反面，急成長する可能性は低くなるかもしれない[6]。

　さらに言えば事業機会と「認識」された時点では，当然ながら正しい状況は

わからない。客観的には方向転換した方がいい場面があったとする。しかし事業をおこなおうとする者がそれを認識できるのかという問題がある。このように客観的に見た事業機会と，自らが追求する事業機会とは性質が明らかに異なる。

　事業機会を見つけ，機会をいかしていくプロセスひとつをとってもそれをどうとらえるか，認識された機会をどういかすかは，結局のところデータではなく，事業機会をとらえた個人次第というところに行きつかざるを得ない。

（2）アフォーダブルロス　損失を予測する

　ここでは，事業機会の問題を説明してきた。事業機会はきわめて捉えられず，結局のところ自分自身で機会と考えたものを，成功する保証もないまま追求せざるを得ない。いくつかの方法をこの章で紹介したが，それは成功確率をあげる可能性を持っているものである。しかしこれらは成功を保証するものではない。単に創業の意欲をそぐだけの解説で終わらせないために，最後にアフォーダブルロスという概念を説明する。

　アフォーダブルロスとは，Read et al.（2016）のエフェクチュアル・アントレプレナーシップによって広く知られるようになった許容損失の事である。事業計画を考える際は売上予測や利益の予測がなされる。これを行わないと，その事業計画はそもそも成り立たないし，資金調達のための場や，ビジネスパートナーを説得する際の説得材料にもならない。だから予測がなされる。しかし，誰もが創業の際に予測しているのが損失である。「売上や利益がどうなるかわからないから起業しない」とは，具体的には，失敗したときに発生する損失に対する恐怖によるものである。

　そこで「売上や利益がどうなるかわからない」を逆に考えてみる。つまり，「最悪の場合これだけ損失が出る」と考えてみる。その額が許容できるものであれば，条件次第でその機会を追求することができる。なぜなら，その個人が許容できる「最悪の場合に生じる損失」が明らかだからである。たとえ事業に失敗したとしても，自らが許容できる生き方をする余地がある。これにより，追求すべき機会がより明確になる。

　リードらのエフェクチュエーションでは，結果よりも現在の持てる要素をどう活用するかに重点が置かれる。どうしたら事業機会に出会えるかではなく，自分自身だからこそどんな事業機会を求めるかが大事になる。たしかに，そもそも認識された事業機会とは認識した人物だから認識できたものであり，アイディアがブラッシュアップされる過程で様々な事業の方向性が変わっていくものである。その意味で，MVPで事業をはじめ改良とピボットを加えていくリーンスタートアップが注目されるのも当然である。

　「どんな事業を追求すべきか」は大事な問いであるが，事業機会も事業成長も結局は自分のできることから始めるほかない。また，能力があったとしても，その能力を遂行する気がなければ起業は始まらない。こう考えると事業機会は，環境によってきまる面がある以上に，個人的要因によって左右されるといった点が最も大きいといえる。

第4節　むすびに

　この章では，なぜ優れた事業機会にふれることはできないのかという点から展開された。その答えの一つとして，事業機会は自然にやってくるというものというよりは，こちらから主体的に取り組んでいくことによって「事業機会となる」ものであるという説明がなされた。当初のアイディアは発展の過程の中で，何度も見直すことがあり，また多くの人からのブラッシュアップがあり，多様な要因を含むものである。このように考えてみれば，事業機会の探索とは，一発でホームランを打とうというイメージではなく，バッティングセンターで練習するイメージどころか，いろんなボールをバット以外の様々な道具を試しつつ遠くへ運ぶようなものであろう。

　事業機会は多様な要素のからむ複雑な過程であるという見方がある。この場合，当初のアイディアはその後のプロセスのなかで変えられていく。そのため，「『自分がどうしたいのか』だけで事業が進むわけではない」という答えがつきまとうものである。一般にはアイディアと事業機会の概念の違いが説明される。ただし，「『自分がどうしたいのか』以外のことだけで事業が進むわけで

はない」ことも考える必要があるだろう。

　また，この章ではシリアルアントレプレナーの存在を紹介した。事業経験が豊富であるシリアルアントレプレナーだが，別の調査ではどのような場合でも経験が効果を持つわけでもないことにも触れた。このことから最後に説明しておくことは，事業機会を認識して実行しやすいのは学生時代ということである。事業アイディアから様々な挑戦をすることも，自分がしたいことも追求することも，できやすい条件が整うのは制約条件の少ない大学生活であろう。

　この章ではアフォーダブルロスの概念もあわせて提示した。アフォーダブルロスも，学生のほうが有利である。社会人や結婚してからよりも生活コストが低い場合がほとんどであろう。かりに事業をはじめて失敗したとしても，就職活動を始めることもできるし，その後のキャリアに活かす経験にもなる。アフォーダブルロスとは事業機会を考える際に，重要な発想である。

📖 **考えてみよう！**

　この章を読み終えた後に，あなたの考える事業機会を説明しなさい。

【注】

（1）GEM 調査では，よく TEA（Total Early-Stage Entrepreneurial Activity）という指標が紹介される。これはいくつかの質問項目を数値化したものである。

（2）Timmons, J. A., *New Venture Creation*, 4th edition, Richard D. Irwin, 1994（千本倖生・金井信治訳『ベンチャー創造の理論と戦略』ダイヤモンド社，1997 年，1 ページ）.

（3）Timmons, J. A., *New Venture Creation*, 4th edition, Richard D. Irwin, 1994（千本倖生・金井信治訳『ベンチャー創造の理論と戦略』ダイヤモンド社，1997 年，118-119 ページ）.

（4）Vogel, P., "From Venture Idea to Venture Opportunity," *Entrepreneurship Theory and Practice*, 41(6), 2017, pp.943-971.

（5）エリック・リースによって広まった手法である。最小限のインプットで市場からのフィードバックをもとに学習していくことを中心にした方法である。

（6）教育の場でこの二者択一を迫られたとすれば，急成長する可能性があるがロスの可能性の高まる事業よりも安全な事業を紹介しやすくなってしまう傾向があるのではないか。

◆参考文献◆

Maurya, A., *Running Lean*, O'Reilly Media, 2012（角征典訳『実践リーンスタートアップ』オライリー・ジャパン，2012年）.

Read, S., Sarasvathy, S., Dew, N., and R. Wiltbank, *Effectual Entrepreneurship*, Routledge, 2016（吉田猛史監訳『エフェクチュアル・アントレプレナーシップ』ナカニシヤ出版，2018年）.

Ries E., *The Lean Startup*, Portfolio Penguin, 2011（伊藤穣一訳『リーンスタートアップ』）.

Timmons, J. A., *New Venture Creation*, 4th edition, Richard D. Irwin, 1994（千本倖生・金井信治訳『ベンチャー創造の理論と戦略』ダイヤモンド社，1997年）.

Toft-Kehler, R., Wennberg, K., and P. H. Kim, "Practice Makes Perfect: Entrepreneurial-experience Curves and Venture Performance," *Journal of Business Venturing*, 29(4), 2014, pp.453-470.

Vogel, P., "From Venture Idea to Venture Opportunity," *Entrepreneurship Theory and Practice*, 41(6), 2017, pp.943-971.

(事例4－1) Amazon　ジェフ・ベゾス

　世界中の購買行動を変化させた Amazon の創業者はジェフ・ベゾスである。彼はエンジニアとして活躍できるよう大学ではコンピュータサイエンスを学び，ビジネスを知るため金融機関に就職する。金融機関でエンジニアとして活躍した彼はたちまち出世し，若くして副社長につく。

　インターネット利用者が急激に増加していった 1990 年代にベゾスは，インターネット上での書籍販売の可能性を発見した。金融機関に勤務していたベゾスはセントラルパークで上司に独立の相談をする。上司は，いいアイディアだが今の仕事をすててまでやることか，といった内容の事をベゾスに言う。彼は悩んだあとに上司の言葉に従わず Amazon を創業した。最後の決定打は「後悔の数を最小限にしたかった」ということであった。(脇，2011 年)

　この決定の結果が現在である。結果的にいえば事業機会は間違いなく最良のものであった。しかし，1994 年のベゾスはこの結果を知らない。当時の書籍の購入行動は，書店に行ってから本を実際に手に取って，目次や中身をある程度確認してから買うというものであった。ベゾスの上司が遺留しようしたことも当然である。ベゾスが悩んだ末に金融機関に勤務し続ける道を選んでいたとしたら，世界はまったく別のものになっていただろう。

　事業機会の手前にある事業アイディアをどう評価するかは実に難しい。一見荒唐無稽なアイディアが世界を変えることもある。現時点では荒唐無稽で誰もが無理だというあなたのアイディアが世界を変えることさえある。

【参考】脇英世『アマゾン・コムの野望』東京電機大学出版局，2011 年。

─ 事例4－2 ）メルカリ　山田進太郎 ──────────────

　メルカリと言えばフリーマーケットアプリであるが，もちろんモノをシェアしあう世界をつくりだしたことで同社の事業内容は実に興味深い。そんなメルカリは，会社としては，2018 年に上場するまで日本のユニコーンとして注目されたことでも有名である。

　このメルカリを立ち上げ世界的に有名にさせたのが山田進太郎である。大学在学中のインターンで楽天オークションの立ち上げにかかわる経験をもっている。実は山田自身はメルカリが最初の起業ではない。2010 年に WEB サービスやソーシャルゲーム株式会社ウノウの設立が山田にとっての最初の起業である。そこで展開された事業のいくつかは別の企業に譲渡し，最終的にウノウ本体も譲渡する。世界一周したのちにフリマアプリのコウゾウ（現メルカリ）を 2013 年に創業した。そのため，山田は日本で有名なシリアルアントレプレナーといえるだろう。

　シリアルアントレプレナーだからといって問題なくメルカリを成長させてきたわけではない。出品物が問題になったことや，海外事業が予想外に低迷したこともある。多くの困難があっても，様々な手段を打ち続ける同社の姿から，ベストな事業機会があるのではなく，機会にあらゆる方法で立ち向かいつづけることの大切さがあると思われる。

　経験さえあれば必ず成功確率があがるわけではない。いつまでも新しいことに立ち向かうチャレンジャーの姿勢こそ，シリアルアントレプレナー・非シリアルアントプレナーにかかわらず，誰にでも重要なことではないだろうか。

【参考】「日経　私の道しるべ株式会社メルカリ　山田進太郎」（https://ps.nikkei.co.jp/myroad/keyperson/yamada_shintaro/index.html）［2019 年 11 月 28 日閲覧］

第5章
ベンチャー企業と経営戦略

第1節　はじめに

　本章ではベンチャー企業の経営を担う起業家が，創業から成長のプロセスにいたる起業家活動のなかで直面する戦略課題について取り上げ，課題解決のあり方やその背景にある考え方について紹介していく。ここでいう戦略課題とは，起業家やベンチャー企業を取り巻く「外部環境」（マクロ環境，市場環境）と「内部環境」（経営資源・能力）の「適合関係」を構築ないし変革することにより，新しい事業展開に取り組むことを必要とする経営課題をいう。

　J. A. ティモンズは，起業家活動とは何もないところから価値を創造するプロセスであり，創業者が認識した起業機会と必要資源との間のギャップを解消し，適合性を確立するための試行錯誤の繰り返しのプロセスであると述べている[1]。換言すると，起業家活動とは，「外部環境」と「内部環境」間の適合関係の構築と変革の連続的なプロセスであるともいえよう。起業家が環境変化の中に新たな事業機会を発見し，経営資源や能力の獲得や開発に取り組み，革新的ビジネスを創造する創業の過程は，まさに適合関係構築の典型である。また，創業後もベンチャー企業を取り巻く環境は常に変化しており，両者の適合関係を適宜見直し事業を展開していくことは，ベンチャー企業が持続的に存続・成長していく過程での重要な戦略課題である。

　なお，こうした戦略課題への対応については，二つの基本的な考え方がある。一つは外部環境および内部環境の情報を体系的に分析して，両者の適合と事業展開の道筋が長期行動計画として事前に決められるという考え方である。そし

て，もう一つが現場の実践の中での気づきや学習，社内・社外の人々との社会的相互作用をつうじて，適合と事業展開の道筋が創発的に形成されてくるという考え方である。前者は事前に決定される長期的な「計画」（方針，指針）としての戦略であり，一般に経営戦略の定義として用いられることが多い。そして，後者は組織がある一定の期間にたどった一連の行動の「パターン（pattern）」としての戦略[2]と理解され，事後的に把握される。

　ベンチャーに限らず企業が戦略課題に対して長期的な計画や方針を持つことはもちろん重要である。ただ，限られた経営資源をもとに一から事業を立ち上げるベンチャー企業の場合，内外に不確定要素も多く，事前の分析に基づいた長期的な計画の合理性は必ずしも高いとはいえない。よって，実践の行動の中で試行錯誤をつうじて，創発的に対応の道筋を形成していくことも重要となってくる。ベンチャー企業の経営においてはこの事前の分析と実践での学習・創発の両視点をあわせ持った経営が問われているといえる。

　本章では以上の視点と問題意識に立ちながら，以下の順で検討していくこととする。第2節1ではまず，スタートアップ期の「創業」における課題について，第2節2では「リーンスタートアップ」という概念を中心に事業化にあたっての課題について検討する。第2節3では創業時と成長期の経営環境の変化に対応した「資源展開戦略」について取り上げる。そして，第3節では安定期以降の「革新力維持」の課題について検討する。

第2節　ベンチャー企業の戦略課題

1．ベンチャー企業の創業と事業設計
　ここではベンチャー企業のスタートアップ期における戦略課題である，事業コンセプトやビジネスモデルの設計（design）について取り上げていく。

（1）事業創造
　起業家によるベンチャー企業の創業とはただ事業を始めることではなく，新しい事業を創造（create）することを意味する。また，新しい事業を創造する

ことは単に新製品や新市場を開発するだけではなく，新たな事業の仕組みを創造することをも意味する。例えば，Amazon.com の創業者ジェフ・ベゾスが1995 年にサービスを開始した際，彼は単に書籍販売を始めたのではなく，インターネットを通じた書籍の販売と購買に関する革新的な仕組みをともなった事業を創造したのである。

　事業創造のプロセスとは図表 5 - 1 にあるように，起業家が見出した事業アイデア及び事業機会から事業コンセプトが醸成され，それを具体化した事業計画にもとづいて，資金・技術・人材といった経営資源が動員され組織化される一連の行動の流れ，あるいはそれらの反復として理解出来る。そして，組織外の機関や人々との関係づくりを意味するネットワーキング活動をつうじて，起業家は必要な資金・技術・人材といった経営資源を動員する他，新しい情報やアイデア，パースペクティブ等を獲得することによって事業を創造していくのである[3]。

図表 5 - 1　事業創造のプロセス

フェーズ 1： 事業アイデアの獲得・事業機会の認識	ネットワーキング活動
フェーズ 2： 事業コンセプトの醸成	
フェーズ 3： 事業計画の作成	
フェーズ 4： 資金・技術の獲得	
フェーズ 5： 人材獲得・組織編制	

出所：山田幸三「ベンチャー企業の創造プロセス―創造段階の企業家活動―」(忽那憲治・山田幸三・明石芳彦編著『日本のベンチャー企業―アーリーステージの課題と支援』日本経済評論社，1999 年，第 1 章)，28 ページ図 1 - 1 より (一部加筆)。

　これらの活動の中でも事業コンセプトや，それにもとづいたビジネスモデルが重要な意味を持ってくる。なぜならば，それらは事業創造プロセスの各活動を結びつける役割を成すとともに，ベンチャー企業のその後の成長プロセスの

道筋を示す基本設計図としての役割を果たすからである。以下，事業コンセプト及びビジネスモデルの内容および設計のあり方について確認していく。

（2）ミッション・ビジョンと事業コンセプト

　起業家が事業機会を見つけ，新事業創造に取り組むことを決断したならば，事業コンセプトの形成の前提として，起業家によるミッション（mission）及びビジョン（vision）の設定が必要となる[4]。ミッションとは事業が果たすべき社会的使命を示したものであり，ビジョンとは起業家が事業をつうじて達成したいことを表現したものである。例えば，日本最大級の人材のクラウドソーシングを運営するベンチャー企業，（株）クラウドワークス社では，ミッションとして「21世紀の新しいワークスタイルを提供する―個の力を最大限発揮し，社会の発展と個人の幸せに貢献する」を掲げ，「『働く』を通して人々に笑顔を」をビジョンとして標榜している[5]。こうしたミッションやビジョンは起業家が「何故（Why）」その事業に取り組むのかを表現した創業の理念であり，新事業の基本設計図の価値前提として大きな役割を果たす。

　そして，事業コンセプトの形成とは，具体的な事業内容の骨格となる考え方をまとめることであり，経営戦略論の分野ではドメイン（domain）の定義として説明されてきた。それは事業を「顧客層（Who）」，「顧客機能（What）」，「代替技術（How）」の3次元で定義する[6]戦略的意思決定のフレームワークであり，当該事業がどのような顧客のどのようなニーズを，いかなる資源や能力で満たすのかを定義することを意味する。ドメインを定義することで，事業が果たす使命，活動領域，事業内容を体系的に把握することが可能となる。

（3）基本設計図としてのビジネスモデル

　このミッション，ビジョン，そしてコンセプトを具体的な事業の仕組みに作り上げていくのが，ビジネスモデルの設計である。ビジネスモデルとはM.W.ジョンソンによると，「ビジネスが顧客と企業の双方にとっての価値をどのようにして創造・提供するかを表現したもの」[7]と定義されている。取り上げる論者により多少のニュアンスの違いはあるものの，その本質は，内外

の資源をつうじた顧客価値の創造と提供の仕組み，そして，企業の利益獲得のあり方を体系的に描いた事業の基本設計図として捉えることが出来る。

　ここでは，A. オスターワールドとO. ピネールが提唱する「ビジネスモデル・キャンバス」（図表5－2）を代表的なフレームワークとして，基本設計図としてのビジネスモデル構築の考え方，および，その中身について確認していくこととする。図に沿って各要素を確認していくと，右サイドの①「顧客セグメント」はターゲットとなる集団ないし組織であり，②「価値提案」はその特定セグメントに対して提案する価値の内容である。③「チャネル」は顧客セグメントに価値提案を伝えるためのコミュニケーションと価値を提供するための流通，販売の方法であり，④「顧客との関係」は顧客セグメントとの関係構築・維持の枠組みを意味する。⑤の「収入の流れ」は事業をつうじて組織が収益を受け取る方法である。そして，左サイドの⑥「主要リソース」は技術やノウハウなど価値提案のために不可欠なコア資源であり，⑦「主要活動」はその資源を用いて行われる価値提案に不可欠な活動である。⑧「主要パートナー」は外部リソースとして事業に協力してくれるサプライヤー等のパートナーである。そして，⑨「コスト構造」はビジネスモデルの運用で生じる全てのコストである(8)。

　以上のように，ビジネスモデルの内容は，顧客価値を中核に据え，その価値

図表5－2　ビジネスモデル・キャンバス

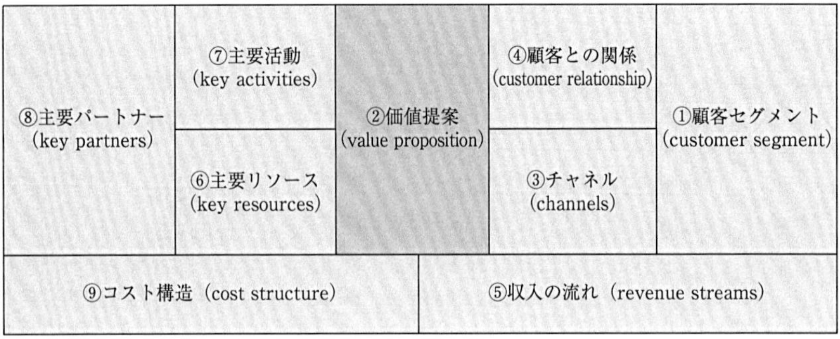

出所：Osterwalder, A., & Y. Pigneur, *Business Model Generation*, John Wiley & Sons, 2010（小山龍介訳『ビジネスモデル・ジェネレーション―ビジネスモデル設計書』翔泳社，2012年）の内容をもとに筆者作成。

を顧客に提供するために，内外の資源及び能力をいかに組み合わせ，収益をあげて行くのかといった，事業全体の仕組みとそのロジックを意味している。換言すると，事業創造にあたっての外部環境と内部環境の適合関係の基本設計図としての役割を果たしていると言える。

（4）ビジネスモデルと競争戦略

　以上，事業コンセプト，ビジネスモデルの設計をつうじて顧客との適合のあり方が示されたならば，次に既存企業および新市場を奪い合う可能性のある他のベンチャー企業との競合への適合についての基本設計図を描く必要がある。これは経営戦略論の領域で競争戦略（competitive strategy）の問題として取り上げられる戦略課題である。これまで競争戦略策定に関する様々なフレームワークが開発されてきているが，それは起業家による事業創業時においても基本的に有効である。競争戦略策定は事業の「競争優位」の獲得を目指して行われる。その基本は「外部環境分析」と「内部環境分析」をつうじて，環境の機会・脅威と自社の強み・弱みを統合的に理解することで，自社の競争優位の源泉となる「戦略」（差別化戦略，コスト優位戦略，集中化戦略，イノベーション戦略＝差別化とコスト優位の両立）を決定することである。

　なお，ベンチャー企業の競争戦略を考える際に重要な点として，競争の問題を 2 つのレベルで重層的に把握することがあげられる。1 つは，ターゲットとする顧客に対して競合企業以上に，より価値を高める製品やサービスを提供する，「製品・サービス」レベルでの競争である。もう 1 つが競合他社との競争において持続的競争優位を獲得出来るように，自社とパートナーとの協調によって他社とは異なる経営資源と活動の仕組を作り上げる，「ビジネスモデル」レベルでの競争である[9]。

　本節冒頭でも述べたように，ベンチャー企業の本質は新製品や新市場の開発のみならず，革新的な仕組みをともなった事業を創造することにある。その持続的な競争優位性の確保にとって，創業時の起業家による革新的なビジネスモデルの構築と，その後，構築したモデルを継続的に革新（＝ビジネスモデル・イノベーション）していくことが重要な意味を持つのである。

２．事業化と戦略形成のプロセス

　ここでは起業家がスタートアップ期の創業にあたって事前に構想した基本設計図をもとに，実際に事業化する際の戦略課題について取り上げていく。

（１）事業化とリーンスタートアップ

　事業に革新を起こし挑戦することを本質とするベンチャー企業の場合，その内外の環境は不断に変化し不安定な状況にあり，起業家が創業時に構想した事業コンセプト，ビジネスモデル，および競争戦略がそのまま実行されるケースは少ないといえる。したがって，ベンチャー企業のかかる特性を考えれば，事業化にあたっては，事前構想を一つの前提（＝仮説）としながらも，それに固執するのではなく，実践プロセスをつうじて内外の環境変化に臨機応変に対応し，事業の方向性を修正する創発的で柔軟な戦略対応が求められる[(10)]。

　かかる事業化の方法については多くの手法が開発されているが，ここでは代表的なものとしてエリック・リースらが提唱しているリーンスタートアップ（lean startup）について紹介する。この手法の特徴は，本格的な事業化に先駆けて事業に関する「仮説─検証」を繰り返す中で，試行錯誤しながらビジネスや製品・サービスのあり方を「探索」するプロセスを重視する点にある。事前の綿密な分析と予測に基づいて策定された「事業計画」が着実に段階を踏んで「実行」されることを前提とした従来の考え方とは対照的である。

　「探索」のプロセスは具体的には，「構築─計測─学習」の循環過程として捉えることが出来る。すなわち，「構築」段階では事業に関する仮説を前項で見たビジネスモデルにまとめ，実用最小限の製品（MVP：minimum viable product）を潜在的利用者に提供する。「計測」段階では仮説を検証するために，顧客や事業パートナー等に直接会って，製品特性，価格，流通チャネルなど，ビジネスモデルのあらゆる要素について意見を得る。そして，「学習」段階では測定結果をもとに軌道修正を繰り返していく。そして，この循環過程でビジネスモデル自体の誤りに気付いた際には，ビジネスの「方向転換（pivot）」を図る。かかるプロセスを経てビジネスの「実行」段階に移行することで起業に際してのリスクを低減し，「無駄の無い起業（lean startup）」を実現するのである[(11)]。

（2）複眼的な戦略プロセス

　以上の様に，ベンチャー企業の事業化のプロセスにおいては，基本設計図としての戦略の事前策定と，実践プロセスの中での臨機応変かつ柔軟な戦略対応が必要になってくる。それらは相矛盾するものではなく，両者を融合することで起業家の戦略決定にとって相互補完的な役割を果たすものである。

　図表５－３にあるように，創業者が自社及びその事業の存在意義をビジョンとして明確に示すことからスタートし，次いで外部の機会と脅威，自身の内部資源と能力を徹底的に分析したうえで，組織としての目標，事業スコープ（範囲），競争優位性を計画的戦略として示すことによって，起業家が資源を集中すべき領域や組織の方向性が明確になる。そして，それに基づいて日々の意思決定と行動の中で実験を繰り返し，戦略の具体的なかたちが創発戦略として形成されていくのである。その際，計画的戦略が市場の反応を解釈する際の「枠組み」の役割を果たすことによって，組織は実験から有意義な学びを得ることが出来る。そして，起業家やベンチャー企業は環境の変化や実験結果をふまえ，新たな資源や能力を構築し，必要な場合には当初の計画戦略を修正していく。こうした計画と企業家精神をうまく融合した複眼的な視点を有したプロセスを繰り返すことが，ベンチャー企業の事業化にあたっては問われているのである[12]。

図表５－３　リーン戦略プロセス

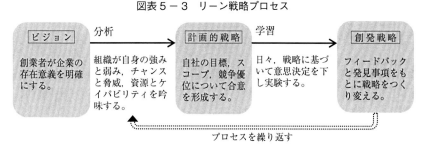

出所：Collis, D., *Lean Strategy*, Harvard Business Review, March 2016（高橋由香理訳『リーンスタートアップに戦略を融合させる』DIAMOND ハーバードビジネスレビュー Aug. 2016），75 ページ図表を基に筆者作成（一部修正）。

3．ベンチャー企業の資源展開戦略

　起業家にとっての戦略課題の本質は経営環境と自らの資源や能力の適合関係を構築，展開していくことである。ここでは，この適合関係の基盤となるベンチャー企業の資源展開戦略，すなわち，経営資源や能力の獲得・蓄積及び活用に関する戦略について学んでいく。

（1）コア・コンピタンスと資源展開

　J. A. ティモンズは起業家活動とは資源の有無にかかわらず，自らが所有するとは限らない資源をも利用しながら，起業機会を追求し何もないところから価値を生み出すプロセスであると述べている[13]。この指摘にあるように，経営資源に限界のあるベンチャー企業の経営にとって，必要な経営資源を外部から動員することは重要な意味を持つ。ただ，起業家が資源展開を考えるにあたって，その核となる自らの資源や能力を確定することが重要となってくる。

　かかる企業および組織の中核となる能力のことを，経営戦略論の領域ではコア・コンピタンス（core competence）と呼ぶ。コア・コンピタンスとは個別のスキルや技術を指すのではなく，それらの統合と学習の積み重ねの結果得られる能力であり，顧客価値の向上，競争他社との差異化，企業力の拡張を可能にする能力である[14]。例えば，章末事例で取りあげた配車サービスの Uber 社のコア・コンピタンスは，移動ニーズのある個人と自家用車を活用・提供したい個人といった，利用者と提供者の複雑なマッチングをスピーディかつ正確に処理できる能力であり，それはスマホのアプリ技術，GPS データ技術，ドライバーの登録・管理スキル等が統合され，学習を重ねた結果得られた能力である。

　先に見たように，経営資源に限りのあるベンチャー企業の場合，起業家は創業のためにスタートアップ期からネットワーキング活動をつうじて，必要な資金・技術・人材といった資源を外部から動員する必要がある。ただ，その際に多様な資源を中途半端にそろえるのではなく，自らのコア・コンピタンスを見定め，それを集中的に蓄積・強化することを志向すべきであり[15]，それを中核として必要資源の蓄積や外部からの動員をはかることが求められる。

（２）成長期における環境変化と資源展開

　成長期に入るとベンチャー企業の製品・サービス，事業が市場で認知されるようになり販売が拡大し，それにともなって競合他社も参入してくることで，新たな経営課題に直面することとなる。すなわち，業務拡大や差別化のためのビジネスモデルの高度化，具体的には調達，製造，物流，マーケティング，販売・サービス，開発，スタッフの採用・訓練，IT環境整備などの拡充が必要となる。そして，かかる課題に対処するにあたって既存資源と必要資源との間に「資源ギャップ」[16] が認識されるようになり，これを解消するための資源や能力の獲得や蓄積が必要となってくるのである。確認しておくと，資源とは有形資産（土地，建造物，機械設備，事務用機器など），無形資産（特許，技術，ノウハウ，ブランド資産，顧客ロイヤルティ，評判，企業文化など），人的資源（従業員の知識，技能，モチベーション）であり，能力とは人的資源を中心にさまざまな資源を協働させて，活動を行っていく企業の力である[17]。

　そして，起業家ないしベンチャー企業が資源や能力のギャップを埋めるための方策としては，大きく「内部蓄積」と「外部獲得」に分けられる。「内部蓄積」は社内での設備投資，研究開発投資，マーケティング投資，あるいは，日常の業務プロセスでの学習をつうじて資源や能力を蓄積する方策である。そして，「外部獲得」は市場調達による資源取得と，外部組織との連携による資源の活用や獲得といった二つの方策からなる。外部組織との連携の具体的方法としては，生産委託，販売委託，技術ライセンス，共同開発，合弁等といった戦略的提携（strategic alliance）がある。また，企業の買収や合併によって所有権ごと資源獲得を図るM&Aも外部獲得の一つの方策として考えられる[18]。

　なお，成長期におけるベンチャー企業の資源展開戦略を考えるに際して重要なことは，コア・コンピタンスを中核としながら，企業内外で蓄積・獲得された資源及び能力を統合し，相乗効果を発揮できるような戦略をとることである。かかる資源展開戦略があってこそ，ベンチャー企業の製品やサービス，ビジネスモデルに優位性が付与され，その成長が可能となるのである。

第3節　ベンチャー企業の発展と革新力

　ここでは安定期以降にもベンチャー企業を継続的に発展させていく上で，起業家ないしベンチャー企業の組織に求められる革新力の維持の課題について取り上げることとする。

1．ベンチャー企業の成長と硬直化

　創業事業の成熟化にともない，安定期に入ったベンチャー企業をさらに発展させるためには，ビジネスモデルの再構築により事業の脱成熟化を図るか，ドメインの再定義により新事業を創造（第二の創業）する必要がある[19]。ただ，成長期を経て事業が安定期に入る過程で，起業家やベンチャー企業がスタートアップ期から成長期にかけて発揮してきた柔軟な姿勢や革新力が失われ，こうした新たな展開に移行することが難しくなることがある。

　起業家がコア・コンピタンスを特定し，必要な資源及び能力を企業内外で蓄積・獲得して統合・再統合を図ることで，創業期には革新的なビジネスモデルを創造し，成長期においてはその拡充・強化を実現することを確認してきた。しかし，成熟期に入り事業が安定化することで，ビジネスモデルの基盤となるコア・コンピタンスや資源間の関係が固定化され，主要活動を担う組織や主要パートナーとの協業関係が安定化することで，革新よりも日々の活動が重視されるようになり，柔軟な姿勢や革新力が失われることがありうる。

　かかる現象を説明する経営戦略論の一つの考え方として，レオナルド・バートンが提唱したコア・リジディティ（rigidity：硬直性）という概念がある。従業員の知識やスキル，物理的・技術的システム，マネジメント・システム，そして価値観と規範といった4つの相互依存的な次元から構成される「知識の集合体」としてのコア・ケイパビリティ（core capability）を強化することで企業の競争優位性は高まる。しかし，環境が変化したにも関わらず知識やその相互依存関係が硬直化してくると，それはコア・リジディティへと変容することで，柔軟性を失って革新性を阻害する可能性を持つこととなる[20]。

2．ダイナミック・ケイパビリティ

このような，事業の安定化にともなう硬直化に対し，コンピタンスやケイパビリティを変革する能力として，近年，ダイナミック・ケイパビリティ（dynamic capability）という考え方が注目されるようになってきている。ここでは代表的な研究者である，D. J. ティースの考え方に拠りながら紹介する。

ティース等によると，そもそもダイナミック・ケイパビリティとは「急速な環境変化に対処するために内部・外部のケイパビリティの統合・再構築・再配置を実行する組織・経営者のケイパビリティ」[21] であり，それはケイパビリティを再構築するケイパビリティである。そして，ダイナミック・ケイパビリティは，具体的には経営陣が保有すべき3つの能力からなる。すなわち，①「感知（sensing）」：環境変化における機会や脅威を感知する能力，②「捕捉（seizing）」：機会を捉えて価値獲得を実現するために資源を動員する能力，③「転換（transforming）」：組織内外の有形・無形の資源や組織を継続的に更新する能力である。そして，ダイナミック・ケイパビリティを強化し，イノベーションを促進することで企業の持続的競争優位が維持できる[22] のである。

本章のこれまでの議論からわかるように，以上のダイナミック・ケイパビリティ論において経営陣に問われている3つの能力は，起業家が本来有しているべき能力であるともいえる。ただ，成熟期に入り事業が安定化することで，既存のコンピタンスの強化を志向するなかで硬直性の問題に直面した時点で，起業家がダイナミック・ケイパビリティの重要性を認識するともに，自身の3つの能力を再度強化していくことは重要な経営課題であるといえよう。そして，同時に，事業の成長とともに形成されてきた，ベンチャー企業の組織を構成する組織メンバーの人材育成をつうじて，企業としての「革新力」を強化することで，ビジネスモデルの再構築や新事業の創造に取り組んでいくことが起業家の新たな戦略課題として重要になってくる。

第4節 むすびに

本章では起業家がベンチャー企業の創業から成長プロセスにおいて直面する

戦略課題について取り上げ，課題解決のあり方やその背景にある考え方について検討してきた。その中で，ベンチャー企業の創業や成長プロセスにおいては，事前に策定された「計画的戦略」と同時に，実践のなかで臨機応変に形成される「創発戦略」が重要であることが明らかにされた。また，ベンチャー企業の持続的な存続と成長のためには，起業家個人や組織としての「革新力」を保つことが不可欠であることが示された。

　ベンチャー企業の本質は新しいことに挑戦し，何もないところから新しいビジネスを創造することにある。本章で提示した実践の中での「創発性」，安定から生まれる硬直性を克服する「革新力」の保持・強化に留意した起業家活動が多くのベンチャー企業で展開されることが期待されるところである。

📖 **考えてみよう！**

　成功したベンチャー企業が掲げているミッション，ビジョン，そして，事業コンセプトやビジネスモデルについて自ら調べ，それらが事業の成功にどのように寄与しているか考えてみよう。

【注】

（1）Timmons, J. A. *New Venture Creation*, 4th ed., Richard D. Irwin, 1994（千本倖生・金井信次訳『ベンチャー創造の理論と戦略』ダイヤモンド社，1997年，10-11, 26-28ページ）。

（2）Mintzberg, H., Ahlstrand, B., & J. Lampel, *Strategic Safari, The complete guide through the wilds of strategic management*（*02 Ed.*），Person Education Limited, 2009（斉藤嘉則監訳『戦略サファリ（第2版）戦略マネジメント・コンプリートガイドブック』東洋経済新報社，2013年，10-12ページ）。

（3）ここでの事業創造プロセスの内容については，山田（1999），28-29ページを参考とした。

（4）Dorf, R. C. & T. H. Byers, *Technology Ventures*, The McGraw-Hill Companies, Inc, 2008（設楽常已訳『最強の起業戦略』日経BP社，2011年，72-78ページ）を参考とした。

（5）同社ホームページ（https://crowdworks.co.jp/company#our_theme）［2020年1月31日閲覧］より。

（6）ドメインの3要素については，Abel，邦訳（1984）を参照。

（ 7 ） Johnson, M. W., *Seizing the White Space*, Harvard Business Press, 2010（池村千秋訳『ホワイトスペース戦略』阪急コミュニケーションズ，2011 年，50 ページ）。

（ 8 ） ビジネス・キャンバスの内容については，Osterwalder, A & Y. Pigneur, *Business Model Generation*, John Wiley & Sons, 2010（小山龍介訳『ビジネスモデル・ジェネレーション―ビジネスモデル設計書』2012 年）を参照。

（ 9 ） ビジネス・モデルのレベルでの競争という考え方については，根来（2014）を参照。

（10） 事業化にあたっての柔軟な対応の必要性については，琴坂（2018），374-377 ページを参照。

（11） リーンスタートアップの内容については，Ries, 邦訳（2012）及び Blank, 邦訳（2012）を参考とした。

（12） リーン戦略プロセスの考え方については，Collis, 邦訳（2016）を参考とした。

（13） Timmons, 前掲書，10-11 ページ。

（14） コア・コンピタンスの定義については，Hamel＝Prahalad, 邦訳（1995），258-265 ページを参照。

（15） 同上書，78 ページ。

（16） 「資源ギャップ」という考え方については，金井（2002）を参照。

（17） ここでの資源と能力の定義は，浅羽・牛島（2010），60-61 ページを参考にまとめた。

（18） 浦野恭平「資源展開と PPM」（井上善海・佐久間信夫編著『よくわかる経営戦略論』ミネルヴァ書房，2008 年，第 1 部Ⅲ），28-29 ページ。

（19） 「第二の創業」という考え方については，金井前掲稿を参照。

（20） Leonard-Barton, D., *Wellsprings of Knowledge*, Harvard Business Press, 1995（阿部孝太郎・田畑暁生訳『知識の源泉―イノベーションの構築と持続』ダイヤモンド社，2001 年，第 1 章，第 2 章）。

（21） Teece, D. J., *Dynamic Capabilities & Strategic Management*, Oxford University Press, 2009（谷口和弘・蜂巣旭・川西章弘・ステラ S. チェン訳『ダイナミック・ケイパビリティ戦略―イノベーションを創発，成長を加速させる力』ダイヤモンド社，2013 年，xvii ページ）。

（22） 同上書，第 1 章。

◆参考文献◆

Abel, D. F., *Defining The Business: The Starting Point of Strategic Planning*, Prentice Hall, 1980（石井淳蔵訳『事業の定義―戦略計画策定の出発点』千倉書房，1984 年）.

Blank, S. & B. Dorf, *The Startup Owner's Manual Vol.1*, K&S Ranch, 2012（堤孝志・飯野将人訳『スタートアップ・マニュアル』翔泳社，2012 年）.

Collis, D., *Lean Strategy*, Harvard Business Review, March 2016（高橋由香理訳『リーンスタートアップに戦略を融合させる』DIAMOND ハーバードビジネスレビュー Aug. 2016）.

Dorf, R. C. & T. H. Byers, *Technology Ventures*, The McGraw-Hill Companies, Inc, 2008（設楽常已訳『最強の起業戦略』日経 BP 社，2011 年）.

Hamel G. & C. K. Prahalad, *Competing for The Future*, Harvard Business Press, 1994（一條和生訳『コア・コンピタンス経営』日本経済新聞社，1995 年）.

Johnson, M. W., *Seizing the White Space*, Harvard Business Press, 2010（池村千秋訳『ホワイトスペース戦略』阪急コミュニケーションズ，2011 年）.

Leonard-Barton, D., *Wellsprings of Knowledge*, Harvard Business Press, 1995（阿部孝太郎・田畑暁生訳『知識の源泉―イノベーションの構築と持続』ダイヤモンド社，2001 年）.

Mintzberg, H., Ahlstrand, B., & J. Lampel, *Strategic Safari, The complete guide through the wilds of strategic management* (*02 Ed.*), Person Education Limited, 2009（斉藤嘉則監訳『戦略サファリ（第 2 版）戦略マネジメント・コンプリートガイドブック』東洋経済新報社，2013 年）.

Osterwalder, A & Y. Pigneur, *Business Model Generation*, John Wiley & Sons, 2010（小山龍介訳『ビジネスモデル・ジェネレーション―ビジネスモデル設計書』翔泳社，2012 年）.

Ries, E., *The Lean Startup*, Crown Business, 2011（井口耕二訳『リーンスタートアップ―ムダのない起業プロセスでイノベーションを生み出す―』日経 BP 社，2012 年）.

Teece, D. J., *Dynamic Capabilities & Strategic Management*, Oxford University Press, 2009（谷口和弘・蜂巣旭・川西章弘・ステラ S. チェン訳『ダイナミック・ケイパビリティ戦略―イノベーションを創発，成長を加速させる力』ダイヤモンド社，2013 年）.

Timmons, J. A. *New Venture Creation*, 4th ed., Richard D. Irwin, 1994（千本倖生・金井信次訳『ベンチャー創造の理論と戦略』ダイヤモンド社，1997 年）.

浅羽茂・牛島辰男『経営戦略をつかむ』有斐閣，2010 年。

浦野恭平「資源展開と PPM」（井上善海・佐久間信夫編著『よくわかる経営戦略論』ミネルヴァ書房，2008 年，第 1 部Ⅲ）

金井一頼「起業のプロセスと成長戦略」（金井一頼・角田隆太郎編『ベンチャー企業経営論』2002 年，第 3 章）

琴坂将広『経営戦略原論』東洋経済新報社，2018 年。

根来龍之『事業創造のロジック―ダントツのビジネスを発想する』日経 BP 社，2014 年。

山田幸三「ベンチャー企業の創造プロセス―創造段階の企業家活動―」（忽那憲治・山田幸三・明石芳彦編著『日本のベンチャー企業―アーリーステージの課題と支援』日本経済評論社，1999 年，第 1 章）

［事例 5 − 1］ ウーバー・テクノロジーズ（Uber Technologies, Inc.）　米国

　Uber は 2009 年，トラビス・カラニックとギャレット・キャンプにより設立され，2010 年に米サンフランシスコで IT を活用した配車サービスをスタートし，急速に事業拡大を果たした米国ベンチャー企業である。

　同社の事業の基本的な仕組みは，移動ニーズのある個人と所有する自家用車を活用したい個人とを，同社が提供するプラットフォーム（スマートフォンのアプリ）上で結びつけ，取引ごとに手数料を得る，「デジタル・マッチング」と呼ばれるビジネスモデルである。移動に手間や時間をかけたくないユーザーにとってはスマホで手軽に確実に配車のサービスを受けることが出来，また，ドライバーにとっては契約登録することで自身の車や時間を有効活用して収入を得られるメリットがある。また，スマホ上で顧客とドライバー間の相互評価が出来るなど，安心して利用できる工夫もされている。また，Uber では効率的なマッチングにくわえ，ドライバーとの契約という方法により，車体購入費，人件費，その他管理費等を伴わないコスト構造となっており，料金も平均してタクシーの 2 分の 1 以下となっている。

　同社は創業事業で確立したプラットフォームを活かして，上記の低価格配車サービスに加えて，相乗り利用者のマッチング，プロのドライバーの配車サービス，高級車の配車サービス，高齢者・障害者向け配車サービス等，利用者のニーズに沿った様々なサービスを展開するようになっている。さらに，近年ではレストランの食事を届けるフード配達や自転車を利用した宅配サービスなど，配車以外のサービスをも展開するようになってきている。

　こうした自社のビジネスモデルの根幹にある中核技術の向上にも余念がない。同社では約 7,000 人の技術者を擁しているといわれるが，2015 年には同社独自開発の，リアルタイムの GPS データを活用した「Gurafu」という新しい検索エンジンを導入し，複雑なマッチングをさらにスピーディに処理できる態勢を整えている。また，AI（人工知能）の活用にも積極的で，2016 年には米ジオメトリック・インテリジェンスという AI のベンチャーを買収し，同社を中核とする研究所を設けて研究開発に取り組んでいる。

【参考】「ウーバーテクノロジーズ　相乗りは革命の序章」（『日経ビジネス』2018
　　　　年 3 月 26 日号，72-77 ページ）

事例5−2 PKSHA Technology, Inc.　日本

　PKSHA Technology は，AI（人工知能）研究者として著名な東京大学大学院松尾豊特任准教授のもとで研究に従事していた，上野山勝也氏など若手研究者によって，2012年に創業されたベンチャー企業である。2017年9月に東証マザーズ上場を果たすなど，着実に成長を遂げてきている。

　同社では「未来のソフトウェアを形にする」ことを会社のミッションとして掲げている。同社事業の基盤にあるのは自然言語処理技術，画像認識技術に機械学習・深層学習技術を組み込んだアルゴリズム開発能力である。そして，開発されたアルゴリズムをモジュールとして顧客企業のソフトウェアやハードウェアに組み込むか，独自ソフトウェアとして提供することによって，顧客の業務改善や製品・サービスの価値向上，ビジネスモデルの革新に寄与することを事業とする。具体例としては，チャットアプリでの自動対話，ECサイトでの顧客誘導，医療画像診断などがあげられる。導入先の業種は多岐にわたり，主な取引先として NTT ドコモ，LINE，リクルートホールディングス，トヨタ自動車などがあげられる。

　同社では，「テキスト理解」，「対話」，「画像／映像解析」，「行動理解」，「推薦」，「異常検知」，「予測」，「強化学習」の8つのモジュールと，「画像認識」，「対話」，「顧客管理」，「予測・推論」に関する4つのソフトウェアを展開している。同社の戦略上の強みは，こうした複数モジュールやソフトウェアを組み合わせることにより，様々な業種・場面のニーズに対応できることである。そして，ソフトウェア自身の学習を可能にする機械学習・深層学習技術が組み込まれているため，導入以降のデータ収集と分析・解析の蓄積により精度が向上し，自ずと顧客価値も提供価値も高まっていくことも大きな強みである。

　同社では，現在，「アルゴリズム製品の品質向上」と「適応領域の拡大」を戦略上の課題としてあげ，新しい事業展開を目指している。具体的には「深層学習領域のソフトウェア技術」，「制御デバイス技術」，「光学センサー技術」という3つの異なる技術分野の融合と社会実装を実現すべく，情報科学分野の複数の研究室との連携を図るなど，研究開発力の強化や人材確保に取り組んでいる。

【参考】上野山勝也「アルゴリズムの先端技術で『未来のソフトウエア』を形にする」（科学技術振興機構『産学官連携ジャーナル』2017年10月号, 12-13ページ）「アルゴリズムの力で社会課題を解決する」（株式会社ドリームナビ「理系ナビ2021」https://rikeinavi.com/guide/careerguide_topint_18sp/）〔2020年1月31日閲覧〕。

第6章
事業計画

第1節　はじめに

　事業は水ものである。計画どおりにはいかないことも多い。では，何のために事業計画をつくるのか。つくるとしたら，どういった要素を盛り込むべきか。本章では，事業計画をテーマとして取り上げ，考えていこう。

　事業計画書をつくる理由は，少なくとも四つある。第1は，自分が準備を進めるためである。事業を立ち上げるまでには多くの工程がある。ビジネスモデルの検討，什器備品の購入，販路の開拓，仕入れ先の確保，許認可の取得，広告宣伝など，細かく挙げたらきりがない。一つでも忘れたり遅れたりすれば，軌道に乗るタイミングに影響する。事業計画書は，頭のなかを整理し，着実に前進するためのロードマップの役割を果たす。

　第2は，第三者に見てもらうためである。新事業を立ち上げようとする人は誰でも，成功したいと願っている。そのため，バラ色の計画を立ててしまいがちだ。そこで，第三者に客観的な目で見てもらうのである。事業計画書は，計画のブラッシュアップの手がかりとなる。

　第3は，支援を集めるためだ。経営資源には限りがある。ヒト，モノ，カネや集客など，さまざまな面で周囲から応援してもらう場面が出てくる。金融機関から融資を受けるケースもあるだろう。そのとき，何の材料やエビデンスもなければ，支援する側としても，判断のしようがない。支援を受ける側は，何らかの方法で，事業の構想や，それに対する想いを形にする必要がある。事業計画書は，プレゼンテーションのツールになる。

　第4は，事業開始後の経営をチェックするためだ。事業を始めても，多くの場合は計画どおりにはいかない。そこで軌道修正することになるわけだが，当初の計画がなければ，どこに問題が生じているのかさえわからない。計画があれば，実績と照らし合わせて，どこがずれているのかが確認できる。つまり事業計画書は，経営の羅針盤になるのである。

第2節　事業計画の作成プロセス

1．事業計画の構成要素

　では，事業計画にはどのような要素を盛り込めばよいのだろうか。事業計画書は大きく分けて，①事業機会の発見，②ターゲットの設定，③競合分析とポジショニングの検討，④ビジネスモデルの設計，⑤経営資源の調達と収支計画の策定といった要素で構成される。形式や分量に決まりはない。

　検討する順序にも決まりはないが，大枠から細部へという流れのほうが，考えやすいだろう。前述の要素でいえば，事業機会から収支計画に向けて考えていくイメージだ。以下で，各項目について順に説明していこう。

2．事業機会の発見

　事業は，初めから形になっているものではない。「思いつき」や「ひらめき」を徐々にブラッシュアップし，コンセプトや計画へと整えていく。最終的に優れた事業となるかは，最初の段階で筋の良い事業機会に出合えたかどうかに左右される。この「筋の良い」というのが曲者で，誰もが思いつくようなアイデアであれば既に競合は多く存在するし，あまりに突拍子もないアイデアであれば誰も相手にしてくれない。最初のうちは多くの人が「バカな」と思うものの，よく考えていくと「なるほど」と得心するようなものが理想だ。

　では，どうすれば，事業機会を発見できるのか。ヒントを二つ紹介する。

　第1は，今あるビジネスの「外側」に目を向けることである。Kim and Mauborgne（2005）はこれを，「ブルー・オーシャン戦略」と呼んだ。既に存在するビジネスのなかで競争を続けても，最後に待っているのはレッド・オー

シャン，すなわち熾烈な価格競争である。ならば，同じ土俵に立つのではなく，その外で新たな機会を探すのである。例えば，眼鏡メーカーの（株）ジンズが発売する「JINS SCREEN」だ。画期的だったのは，視力が悪くない人にも眼鏡を売った点にある。普通，眼鏡といえば，視力を矯正するためのものである。そのため，自ずとターゲットは，視力の悪い人がターゲットとなる。眼鏡メーカー各社は，レンズを薄くしたり，歪みを小さくしたりと改良はしているが，結局のところ，同じターゲットを奪い合うことに変わりはない。ところが，JINS SCREEN は違った。パソコンなどの画面から出るブルーライトをカットするための商品として売り出したのである。視力の良し悪しではなく，パソコンやスマートフォンを使うかどうかで市場を区分し直したわけだ。

　第2のヒントは，周囲をよく観察することである。観察の対象は，大きく分けて三つある。一つ目は，顧客だ。消費者が取る無意識の行動や，一部のユーザーが発見した意外な使い道から，隠れたニーズが浮かび上がることがある。いわばミクロの事象に向き合う「虫の目」だ。二つ目は，他の業界だ。ある業界では当たり前のことが，他の業界ではそうではない，ということはよくある。少し離れた業界のヒット商品を観察し，それが生まれた背景や人気の秘密を探ることで，自社に応用する。いわばアイデアの水平展開を狙う「魚の目」だ。三つ目は，時流だ。世の中には，社会構造や技術，人々の価値観などに関する大きな流れが存在する。大局観といってもよい。少子高齢化やグローバル化，デジタル化，シェアリングエコノミー，AIなどがそうだ。この大きな流れと自社の事業の接点では，新たな事業のタネが生まれる可能性がある。いわば高い視座から社会を俯瞰する「鳥の目」だ。

　こうして多くのアイデアを机の上に広げたら，どうするか。すべてを試すには時間も人手も資金も足りないため，優先順位をつけて絞り込む。基準となるのは，①自分ができることか，②ニーズがあるか，③ライバルができることか，という三つの観点だ。この観点でベン図を描いたとき，①と②が重なっていて，かつ③が重なっていない領域こそが，自社が最も力を発揮できる領域となる。

3．ターゲットの設定

　次に，ターゲットを考える。特定の層に狙いを定めるか，決め打ちすることなく全方位に展開するか。結論を先に言えば，望ましいのは前者だ。そのほうが顧客に選んでもらえる可能性が高くなるからである。

　万人受けする商品やサービスを生み出すのは，簡単ではない。例えば，化粧水を開発するとしよう。どの年齢の肌にも合う商品として売り出したら，誰が買ってくれるだろうか。同じ棚には，年齢ごとの肌の特徴に合わせた商品が並んでいる。20歳代は20歳代向けの，50歳代は50歳代向けの商品を選ぶに違いない。結果，全世代を狙った化粧水は，どの年代からも選んでもらえない。

　何らかの切り口で市場を分けることをセグメンテーションといい，分けたうちの一部に狙いを定めることをターゲティングという。絞るほうが勝ち目は増えるとはいえ，闇雲に絞ってもうまくはいかない。セグメンテーションのポイントは二つある。一つは，市場の規模だ。分けた市場が小さすぎれば，せっかく勝ち取ったとしても，実入りは小さくなってしまう。かといって市場が大きすぎれば，競合が激しく，勝ち目は薄い。参入当初は小さく，将来に拡大が見込めるような市場が狙いどころだ。

　もう一つのポイントは，自分たちが満たそうとしているニーズの持ち主を浮き彫りにするような切り口を選ぶことだ。せっかく市場を切り分けても，ターゲットとなるべきニーズの持ち主がすべてのセグメントに分散していたら意味がない。①人口動態（年齢，性別，家族構成など），②地域，③心理的志向（どんな好みや考え方をもっているか），④行動特性（どんな行動を取る人なのか，どんな用途のために購入するのか）などのさまざまな切り口のなかで，最も適したものを探ることになる。先述したJINS SCREENであれば，パソコンやスマートフォンをよく使うという行動特性や，健康に関心があるという心理的志向が，セグメンテーションの切り口となるだろう。

　どんなに成熟しているように見える市場であっても，絞り方によっては，攻略の可能性は残されている。漫然と市場を眺めるのではなく，独自の視点で市場を切り分けることができるかが，勝負の分かれ目になる。

4．競合分析とポジショニングの検討

　ターゲットを決めたら，次は競合との戦いが待っている。ここで留意すべきは，ライバルは同業者とは限らないということだ。例えば，ラーメン店を出すとき，ライバルはラーメン店だけではない。空腹を満たすという価値を提供しているのは，寿司店もハンバーガーショップも宅配ピザも同じだ。

　同じターゲットを狙うライバルと比較し，自社の立ち位置を考えることを，ポジショニングという。いかにターゲットにとって優先順位の高い要素を前面に押し出し，ライバルと差別化を図れるかが勝敗を決める。すべての要素でライバルを圧倒できればよいが，そういうわけにもいかない。あらゆるターゲットを狙えないのと同様に，ポジショニングでも選択が必要なのである。

　では，どうやってポジションを検討するか。ステップは，大きく分けて二つある。まずは，顧客がその商品を購入する際の検討基準を列挙する。この基準には価格も含まれるが，できるだけそれ以外の要素を考えたい。パソコンであれば，重量やバッテリーの容量，処理速度，記憶容量，スクリーンの解像度，デザインの良さ，堅牢性などが考えられる。そのうえで，先に列挙した基準に基づき，自社の商品とライバルの商品で優劣を比較する。この作業は，自社製品の性能を決める前に行うのも有効だ。既存の商品はどの要素で特徴を出そうとしていて，どの要素は手薄かが可視化できる。結果，自社が差別化するにはどの要素を強化すればいいかが見えてくるかもしれない。あるいは，まだ存在しない新たな検討基準を加えてもよいだろう。

　この検討基準が多すぎて複雑になってしまう場合は，もう少しシンプルにする方法がある。自社商品の特徴を際立たせる要素を二つ選び，それを交差させた2軸の図を描くのである。この図をポジショニングマップという。ここで選ぶ要素は，自社のターゲットが抱えているニーズにマッチしたものでなければ意味がない。パソコンの例でいえば，社外に持ち出すことの多いビジネスパーソンがターゲットなら軽さとバッテリーの容量の2軸かもしれないし，eスポーツの大会に出場するプロのゲーマーがターゲットなら処理速度とスクリーンの解像度の2軸かもしれない（図表6－1）。その選んだ2軸のマップ上に各社の商品をプロットすることで，自社商品の立ち位置が明確になるわけだ。

図表6－1　パソコン市場におけるポジショニングマップ（イメージ）

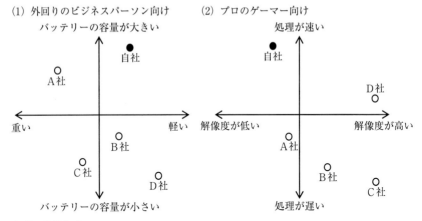

出所：筆者作成。

5．ビジネスモデルの設計

　ビジネスは，1回限りの儲け話とは違う。反復する取引を通じ，継続的に収益をあげる活動である。そのためには，モノやサービス，情報，カネなどの流れを整理しておく必要がある。登場人物は誰なのか。誰から誰に，何が流れるのか。誰から，どのタイミングで，何の対価としてカネを受け取るのか。その設計図が，ビジネスモデルだ。

　決まった形があるわけではない。たんに商品を仕入れて売るというシンプルな形態も，ビジネスモデルといえなくもない。ただ，モノが溢れ，競争が激化している状況にあって，普通の商品を普通に売るだけで勝つのは容易ではない。持続的に収益をあげるには，既存のビジネスモデルとの違いを生み出す必要がある。以下では，そうした差別化のパターンを四つほど紹介しよう。

　一つ目は，オペレーションを変えるパターンである。それまでの商品やサービスの提供の仕方や手順を変えることで，生産性や収益性を高めようとするものだ[1]。例えば，映像型授業の予備校である。従来，塾や予備校の授業といえば，教室に生徒を集め，その場で一人の講師が教えるというものだった。これでは，時間が合わなかったり，遠く離れた場所に住んでいたりする生徒は，講義を受けることができない。また，受講希望者が教室のキャパシティーを超

えてしまった場合は，断らざるをえない。つまり，機会損失が出ていたわけだ。それを，映像型に変えることにより，生徒は，いつでもどこでも，人気講師の講義を受けられるようになる。講師にとっても，録画した映像を流せばよいので，講義の負担は減り，教材の作成や質問への対応など，プラスアルファの仕事に時間を費やすことができるようになる。

　二つ目は，取引の流れを変えるパターンである。自社と顧客のほかに新たなプレーヤーを加え，モノやカネの流れを変えるものだ。例えば，インターネットの検索サービスである。無料で膨大な情報にアクセスできるこのサービスも，原価はゼロではない。システムを開発し，維持するのに膨大なコストがかかっている。普通のビジネスではサービスの受益者が対価を支払うことが多いが，検索サービスではそうなっていない。代わりにコストを負担しているのが，広告主だ。検索された内容から利用者の関心事を分析し，それに合わせた広告を自動で表示する。その広告料が，検索サービス事業者の収入源となる。つまり，広告主という新たなプレーヤーを加えることによって，カネの流れを変えたわけだ。

　三つ目は，自社の役割を変えるパターンである。需要と供給をマッチングするプラットフォームをイメージするとわかりやすい。貨物輸送業界で考えてみよう。通常，荷物を運ぶ事業を始めるとしたら，トラックを購入し，自分で運転するか，運転手を雇うかするだろう。ここで自社の役割をプラットフォームへと変えるとどうなるか。極論すれば，トラックも運転手も抱えなくて済むようになる。荷物を運んでほしい企業と，トラックを保有している企業をマッチングすればよいからだ。収入源は，加盟する企業から受け取る会費や手数料だ。このように自社の役割を変えることにより，持たざる経営が可能となる。

　四つ目は，課金の仕方を変えるパターンである。課金のタイミングや対象を変えることで，収益力を高めたり，顧客を囲い込んだりするものだ。例えば，スマートフォンのアプリなどでよく使われる，フリーミアムというビジネスモデルがある。基本料金は無料とし，オプションや高機能版を有料にする課金方法だ。無料サービスで一気にユーザーを増やし，そのなかの一部から収益をあげる。このほか，サブスクリプションという定額制のサービスもある。新聞の

定期購読など古くから存在した形態ではあるが，ここにきて音楽の配信からブランド品のレンタル，飲食店の利用まで，幅広い分野に広がっている。

　何もオリジナルのビジネスモデルを一から考え出す必要はない。既存のビジネスモデルを組み合わせたり，他の業界を参考にしたりすることで，道が開けるケースは少なくない。業界を問わず，成功している事業があれば，その裏側にはどんな仕組みが隠されているのかを調べ，自社に応用できる点はないかを考える癖をつけておきたいところだ。

6．経営資源の調達と収支計画の策定

　経営資源とは，ヒト，モノ，カネなど，事業を営むうえで必要な要素のことである。すべてを内部資源でまかなう必要はない。ヒトやモノについては，他社と連携したり，業務のアウトソーシングをしたりすることによって調達することができる。カネについては，金融機関からの融資を受けたり，ベンチャーキャピタルからの出資を仰いだりすることによって，調達することもできるだろう。

　経営資源の調達に関して言えるのは，無理は禁物だということだ。人件費や家賃は売り上げに関係なくかかるため，負担が重いと軌道に乗る前に資金が枯渇してしまう。「小さく生んで大きく育てる」という発想でスタートするほうがよいだろう。こうした事業の展開の仕方を，Ries (2011) は，リーンスタートアップと呼ぶ。もっとも，節約ばかりに気を取られて，必要なはずの費用まで削ってしまうのは本末転倒だ。とりわけ軽視しがちなのは，運転資金である。事業の開始時にはある程度の在庫をそろえる必要もあるだろうし，事業開始後しばらくの間は赤字が続くことも珍しくない。売り上げの回収条件や仕入れの支払条件にもよるが，3カ月分の運転資金は用意しておきたいところだ。

　事業は始めてみなければわからないものだが，出たとこ勝負というわけにもいかない。収支について自分なりの仮説を立て，論理的に数字を算出しておくことが重要だ。あまり細かく計算しても仕方がないが，少なくとも事業開始1年目と軌道に乗った後の2時点について，売り上げ，費用，利益を算出しておきたい。開始当初は赤字になるかもしれない。その場合は，黒字化までの期間

も想定しておく必要がある。

　売り上げを予測する方法は，少なくとも三つある。第1は，売り上げの構成要素に分解し，それを積み上げる方法である。小売業であれば客単価×客数，飲食店であれば客単価×座席数×回転数などで算出する。コツは，イメージできる単位にまで分解することだ。大きすぎる数字だと，評価しにくい。客数であれば，月間800人と言われてもピンとこないが，1日40人とか1時間4人と言われれば何となくイメージできるだろう。

　第2は，市場規模とシェアから算出する方法だ。例えば，画期的なリハビリ機器を開発し，県内の介護施設に販売するとしよう。その場合，介護施設は何カ所あって，そのうちの何％に使ってもらえそうか，といった方法で算出する。仮定を重ねるため，大きく外れるリスクもある。精度を高めるには，類似の商品の普及状況を参照したり，テスト販売や見込み客へのヒアリングをしたりするなどの工夫が求められる。

　第3は，同業他社の実績を参考にする方法だ。日本政策金融公庫では，融資先企業の経営指標を業種ごとに算出し，『小企業の経営指標』として公表している。従業者1人当たりや店舗1坪当たりの売上高などの業界平均が出ているので，それと比べてみるのもよいだろう。同業他社での勤務経験があれば，そこでの実績を参考にするのも一つだ。

　三つの方法のいずれが正解というものはない。納得感と使いやすさなどから選べばよい。

　費用は，変動費と固定費に分ける。変動費とは売り上げに連動して変化する原材料費や外注費など，固定費とは売り上げの多寡にかかわらずかかる人件費や家賃などをいう。個人事業で始める場合は，自分の生活費もここに加える。費用の比率についても，『小企業の経営指標』が参考になる。

　もし，開業2年目以降も赤字が続くような計画であれば，よほど急カーブでの成長軌道が想定される事業でない限り，見直すべきだ。その際注意したいのは，収支計画改善の基本は費用の削減ではなく，売り上げの引き上げにあるという点だ。費用には，支払う相手がいる。人件費であれば従業員，原材料であれば仕入れ先がいる。机上で人件費を1割削減と書き換えるのは簡単だが，現

実にはいきなり給与を1割カットされて抵抗しない従業員はいない。計画上で赤字が続きそうなら，まずは採算が取れるだけの売り上げをどう実現するかを考えるべきなのである。

第3節　事業計画にまつわる三つの誤解

1.「機能は価値である」という誤解

　第2節では，事業計画を策定する際の定石ともいうべきプロセスを紹介してきた。これらを一通りなぞれば，計画はつくれるはずだ。ただ，いざ事業を始めてみると，思ったほどうまくいかないケースも少なくない。原因はさまざまだが，それらのなかから，ありがちな誤解を三つほど挙げよう。

　一つ目は，機能と価値を混同してしまうことだ。顧客が商品やサービスを買うのは，それに価値を感じるからである。ここまでは異論はないだろう。問題は，価値の意味を理解しているか，という点だ。典型的なのは，機能を価値とはき違えてしまうケースである。今度の新商品には，豊富な機能を盛り込んだ。技術的にはライバルの商品よりも優れている。なのに売れない。こうした悩みは，技術偏重型のものづくり企業に多くみられる。売れない理由は単純だ。その機能が顧客にとって，十分な価値を生んでいないからである。真に価値があるものならば，顧客は喜んで財布を開くはずだ。

　では，価値はどこから生まれるのか。企業は，商品やサービスを開発する際，機能ではなく，どこに目を向ければよいのか。それは，顧客にとって解決したい問題か，満たしたい欲求のどちらかである。前者はニーズ，後者はウォンツと言い換えてもよいだろう。Christensen, *et al.* (2016) は，こうしたニーズやウォンツのことを，「Jobs to be done（片づけるべき仕事）」と呼ぶ。商品やサービスの機能に着眼している限り，Jobs は見えない。目を向けるべきは，顧客となるべき相手の目的であり，感情である。その商品やサービスを使うと，どんな目的が果たせるのか。どんな感情が生まれるのか。それが，新事業の根幹となる，提案すべき価値である。

　例えば，掃除機の価値について考えてみよう。自動で掃除をしてくれるお掃

除ロボットであれば，自動であることは，機能であって価値ではない。自動であることで，どんな目的が果たせるか，どんな感情が生まれるかがポイントだ。掃除をする時間が節約できるという便益に着目すれば，子どもとの時間を確保するためという目的が浮かぶかもしれない。あるいは，勝手に動き回る姿から，ペットのようで愛らしいという感情が浮かぶかもしれない。吸引力の落ちにくい掃除機なら，微細な塵やゴミを取り除けることで，アレルギーの症状を和らげるかもしれない。つまり，掃除することの先にある目的や感情に着眼することにより，それぞれの商品のもつ真の価値が見えてくるのである。

2．「良いものを安く」という誤解

　価格は収益を左右する重要な要素である。収益は，売り上げから費用を差し引いたものだ。収益を増やすには，売り上げを増やすか，費用を減らすかのどちらしかない。費用の削減には限度があるため，売り上げを増やすのが定石だ。

　売り上げは，単価と販売数のかけ算で決まる。ここで強調したいのは，コントロールしやすいのは単価のほうだということだ。相手の言い値で受注する下請けでない限り，自らの意思で価格を決めることができる。一方，販売数を思いどおりに増やすのは，容易ではない。だから価格は戦略的に決める必要がある。収益力を考えるなら，価格はできるだけ高く設定したい。良いものを安く，とよく言われるが，これでは儲からない。値下げによって収益を増やすためには，販売数を増やす必要があるが，思うようにはいかないことが多い。

　理由は二つある。一つは，値下げは連鎖するからだ。こちらが値下げをすれば，ライバルも黙ってはいない。各社が対抗して値引きをしてくるだろう。結局，価格優位性は薄れ，想定していたほど販売数は伸びない。価格は，優劣がはっきりしている尺度だ。単一の尺度で比べる限り，勝者は 1 社だけとなる。生き残るのは，安く仕入れ安くつくれる，体力のある企業だ。体力に劣るベンチャー企業は，独自のビジネスモデルで収益を確保できるといった特殊な事情がない限り，価格で勝負するべきではない。

　値下げをすべきではないもう一つの理由は，価格は価値を表すシグナルだからだ。価格を低く設定するのは，その商品やサービスの価値はその程度である

と言っているに等しい。もちろん，価格に見合った価値がなければ，誰も選んではくれない。「良いものを」「高く」が鉄則だ。言い方を変えれば，価格は「リーズナブル」でなければならない。リーズナブル（reasonable）には安いというイメージがあるかもしれないが，語源を考えれば，reason（理由）がある，という意味だ。つまり，その価格が理に適っているかどうかが重要なのである。

3．「借り入れはリスク」という誤解

　事業を始めるには，それなりの資金が必要となる。ここでよく言われるのが，借り入れはリスクだということだ。しかし，データを分析すると，実はそうとも言い切れないことがわかる。

　日本政策金融公庫総合研究所「起業意識に関する調査」(2014年) で，自己資金割合別に開業後の売上状況を見てみよう (図表6－2)。着目するのは，「減少傾向」の割合だ。「増加傾向」に着目しないのは，すべての起業家が売り上げの増加を目指しているわけではないためだ。なかには，現状維持でもよいという人もいる。しかし，売り上げの減少を望む人はまずいないはずだ。望まざ

図表6－2　自己資金割合と売上状況の関係

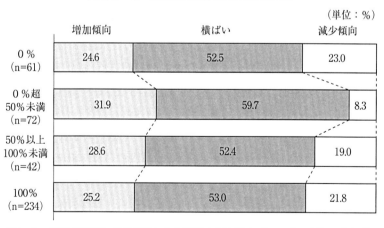

(単位：%)

	増加傾向	横ばい	減少傾向
0％ (n=61)	24.6	52.5	23.0
0％超 50％未満 (n=72)	31.9	59.7	8.3
50％以上 100％未満 (n=42)	28.6	52.4	19.0
100％ (n=234)	25.2	53.0	21.8

　(注)　1　2008年以降に自分が起こした事業を調査時点（2013年8月）でも経営している人に尋ねたもの。
　　　　2　自己資金には，家族や親族からの借入金・出資金は含まない。
出所：日本政策金融公庫総合研究所『起業意識に関する調査』2014年，13ページ。

る状況に陥るリスクが高いのは，自己資金比率が高い人か，低い人か。

　結論を言えば，高すぎても低すぎても良くない。意外かもしれないが，自己資金「100％」の人と自己資金「0％」（全額外部から調達）の人で，売り上げ「減少傾向」の割合はあまり変わらない。パフォーマンスが最も良いのは，自己資金「0％超50％未満」の人だった。つまり，借り入れなどの外部資金を半分以上入れたほうが，その後の業績は良くなるということだ。

　その理由は，少なくとも三つある。一つ目は，借り入れの過程で事業計画に対して第三者のチェックが入るからだ。借り入れをするには，相手を説得する必要がある。計画が甘ければ通らないし，場合によっては改善のアドバイスを受けることもあるだろう。その過程で客観性が高まり，計画の精度は上がる。

　二つ目の理由は，よりシビアな基準で投資対象を判断するようになるからだ。借り入れには手間や金利といったコストが伴う。苦労して調達した資金であれば，無駄にしたくないと考えるのが人情だ。結果として，資金を投資に回す際，本当に調達コストに見合うだけの効果があがるかを吟味するようになる。

　三つ目の理由は，事業を始めるのに本当に必要な金額を準備できる可能性が高まるからだ。無駄な投資は控えるべきだが，事業には最低限必要な投資がある。自己資金がそのラインに届いていないからといって，その範囲内に無理に投資額を抑えようとすると，本当に必要な投資まで削ることになりかねない。

　このように，リスクを抑えるために借り入れを控えた結果が，リスクを高めることになってしまう。大切なのは，何が必要で何が無駄なのかを見極める目をもつことだ。

第4節　むすびに

　本章では，事業計画について説明してきた。第2節では，事業計画の策定における主なプロセスを解説した。事業機会の発見から始まり，ターゲティングやビジネスモデルなど，考えることは多い。言うまでもなく，こうすれば勝てるという絶対的な解はない。ここにビジネスの面白さがある。答えが一つしかなければ，勝てるのはそれを選んだ企業だけということになってしまう。答え

が無数にあるからこそ，多くの企業に勝ち目があるのだ。ただし，いくつもの戦略を同時に採ることはできない。戦略とは，何をやらないかを決めることでもある。事業計画は，戦略を企業の内外に示すためのツールといえよう。

　第3節では，事業計画に関する三つの誤解を示した。失敗を恐れるあまり，事業計画は完璧でなければならないと考えてしまいがちだが，これもまた誤解だ。将来を正確に予測することはできない。重要なのは，仮説と検証を繰り返し，必要に応じて軌道修正を行うことだ[2]。事業の成否は，いかにそのサイクルを素早く回せるかにかかっている。

📖 **考えてみよう！**

　ベンチャー企業の記事を読んで，当初の事業計画どおりに進んだのか，そうでなかった場合に起業家がどう対処したのかについて記述されている箇所を挙げよ。

【注】

（1）オペレーションを変え，独自のビジネスモデルを生み出した例が，章末の事例6－1で紹介する俺の(株)である。同社の取り組みは，坂本（2013）を参考にした。

（2）仮説と検証を繰り返した例が，章末の事例6－2で紹介するZipcarである。同社の取り組みは，Slywotzky and Weber（2011）を参考にした。

◆参考文献◆

坂本孝『俺のイタリアン，俺のフレンチ　ぶっちぎりで勝つ競争優位性のつくり方』商業界，2013年。

Christensen, Clayton M., Taddy Hall, Karen Dillon, and David S. Duncan, *Competing Against Luck*, HarperBusiness, 2016（依田光江訳『ジョブ理論　イノベーションを予測可能にする消費のメカニズム』ハーパーコリンズ・ジャパン，2017年).

Kim, W. Chan and Reneée Mauborgne, *Blue Ocean Strategy*, Harvard Business Review Press, 2005（有賀裕子訳『ブルー・オーシャン戦略』ランダムハウス講談社，2005年).

Ries, Eric, *The Lean Startup*, Crown Business, 2011（井口耕二訳『リーン・スタートアップ　ムダのない起業プロセスでイノベーションを生み出す』日経BP社，2012年).

Slywotzky, Adrian J. and Karl Weber, *Demand*, Crown Business, 2011（佐藤徳之監訳，中川治子訳『ザ・ディマンド　爆発的ヒットを生む需要創出術』日本経済新聞出版社，2012年).

┌─ 事例6−1 ─┐ 俺の（株）

　俺の（株）は，飲食店を運営している。洋食や和食などジャンルはまちまちで，「俺のフレンチ」や「俺のイタリアン」など，店名には「俺の」がつく。ブックオフコーポレーション（株）の創業者である坂本孝氏が2012年に立ち上げた。それからわずか6年あまりで店舗数は40を超え，1,000人以上を雇用するまでに成長を遂げた。人気の秘密は，コストパフォーマンスの高さにある。有名レストラン出身の料理人が腕を振るう料理が，高級料理店の2分の1以下の値段で食べられる。客単価は3,000円程度と，居酒屋並みの水準だ。

　なぜ，それでもビジネスが成り立つのか。謎を解くカギは，回転率にある。飲食店に関する経営指標の一つで，座席数に対してどれだけの数の客が入ったかを表す値だ。フランス料理店のディナータイムでは，1回転程度が標準だ。ところが同社では，3回転を優に超えるという。

　客数が多ければ，客1人当たりの粗利が少なくても，店舗全体の売上高は確保できる。坂本氏たちは，事業計画をつくるに当たって，シミュレーションをした。回転率を上げると，収支トントンとなる原価率がどう変化するのか。結果は驚くべきものだった。4回転まで上げれば，原価率を88%まで上げても黒字が確保できるという。600円の材料を使った料理を2,000円で売れば，原価率は30%だ。もし，同じ600円の材料を使った同じ料理に原価率60%となる売価を設定すると，1,000円になる。つまり，同じ料理を半額で出せる。一等地に出店し，メニューにお得感があるから多くの客が集まる。店頭に行列ができ，切れ目なく席が埋まる。それをうまくさばけば，回転率は上がる。回転率が上がれば，原価率を高く，つまりは売価を低く保てる，という寸法だ。

　回転数にしろ原価率にしろ，飲食業界にとってはいわば与件であり，これを劇的に変えるといった発想はなかなか出てくるものではない。顧客のニーズを満たす均衡点は，一つとは限らない。どんなに成熟した業界であっても，コンセプト次第でヒットの余地は残されている。同社は，業界の外からの発想で，ロジカルに業界の常識を覆してみせた。

事例6－2 Zipcar

　Zipcar は，2000 年から米国でカーシェアリング事業を展開している。自動車を時間貸しする事業だ。利用者はあらかじめインターネットを通じて予約したうえで，街なかに配置されている自動車の下に行き，会員カードを使って解錠する。使い終わったら元の場所に戻し，施錠する。

　同社の創業当時，カーシェアリングはほとんど普及していなかった。それでも，同社の創業者であるロビン・チェイスには，勝算があった。環境問題への関心は高まっている。インターネットなどの技術を使えば，利用の手続きを簡単にできる。投資家から 1,300 万ドルを調達し，拡大を目指した。

　しかし，現実は甘くはなかった。売り上げが早々に頭打ちとなったのだ。採算も取れなかった。チェイスは，さまざまな販促策を打ったが，事態が大きく好転することはなかった。そしてチェイスは投資家からノーを突きつけられ，経営者の立場を追われることとなった。代わりに経営者に指名されたのが，2 社のベンチャー企業で経営者を務めたスコット・グリフィスだった。

　これが同社の大きな転機となった。グリフィスは早速，問題の所在を探った。彼は，Zipcar を知ってはいるが利用したことのない人を集め，こう尋ねた。「なぜ，Zipcar を利用しないのか」。すると，答えが見えてきた。配置されている車までの距離だ。車まで離れていると，利用する気が起きないのだという。

　しかし，全米をカバーするには，とてつもない額の資金が必要となる。そこでグリフィスは，特定の都市に絞ったうえで，そのなかで車の「密度」を上げることにした。シミュレーションの結果，グリフィスは一つの答えにたどり着いた。車まで 5 分以内になると，需要が大きく伸びることを発見したのだ。同社は，利用者の属性を分析し，潜在顧客の多い都市から順にサービスを展開していった。この戦略が当たり，Zipcar の利用は爆発的に伸びた。

　最初から完璧な計画はない。重要なのは失敗しないことではなく，失敗からどれだけの学びを得られるかだ。そして適切な答えは，適切な問いから生まれる。仮説と検証こそがビジネスを前に進める有効な手段なのである。

第7章
ファイナンス

第1節　はじめに

　本章では企業のファイナンスについて概観していく。ファイナンスは企業の投資や資金調達，配当など資金の流れ全般を対象としており，財務の視点で企業の経済的価値をいかにして高めていくかを議論する学問分野である。その中でも初期のベンチャー企業において問題となるのが資金調達であり，投資に必要な資金をいかに調達できるかはその後の成長戦略にも大きく関わってくる。

　資金調達は内部資金と外部資金に分けられるが，資金調達で問題となるのは多くの場合外部資金である。しかし，そもそも初学者においては内部資金や外部資金という言葉自体を聞きなれない人も多いであろう。そこでベンチャー企業における資金調達の仕組みを理解するため，第2節では基本的な枠組みの説明から始める。最初に理解を進めてもらいたいのは間接金融と直接金融の違いである。企業は間接金融と直接金融を使って外部から資金調達を行うが，これには様々なメリットとデメリットがあり，それらを理解する必要がある。資金調達には代表的な方法として株式発行，事業融資，社債発行などがあるが，まずはそれぞれの違いを理解してもらいたい。これは企業の経営者・財務担当者はもとより，企業に投資をする側（投資家並びに投資家予備軍）にも必要な知識である。

　次に伝統的な資金調達方法ではないものの，近年注目されているクラウドファンディングについても触れておきたい。これは現状企業の資金調達需要を満たすための重要な手段とまではなっていないが，急激に普及が進んでおり，読

者にも知っておいてもらいたい資金調達方法である。また企業は M&A（合併・買収）という手法を屈指して投資を進める事もあり，シナジーの視点から若干の説明を加えた。

　第3節では企業価値向上へ向けての若干の考察と資金調達に関する古典的であるが重要な理論を紹介している。これらを通じて企業価値向上への理解を深めてもらいたい。

第2節　資金調達の基礎知識

1．間接金融と直接金融

　企業の資金調達は大きく分けて「内部資金」と「外部資金」の2つに分ける事ができる。内部資金とは事業活動から得られた利益等のことであり，内部留保や減価償却費等が該当する。これらは企業内部に存在する資金を調達する事から内部調達と呼ばれるが，企業内部に既に存在する資金を利用するため新規のコストはあまり掛からず[1]，調達における問題もあまり発生しないため経営者が優先的に選択する資金調達方法である[2]。

　一方，企業の外部から調達する資金を外部資金と呼び，外部調達の方法は「間接金融」と「直接金融」の2つに分かれる。間接金融とは企業と資金の出し手との間に銀行などの金融機関が介在し，資金のやり取りを仲介する方式である。分かりやすい事例としては個人が銀行に資金を預けるケースを想像してもらいたい。図表7－1のとおり，個人が銀行に資金を預けると，代わりに銀行からは預けた資金に対して一定の利子が受け取れるが，その預けた資金は銀行を通じて資金を必要としている企業に融通されている。つまり個人と企業の間では直接的なやり取りはないが，間接的に個人の資金が企業へと投資されているのである。そのためこのような形式を間接金融という。

　それに対して直接金融とはそのような金融機関などを介さずに直接企業に投資をする方式である。具体的には「株式」や「社債」を企業が発行し，それを投資家に購入してもらうことが多い。株式とは企業の所有権を表しており，例えば発行済み株式総数が100株の企業があり，その企業の株式を10株購入す

図表 7 - 1　間接金融と直接金融のイメージ

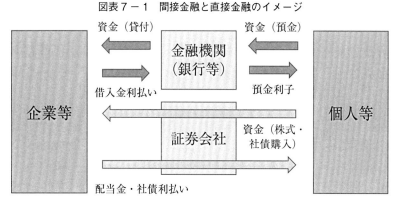

出所：筆者作成。

ればその企業全体の10％の権利を所有していることになる。株式を所有している投資家のことを株主と呼び，その企業が稼いだ利益は最終的には株主に帰属する事になる。実際の実務においては個人と企業の間に仲介機関として証券会社が存在しており，個人は証券会社に企業の株式や社債を購入する注文を出し証券会社が買付ける流れになる。ただし，証券会社は買付に関する事務処理を代行しているだけであり，投資先に対するリスクは一切負っていない。これが先の銀行業務との大きな違いである。銀行は集めた資金を自らの裁量で投資（貸付）しておりリスクを負っているが，直接投資の投資主体は個人等の資金の出し手になる。

　一般的にベンチャー企業は過去の実績があまりなく，将来の不確実性が極めて高いことが多い。ベンチャー企業を設立する時は銀行などの金融機関から新規の借入は難しく，第三者に自社の株式や社債を購入してもらうことも困難である。そのためベンチャー企業では自己資金を用意する事が重要で，通常は創業者を含む創業メンバーがそれぞれ資金を出し合ったり，設立する企業に貸付けたりして起業されることが多い。その後，ある程度事業を運営して実績を積めば金融機関などからの借入（間接金融）や，第三者からの出資受入れ（直接金融）などの資金調達が可能になる。これらの資金調達方法の詳細については順に述べていくこととする。

２．有限責任と無限責任

　株式の所有者，つまり株主は企業を全部もしくは部分的に所有しているが，仮にその企業が大きな損失を発生させたとしても，株主がその責任を追及されることはない。例えば１億円の借金を抱えて企業が倒産してしまったとしても株主にその返済の義務はないのである。株主が出資した資金は返ってこないが，責任はその出資した金額が限度であり，これを有限責任という。

　株式はこの有限責任という考え方が大きな特徴の１つである。株式が有限責任であるがゆえに，大きなリスクを持った企業に対しても資金の出し手は投資をすることができる。もし仮に企業が抱えた借金や責任を株主がすべて肩代わりしなければならないとなると，多くの投資家は尻込みしてしまい，企業に必要な資金が集まらないだろう。

　一方，無限責任は企業が発生させた損失や借金などに対して無限の責任を負うことになる。しかし先ほど述べたように通常株主が無限責任を負う事はない。そのため起業した社長が事業に失敗して，企業がどれだけの負債を抱えていても基本的には出資した資金が返ってこないだけのはずである。と，ここで「はずである」と微妙な言い回しをしたのには理由がある。企業が金融機関から資金を借入れるさい，基本的には法人としての企業が金融機関から資金を借入れる形になる。しかし中小企業やベンチャー企業の場合，企業規模も小さく将来の不確実性が大企業に比べると高いことが多いため，金融機関からすると将来回収が不可能になる可能性が高いと認識される。そこで「社長の個人保証」というキーワードがでてくる。社長の個人保証とは，万が一企業が倒産して借金が返せなくなった時には，社長個人の資産から借金を返済しますという契約である。これがあれば金融機関も安心してベンチャー企業などに融資が可能となる。中小企業やベンチャー企業も社長の個人保証をつけるというリスクを負ったとしても資金を借入れられることには一定のメリットがある。

　だが，ベンチャー起業とは言うまでもなくハイリスクである。成功する確率よりも失敗する確率の方が高い世界である。そのため社長の個人保証をつけて無限責任のもとで失敗，倒産させてしまうと良くて無一文，最悪再起不能ぐらいの損失を被ってしまう結果もあり得る。このリスクは起業意欲そのものを

委縮させるだけでなく，失敗した後の再チャレンジを困難なものとしてしまっている。貸手の金融機関としては社長の個人保証はリスクヘッジに有益であるが，ベンチャー企業育成という面からは大きな問題である。

3．資金調達方法

（1）ベンチャー企業の資金調達課題

　ベンチャー企業の資金調達において事業が形になっていない段階で関係者以外の他者から資金を集めるのは，非常にそのビジネスプランが優れていたり，それなりの実績のある企業家であったりするなどの条件がなければ困難である。

　『ベンチャー白書 2015』では設立 5 年以内のベンチャー企業に対してアンケート調査を行っており，調査対象のベンチャー企業のうち件数比率で81.8％が「本人・親戚・知人」から資金調達を行っているという結果になっている。一方で資金調達元を金額比率でみると，もっとも多いのが「ベンチャーキャピタル」で 35.5％を占めており，「本人・親戚・知人」は件数ベースでは 80％を超えているが金額比率では 7.5％しかないことがわかる。これは「本人・親戚・知人」からの 1 件当たりの資金調達は少額であることを意味している。

　企業が行う代表的な資金調達方法は①事業融資②株式発行③社債発行の 3 つである。事業融資は金融機関からの借入であり，金利・返済年数などを金融機関と協議の上決定される。株式発行に関しては上場企業であれば比較的株式の引き受け手を探すのは容易であるが，ベンチャー企業のような非上場企業の場合はエンジェルと呼ばれる個人投資家を見つけるか，ベンチャーキャピタル・民間企業に出資を依頼しなければならないことが多い。社債発行に関しても同様で，上場企業でなければ引き受け手は関係者以外見つからないのが現状である。

（2）事業融資

　事業融資とは金融機関が企業に運転資金・設備資金などを貸し出すことである。通常資金を融資するさいに金融機関は企業から土地などを担保にとるが，

これまで述べてきたようにベンチャー企業では不動産などの担保があまりなく，過去の実績もほとんどないことから無条件で金融機関から事業融資を受ける事は難しい。そのため，秋山・松岡（2015）で指摘されているように，ベンチャー企業が金融機関と関係を深めるためには，預金の出し入れや振替などの取引から始めて，手形割引の形で短期の運転資金を融通してもらう段階に進める必要がある。次に徐々に手形貸付や証書貸付の形で長期の運転資金や設備資金を融通するという段階を経て長期的に密接な関係へと展開させることができる。

　これらの手順を経ることによって金融機関にベンチャー企業に関する情報が蓄積され，当初はなかった相互の信頼関係が構築できるのである。金融機関にベンチャー企業の情報が蓄積されるためには多くの時間が必要で，創業直後の企業に事業融資がなかなか執行されないのはこのためである。尚，事業融資は通常返済期限が設定され，その期限までは支払いを猶予される。これを「期限の利益」と呼ぶ。これに対して万が一，借入企業に信用不安や契約違反が発生した場合などにこの期限の利益が失われる旨の条項が融資契約に記載されることがある。この期限の利益が失われる契約書の条項のことを「期限の利益喪失条項」と呼び，期限の利益が失われることを「期限の利益喪失」と呼ぶ。

（3）株式発行

　株式会社は企業設立時に株式を発行し，発起人が払込んだ資金に対して株式を割当てることによって設立される。そのため発起人が一人の場合はその発起人に対して企業の株式100％が割当てられ，複数の発起人がいる場合は出資額に応じた株式がそれぞれ割当てられる。これを発起設立という。

　発起設立の利点は株式の発行を確実に行えるということであるが，個人や数人の出資者から資金を集める形であるため発行額が発起人の資力に依存するという欠点もある。それに対して不特定多数に対して株式の取得を募集する方法を募集設立という。募集設立は発起設立と比較して多額の資金を集められる可能性があるが，募集完了まで時間がかかり，また企業の信頼性が低いと十分な資金を調達できない可能性もある。

　企業設立時以外で新たな株式を発行するには，「公募増資」，「第三者割当増資」，「株主割当増資」，「新株予約権の権利行使」などの方法がある。株式分割なども厳密には新株発行に該当するが，それらは無償であり企業は自己資本を調達することはできない。

　公募増資は不特定多数の者に対して出資を募る形態で，新規の株主を募集する事から株式の流動性が高まるメリットがある。ただし株式市場に上場していない企業（非上場企業）の場合は，流動性向上はあまり見込めず，出資を希望する投資家も少ない事から必要な資金を十分に確保できないリスクもある。

　第三者割当増資とは新株引受権を特定の第三者に与える形態で，取引先の銀行や企業，発行企業の取締役等の関係者に対して付与されるのが通常である。非上場企業の場合，公募増資よりもこちらの方が資金調達の容易さがある。

　株主割当増資は一定の基準日における株主に対して所有株数に応じた株式を購入する権利を付与する方法である。例えば10株に対して1株を割当てるような場合，1万株を所有している株主は1,000株を購入する権利が付与されることになる。株主増資のメリットはすべての株主が平等に購入権を得られることから持株比率に変化をもたらさない事である。一方，すべての株主が同等の資力を持っていない事から，当初見込んだだけの資本調達が行えない可能性もある。新株予約権は予め決められた一定の価格で株式を購入できる権利で，この権利を行使すると新たに発行された株式を保有する事ができる。

　図表7－2は上場企業の株式による資金調達額の年間推移である。非上場企業を含んだデータではないため多くのベンチャー企業などは含まれていない点は留意が必要であるが，近年の株式発行がどのような形態で行われているか参考にしてもらいたい。

（4）社債発行による資金調達

　社債とは民間企業が発行する債券のことであり，企業のリスクによって発行時の金利水準や満期までの期間はさまざまである。社債は株式に対して優先性があり，企業の業績が不安定で配当が無くなろうとも利子の支払いは優先して実施される。また仮に企業が倒産してしまった場合も，会社に残った財産は債

図表7－2　上場企業の株式による資金調達額

(単位：億円)

年	株主割当		公募				第三者割当		新株予約権の権利		優先株式等			
	件数	調達額	件数	うち新規公開	調達額	うち新規公開	件数	調達額	件数	調達額	件数	うち私募	調達額	うち私募
1998	0	0	8		2,782		32	6,880	28	864	5	5	4,710	4,710
1999	0	0	28		3,497		75	23,473	62	2,529	25	25	69,894	69,894
2000	2	82	24		4,941		46	9,228	87	1,056	4	4	1,073	1,073
2001	3	320	18		12,015		57	4,772	85	374	5	4	2,161	2,060
2002	0	0	19		1,533		62	4,844	78	2,763	36	36	9,968	9,968
2003	2	15	35		5,672		84	2,232	121	366	74	74	25,322	25,322
2004	1	27	78		7,502		129	5,726	228	995	50	50	13,626	13,626
2005	2	37	74		6,508		150	7,781	336	1,669	45	45	11,678	11,678
2006	0	0	69		14,477		145	4,165	371	1,513	26	26	5,597	5,597
2007	1	81	60	23	4,570	709	117	6,621	347	1,650	12	10	7,955	7,805
2008	1	1	27	19	3,417	314	93	3,958	240	209	9	9	5,937	5,937
2009	0	0	52	9	49,668	225	115	7,146	169	188	28	28	4,740	4,740
2010	1	7	50	11	33,089	2,013	88	5,356	159	246	10	10	736	736
2011	0	0	45	20	9,678	1,112	66	3,952	171	261	7	7	693	693
2012	1	4	53	29	4,518	320	71	1,593	174	218	17	17	12,755	12,755
2013	1	10	114	47	11,137	3,735	151	3,719	350	1,904	3	3	1,200	1,200
2014	0	0	129	66	13,780	2,347	190	3,928	412	1,087	14	14	2,242	2,242
2015	1	1	131	79	9,620	831	187	1,635	437	815	6	5	7,513	2,521
2016	1	2	95	72	2,577	1,758	151	6,230	483	901	7	7	1,480	1,480
2017	2	1	116	75	4,242	682	238	8,816	526	1,926	7	7	613	613
2018	0	0	129	80	4,016	1,560	303	2,146	598	2,277	6	6	595	595

出所：東京証券取引所ホームページ（https://www.jpx.co.jp/markets/statistics-equities/misc/06.html）［2020年3月28日閲覧］。

権者（融資を行った銀行や社債保有者）が優先的に受け取れる権利がある。そのため株式と比較して社債はリスクが低い。社債の中でも新株予約権を付した社債のことを新株予約権付社債（Convertible Bond：CB）という。新株予約権付社債とは①新株予約権を社債と分離して譲渡することができず，②社債の発行価額と新株予約権の行使に際して払い込むべき金額を同額とした上で，③新株予約権を行使すると必ず社債の現物出資により新株予約権が行使されるものをいう（日本証券経済研究所，2014）。

　ただし，社債も株式同様に非上場企業の場合，詳細な財務情報が公開されていないことや，流動性の面から購入者が限られるという問題がある。

（5）クラウドファンディング

　これまで見てきた事業融資や株式発行，社債発行などはいわゆる伝統的な企業の資金調達方法であるといえる。その一方で近年はITやインターネットを活用した新しい資金調達方法も注目され始めている。クラウドファンディングはその中でも有力な方法の1つで，不特定多数の資金の出し手からインターネ

ットを通じて少額の資金を広く浅く集めるのが特徴である。

　クラウドファンディングは大きく分けて①寄付型②投資型③購入型に分けられる。ただし，この分類は正式に決まったものではなく概念的な分類と理解してもらいたい。例えば投資型を金融型としたり，3つに分類するのではなく4つに分類したりすることもあるなど，分類の仕方はさまざまである。

　寄付型はリターンのない寄付行為に該当するクラウドファンディングである。資金の出し手は被災地支援や環境保全などのさまざまな貢献活動や，賛同するプロジェクトに対して資金を提供する。

　投資型は金銭的なリターンを期待して資金を提供するタイプである。投資の形式はファンド形式や株式形式，融資形式などがある。有名なクラウドファンディングサービスを提供している企業としては SBI ソーシャルレンディング株式会社等があり，同企業サイト[3] によれば太陽光発電事業者向けの貸付事業で運用するファンドで 7 〜 9%の年間予定利回りを提示するなど，一般の投資先としては非常に高い利回りとなっている。購入型は資金提供者が資金拠出の対価として物品・サービス等を受取る形式である。例えばこだわりの時計を作成するための資金募集や，スポーツイベントを開催するための資金を募集したりなどがある。これらに共感した資金提供者は完成した時計の配布やスポーツイベントへの参加権を提供されるのが購入型である。

　クラウドファンディングは，商業ベースでは採算が合わないものの社会的意義の高いプロジェクトや企画において重要な資金調達手段となる可能性がある。元々寄付行為は金銭的リターンを要求しないもので，購入型に関しても基本的には善意や個人の嗜好に関わるものである。投資型に関してはそれらとは違い金銭的リターンを要求するものではあるが，銀行から融資を受けられないベンチャー企業の資金調達手段としては有効である。加えて投資家側からみても高い収益率の新しい金融商品と位置付けられ，投資を検討する価値がある。

　ただし，クラウドファンディングは現状としてあまり高額の資金を集める手段には適していないうえ，投資型には高い利回りが提示されているものの，それは高いリスクと表裏一体であることを理解しておくべきである。

4．株式上場と M&A

（1）流動性確保と株式上場

　非上場企業の株式や社債は投資家が現金化を希望してもすぐには換金できない可能性が高い。社債であれば満期まで待てば現金化されるが，特に株式の場合は買い手を見つけるか自社株買いなどがない限り現金化はほぼ不可能である。

　買いたいときに買えない，売りたいときに売れない，これはいわゆる「流動性」の問題を意味する。この流動性問題を解決するには株式市場に上場させるのが一番効果的である。株式市場に上場すれば新しく大規模な資金調達が必要になった時に新規株式を発行したり，社債を発行したりして資金調達を行うことも容易になる。つまりベンチャー企業が成長するためにも株式市場への上場を目指すことは経営上重要な目標となる。

　非上場企業の中でも評価額が10億ドル以上の企業は「ユニコーン」と呼ばれ貴重な存在である[4]。これはアメリカのベンチャーキャピタリストが使い始めたといわれており，伝説上の一角獣をモデルとしている。ユニコーン企業はそれほど稀な存在であり，見つける事が出来れば投資家に多大な富をもたらす可能性のある企業である。

（2）ベンチャー企業と M&A

　企業は既存事業を拡大したり，新規事業に進出するため投資を行うが，自前での投資と比較して金銭的・時間的にメリットがあるケースでは M&A（Mergers and Acquisitions）を行うことがある。M&A とは企業の合併・買収のことであり，自社にとって有望な事業を持つ企業と１つになったり，自社の傘下に収めることである。M&A における買収価格の査定は通常，その企業が単独で事業を継続した場合の価値（スタンドアローン価値）に加えて，買収後に発生するシナジー効果を考慮して決められる。例えば被買収企業の株主価値が10億円と推測される時に，買収者が９億円を提示してもその買収は受け入れられない。なぜならば被買収企業の株主は９億円で売却するよりも単独で事業を継続した場合の価値の方が高いからである。一方，買収者が M&A に伴う

シナジー効果を5億円と見込んだとすると，この買収者が被買収企業に提示する最大の価格は15億円となる。（スタンドアローン価値＋シナジー価値）これがこのM&Aに対して買収者が支払える（支払っても良い）上限で，仮にこれ以上のプレミアムを支払うと買収者はM&A取引で損失を発生させることになる。

M&Aが失敗（買収者が損）をするパターンはこのシナジー効果を実際に発生する価値よりも高く見積もったり，そもそもこの見込まれる価値を無視して高い費用を出して相手先企業を買収するケースである。

今回の例でいうと15億円までなら買収者が損をしない可能性はあるが，見込んだシナジー効果は必ず発生するとは限らないため，買収者は15億円より可能な限り安い価格での買収を行おうとする。それに対して被買収企業は単独での価値が10億円あるので，それ以下での売却は考えられない。つまりこの例のM&Aでは適正価格は10億円〜15億円となり，売手と買手の交渉もこれを軸になされることとなる。

第3節　企業価値向上へ向けた考え方

企業の最大の目標は企業価値向上であるが，企業価値を高めるためには大きく分けて3つの意思決定を検討する必要がある。第1の意思決定は「投資」である。企業は従業員を雇用したり，商品や原材料を仕入れたり，店舗や工場などの設備を整備したり様々な投資をして利益の獲得を目指している。投資はそのリスクに見合った利益を稼得できるかどうかが重要であり，リスクとリターンを考慮して，より安全で効率的な投資決定を行わなければならない。第2の意思決定は「資金調達」である。企業が投資を行うためには資金の調達が必要であり，それを最適な組み合わせで行うのが資金調達決定である。外部から資金を調達する代表的な方法としては株式と負債（銀行借入，社債）があり，それをどう組み合わせるかを検討する必要がある。企業が資金調達を検討するさい，原則的[5]には低いコストでの調達を目指すことが企業価値向上につながる。そのため資金調達において，いかに低コストで必要な資金を調達するかを経営者は考える必要がある。第3の意思決定は「配当」である。企業が稼いだ

利益を株主にどう分配するかを検討する。基本的にはハードルレート（最低限越えなければならない利益率）を超えられないならば，その資金は株主に還元する必要がある。この３つの意思決定がベンチャー企業経営にも重要であるが，本節ではその中でも資金調達の問題に焦点を当てて考察していきたい。

　長年，日本の企業で誤解されてきた概念の１つとして，「株式にはコストが掛からない」という考え方がある。一度株式を発行すると，基本的にはその発行した株式を買い戻す義務はなく，配当に関しても負債と違い必ずしも一定の利回りを保証する必要もない。そのため株式発行によって集めた資金にはコストが掛からないという誤解が多くの経営者の中であった[6]。しかし，本来株式は債券よりもコストが高いものである。なぜならば債券は支払いの優先度が高く価値も安定的であるが，株式は残余利益の分配であり利益の分配順位は債権者に劣る。さらに株価自体の変動も大きくリスクが高いため，それに投資しようとする投資家はそれに見合ったリターンを要求するためである。つまり株式を通じて集めた資金は，投資家からの要求に応えられるだけの利益を稼得しなければならず，株式は負債と比較して必ず投資家の要求リターン（企業からみると支払わなければならないコスト）は高くなる。

　それでは企業はコストの高い株式での資金調達はせずに低い負債のみで資金調達を行えば良いのではないかという考え方になるが，これは結論からいうと間違いである。負債比率を高め過ぎれば投資家からみてその企業の倒産リスクが上昇し，結果的に負債の調達金利も上昇してしまう。

　ではどうすれば良いのか。答えは「バランスを取る」である。株式で集めた資本に対して，コストの低い負債を増やすとその分だけ加重平均されて全体のコストは低下する。一方で，その割合が高まり過ぎると（倒産リスクが高まり）全体のコストも上昇してしまうので，上昇しない一歩手前の水準まで負債比率を高めるのが良い。この理想的な負債比率の水準に関しては企業ごとに事業内容・財務内容が異なるので千差万別であるが，この最適な資本と負債構成を「最適資本構成」と呼ぶ。

　しかしこの最適資本構成に対してモジリアニとミラー（MM）は一定の仮定の下で資本構成は企業価値に影響は与えないという論文を発表している。税金

がない，取引コストが掛からない，倒産コストがない，エージェンシーコストがないなどの仮定の下では，この考え方は正しいものであり，この考え方はMM 理論と呼ばれる理論として知られている。ただし現実世界では倒産リスクがあり，負債の多寡は投資家の意思決定に影響を及ぼす可能性が高いため，その影響は無視できないものである。MM 理論で重要な点は企業価値を高めるためには適切な投資決定を行わなければならないという点を明らかにしたことである。ベンチャー企業は特にそうであるが，投資をするための資金調達は非常に難しい問題である。しかし，資金調達自体が企業の価値を高めるのではなく，調達した資金をいかに運用するかが重要である。仮に低コストで多額の資金を調達できたとしても，より低い利益率のプロジェクトしか実行できなくては企業価値は毀損してしまう。逆に高い利益率であったとしても，それを上回るような資金調達コストであれば同様に企業価値は毀損してしまう。つまりこの 2 つは単独で考えるのではなく，相互作用を検討したうえで企業価値へどのような影響を与えるかを吟味する必要がある。

第 4 節　むすびに

　これまで見てきたように企業の資金調達には様々な方法がある。その中で企業はその時点で最適な資金調達方法を選択し資金調達を行う。さらに集めた資金は有望なプロジェクトに投資をすることによって企業価値が高められる。

　このように資金調達と投資は企業価値にとって重要な意思決定であるが，この 2 つの意思決定には資本コストが重要な意味を持つ。資本コストとは言い換えれば企業が最低限稼がなければならない利益率のことで，投資は常にこの資本コストを上回る利益率を稼得しなければならない。資本コストは債権者が要求するリターンと株主が要求するリターンの加重平均から求められる。そのため企業は資本コストを低下させるような経営財務戦略をとる必要がある。

　本章では主に資金調達方法の種類の解説が中心であったが，企業が資金調達をどのような方法で行うかを実際に意思決定するさいには資本コストとの関連で検討する必要がある。

📖**考えてみよう！**

　この章を読んだ後にこれらを踏まえてどのような企業で資本コストが高くなる傾向があると予想されるか，あなたの考えを述べよ。

【注】

（1）これは例えば株式発行などをするには発行費用が掛かるが，内部資金であればそれらの費用は掛からないという意味である。厳密にいうと内部資金も資本コストの概念からコストは考慮しなければならない。

（2）ペッキング・オーダー理論では企業が資金調達を行う順番は内部留保，銀行借り入れ，普通社債，転換社債，普通株式である。つまり投資の必要資金を企業は最初に内部留保で賄おうとし，それで賄えない場合は銀行借り入れ，さらに賄えない場合は普通社債発行を検討と順番が後ろの資金調達方法を検討する事になる。

（3）https://www.sbi-sociallending.jp/pages/fund_results_msbl（2019年3月21日現在）

（4）ユニコーンの定義としては，評価額が10億ドル以上に加えて，創業10年以内，テクノロジー企業などの条件がつく場合もある。

（5）必要資金がいずれの調達先からも調達できる場合は，低いコストで調達できる調達先を選択するが，例えば金利1％だが1億円しか調達できない主体と，金利2％だが10億円調達できる主体を比較する時には自社が必要とする資本の大きさによって調達先を変更する可能性がある。

（6）例えば柴田・高田（1990）が1989年に東証一部上場企業（金融・保険業を除く）に行ったアンケート調査ではエクイティ・ファイナンスを重視した理由として「資金コストが低い」が2位の「財務構造の安定」を大きく引き離している。

◆参考文献◆

秋山義継・松岡弘樹『ベンチャー企業経営論　改訂版』税務経理協会，2015年。

一般財団法人ベンチャーエンタープライズセンター『ベンチャー白書　2015』一般財団法人ベンチャーエンタープライズセンター，2015年。

可児滋『文系のためのフィンテック大全』きんざい，2017年。

川北英隆『テキスト　株式・債券投資　第2版』中央経済社，2010年。

柴田典男・高田義幸「エクイティ・ファイナンスと株式持ち合い」『企業会計』Vol.42, No.7, 1990年，pp.79-85.

丹野光明「ベンチャーファイナンスの現状と課題―研究開発型ベンチャーを中心に―」『社會科學研究』第64巻，3号，2013年，pp.173-196.

日本証券経済研究所『図説　日本の証券市場2014年版』日本証券経済研究所，2014年。

Miller, M. H., Modigliani, F. "Dividend policy, growth and the valuation of shares." *Journal of Business* 34, 1961, pp.411-433.

事例 7 − 1　Google による YouTube 買収

　2006 年 10 月 Google は動画共有サイト運営の YouTube を 16.5 億ドル（当時のレートで約 2,000 億円）で買収すると発表した。YouTube は 2005 年 2 月に設立されており，設立 20 ヶ月の短期間で急激に株主価値が増大したことになる。YouTube は非上場企業のため当時の正確な財務状況は不明だが，赤字といわれていた企業に対してこれほどの価値がつくのは YouTube の将来性が高く評価されたためである。

　財務理論では株主価値は将来キャッシュフローの現在価値の合計である。そのため将来大きなキャッシュフローを生むであろうと予測される事業を展開している企業は，直近の業績が赤字であっても資本市場において高い評価がなされる。3 節 4. でも述べたが，M&A を行う場合買収者は被買収企業が単独で事業を継続した場合の価値に加えて，買収後見込まれるシナジー効果を加味して買収価格を決定する。つまり Google と YouTube の M&A では YouTube のスタンドアローン価値に加えて Google が買収する事によるシナジー効果を含めて 16.5 億ドルという買収価格に決まったのである。

　Google は広告事業を主な収益源としているが，そのビジネスモデルと YouTube が持つ動画共有サイトとの親和性は高く，動画視聴者に対して広告を流すビジネスモデルが成功している。2013 年の CNBC の記事によれば Morgan Stanley が YouTube の売上高が 2020 年までに 200 億ドル，営業利益が最大 50 億ドルに達するであろうと予測している。Google が YouTube の業績について非公開にしているため，現在の YouTube の価値を正確に測定するのは困難であるが，現時点の評価としては 2006 年のこの M&A は非常に成功した M&A の一例であると考えられる。

【参考】Auletta, K., *Googled: The End of the World as We know it*, Penguin Books, 2009.
　　　　（土方奈美訳『グーグル秘録』文春文庫，2013 年）
　　　　『日本経済新聞朝刊』2006 年 10 月 13 日，13 ページ。
　　　　『日本経済新聞朝刊』2006 年 10 月 16 日，9 ページ。
　　　　「CNBC」（https://www.cnbc.com/id/100743171）［2020 年 2 月 25 日閲覧］

114

事例7-2 リブセンスの事例

『2017年版　中小企業白書』によれば2001年から2015年にかけて，わが国における開業率は毎年5％前後で推移しており，欧米諸国に対して非常に低い水準に留まっている。同白書では欧米諸国と比較して起業に対する意識水準が低いと指摘されているが，日本においては金融教育や起業教育などが教育機関においてあまり実施されていないことが1つの要因である。

このような問題に対して，リブセンスの事例は1つの解決策となる。リブセンスは村上太一氏が早稲田大学在学中に設立した企業であり求人情報サイトの運営を主事業としている。村上氏は2005年に大和証券グループの協力のもと早稲田大学で開講された「ベンチャー起業家養成基礎講座」を受講し，同講座で開催されたビジネスプランコンテストで優勝している。リブセンスの特徴は「成功報酬型の求人広告」であり，従来型の求人広告出稿時点ではなく，求人が成約した時点でサイトの利用料金が発生する仕組みをとっており2011年には史上最年少でマザーズ上場も果たした。

上場時の主幹事証券は大和証券が務めており，起業時点から有形無形の支援があったものと推測される。リブセンスが成功した理由は村上氏のビジネスプランが優れていたこともあるが，実務の視点からの起業教育も大きかったものと考えられる。大学におけるこのような起業教育は重要で，起業家を増やすためにも今後も充実させる必要がある。

本文中で起業時における問題の1つとして資金調達を挙げたが，これは産学協同の支援により解決できる可能性がある。学生が個人として起業した場合，自己資金が少なく，金融機関の信用度も低い。しかし，ビジネスプランコンテストのようなものを通じて産学が「お墨付き」を与えるような仕組み作りができれば，新規企業に対する信用度は向上し，資金調達環境も改善するであろう。

【参考】「大和総研グループ」（https://www.dir.co.jp/release/2005/20050324.html）
　　　［2020年2月25日閲覧］
　　　中小企業庁『2017年版　中小企業白書』中小企業庁，2017年。

第8章
資本政策

第1節　はじめに

　本章では，ベンチャー企業の資本政策について学習する。資本政策とは企業が株主構成や安定株主の持株比率を考慮しながら，事業計画を達成するために必要となる資金調達を行うための計画である。株式を発行し，資金調達を行うことになれば，経営陣，既存の株主，新しい株主といった様々な立場の利害が絡み合うことになる。本章では，以下の項目について理解を深める。

1. ベンチャー企業における株式のダイリューション（希薄化）
2. ベンチャー企業の成長段階と各段階での資本政策の特徴
3. ベンチャー企業の人材獲得とストックオプション
4. ベンチャー企業のIPOと資本政策
5. ベンチャー企業の資本政策と最適な持株比率
6. 事例研究

第2節　ベンチャー企業の資本政策

1. ベンチャー企業のバリュエーションとダイリューション
（希薄化：Dilution）

　ベンチャー企業は事業開始にあたり，資金調達を行なわなければならない。様々な資金調達方法については，前章で学習した。本章では，資金調達の際に

一般に用いられる株式発行に伴う資本政策について学習する。

　ベンチャー企業は起業するにあたり，資金調達を誰からどのように行うかを選択する必要がある。一般的には創業者や創業者の友人・知人など，創業者の個人的な関係から資金調達するケースが多い。外部の投資家が創業間もないベンチャー企業に投資するのは，評価が難しく出資を行いにくい。誰からどのように資金調達を行うにしても，起業時の新規株式発行に際しては，1株いくらで「誰に」株式を発行するかを決定しなければならない。

　一般的に，ベンチャー企業が株式を発行する際には，適切なバリュエーション（企業価値評価：Valuation）を行う必要がある。しかしながら，ベンチャー企業のバリュエーションには，大企業などで用いられる企業価値評価方法が適用しにくいのが特徴である。

　バリュエーションにおいては，新規増資前の企業価値であるプレマネーバリュエーション（Pre-Money Valuation）と新規増資後の企業価値であるポストマネーバリュエーション（Post Money Valuation）の2つがある。まず経営者は，新規増資前の企業価値を判断するため，プレマネーバリュエーションを算出する。投資家と交渉し，DCF法や類似企業批准法など様々な評価方法から適切な評価方法を選択し，1株あたりの増資前の株価を計算する必要がある。その株価を基準に，発行株数をかけて資金調達を行う。ポストマネーバリュエーションは増資前の企業価値に増資額を足し，増資が行われた後の企業価値である。

　例えば，発行済み株式が100株で企業価値が100万円のベンチャー企業があるとする。この企業の株価は，1株1万円の株価となる。これがプレマネーバリュエーションである。この時に10万円調達しようとすれば10株発行（10％の株式増）となる。増資後の企業価値は110万円となる。これがポストマネーバリュエーションである。これを初期の段階とすると，次の段階に進んで仮に企業価値が1,000万円まで増加しているとする。この場合上記と同条件で10万円調達しても株数は1％増で済む。つまり理想的には第一段階ではなく，第二段階まで進めてから資金調達する方が好ましくなる。

　ベンチャー企業はその成長段階や，資金需要に基づいて複数回の資金調達を行うことになる。株主は，新しい資金調達のたびに様々な利害対立に直面する。

代表的な利害対立が新規増資による株式の希薄化である。ベンチャー企業は一般的な株式上場企業と同様に新規増資を行うと，株式を新たに発行することになる。新株を発行することにより，その企業の発行済株式総数が増えると，1株あたりの価値が薄まることになる。

　例えば，毎期1億円の利益を稼いでいる企業があるとする。もし，その企業の発行済株式総数が10株であれば，1株あたりの利益は1,000万円になる。しかし，10株増資して発行済株式総数が20株になると，1株当たりの利益は500万円になってしまう。よって，増資は既存の株主の持つ株式価値が希薄化し，不利益を受けることになりうる。

　このような既存株主と新株主による利害対立を考慮し，経営者は資本政策に取り組まなければならない。

2．ベンチャー企業の成長段階と資本政策

　本項では，ベンチャー企業の成長段階ごとの資本政策について説明を行う。

　事業をスタートする前の段階はシードステージ（Seed Stage）と称する。図表 8 − 1 の VC（ベンチャー・キャピタル：Venture Capital）の投資ステージ別分類によると，本段階では経営者はビジネスのアイディアを持っているが，そのアイディアを実際の製品やサービスに変えることができていない。いわば黎明期である。

　このような本格的な事業がスタートする前の資金調達をシードラウンド（Seed Round）と称するが，資金調達の規模は他の成長ステージに比べると少ないのが特徴である。事業が本格的に始動してないために外部の投資家が出資を行いにくいという背景がある。しかし，シードステージに外部の投資家からの出資が少ないのは，資本政策に関わる理由もある。創業間もない時期であると，まだ企業価値がほとんどないため，投資家に多くの株式を渡さなければ資金調達ができないのである。できるだけ成長した段階で投資家から資金調達を行うのが合理的な選択となるため，大規模な資金調達を行わないケースが多い。ただし，シードステージで資金が必要になることは当然あり，その条件下，制限下でいかに効率の良い資本政策をとることができるかが重要となる。

図表 8 - 1　VC の投資ステージ別分類

ステージ （目安となるラウンド）	状態	ベンチャー・キャピタルの役割
シード	・経営者とアイディアのみ	・経営者・市場・技術の方向性の見極め ・経営者育成・ビジネスプラン作成支援 ・プロトタイプ作成費用の投資
アーリー （シリーズ A）	・マネジメントチームと初期プロジェクト ・初期顧客獲得	・経営チーム，初期製品の評価，構築支援 ・初期顧客，パートナー開拓 ・最初の本格的 VC ラウンド組成
ミドル （シリーズ B） （シリーズ C）	・数億円規模の売上の発生 ・拡大ステージ	・市場，製品評価による拡大可能性の見極め ・販売，マーケティング，パートナー開拓支援 ・大型 VC ラウンド組成
レイト （シリーズ D 以降）	・数十億円規模の売上 ・上場か買収視野	・Valuation と ROI の見極め ・管理，モニタリング ・大型ラウンドでの資金供給

出所：倉林陽『コーポレートベンチャーキャピタルの実務』中央経済社，2017 年，20
　　ページより引用。

　初期の段階で経営者の持株比率が低くなり，投資家の持株比率が高くなることは，2 つの問題がある。1 つめの問題は，経営者を中心とした経営陣が企業価値を創造しても，その成果の大部分を投資家が得ることである。経営者や経営陣が自己の利益を考慮しないのであれば問題ないが，自己利益の期待が減退することにより，企業価値を創造するモチベーションが続かなくなってしまうリスクがある。

　2 つめの問題としては，重要な意思決定権を外部の株主に握られてしまう可能性があることである。株式会社は，株式の議決権の持分によって意思決定を行う。経営陣以外の投資家に株式を保有させることは，経営者の交代など重要な意思決定権が外部の投資家に握られるリスクがある。このように創業前の時期から，外部の投資家から資金調達を行うことは，企業の支配権に関するリスクが高くなることを理解しなければならない。

　事業を始動させ，初期の営業活動などが軌道に乗り始めた段階は，アーリー

ステージ（Early Stage）と呼ばれる。具体的には経営者を中心とするマネジメントチームが形成され，初期顧客の獲得が始まる。これからの成長が期待されるため，資金需要も大きくなる。この時期に適切な規模の資金調達を行わないと事業の成長や継続に支障がでるため，資金調達が最重要課題となる。

　この段階のベンチャー企業に対する投資をシリーズＡとよばれる。シードステージと比較すると投資の規模も大きくなり，ＶＣが積極的に投資を行う時期である。

　この成長段階における資本政策としては，本格的に外部の投資家からの資金調達が行われるため，経営陣でどこまでの持株比率を維持するかを検討しなければならない。一般的には，創薬ベンチャーなどのように初期投資を大規模に行う業種は，経営者の持株比率を高く維持することは困難である。よって，特定の投資家に株式の保有割合が偏らないような資本政策を行いながら，資金調達を行う必要がある。

　サービス業などのように初期投資をそれほど多く行う必要がない業種では，できるだけ外部からの資金調達は成長した後に行うべきである。なぜならば成長した後になればなるほど，ベンチャー企業の企業価値が高くなる可能性があり，これに伴って外部の投資家側が高いバリュエーションで株式を購入することになるからである。

　ベンチャー企業が順調に成長したステージはミドルステージ（Middle Stage）と呼ばれる。ミドルステージでは，ベンチャー企業の売上規模も数億円単位に膨らみ，急成長している段階である。

　ＶＣがこの段階のベンチャー企業に投資することは，シリーズＢ・シリーズＣとよばれる。シリーズＢは，ミドルステージの前半であり，急激な成長に対する資金需要を満たすために行われることが多い。一方で，ミドルステージ後半における投資はシリーズＣと呼ばれ，最終段階である。シリーズＣに至ると，レイターステージや株式公開などが視野に入ってくるため，上場を視野に入れた資本政策が行われることもある。

　順調に成長した企業は，最終的にはレイターステージ（Later Stage）という安定期まで成長する。この段階に至ると，株式公開などが現実的な視野に入っ

てくるため，上場に向けての準備などが行われる。近年の代表的なベンチャー企業であるメルカリやコロプラといった株式公開を果たした企業は，このような過程を経て成長してきた。

　ミドルステージやレイターステージにおける資本政策は，株式公開を意識した資本政策が重要になってくる。株式公開を行うことになれば，経営者を中心とした経営陣の持株比率はさらに低くなることは避けられない。可能であれば，友好的な金融機関や取引先企業などに安定株主として株式を保有してもらうことも考慮する必要がある。安定株主とは株主の中で，長期的に経営陣に友好的な立場をとる株主のことである。具体的には，創業者，経営者の親族・友人，取引先，金融機関，従業員持株会，従業員，取引先，金融機関などである。ただし，相続や，経営環境の変化によって，安定株主は変化するリスクがある。

3．ベンチャー企業の人材獲得とストックオプション

　シードステージやアーリーステージのベンチャー企業は，専門的な事業内容になるにつれ，優秀な人材を雇用する必要がある。そこで，多くのベンチャー企業ではストックオプション（Stock Option）を活用して優秀な人材を雇用している。ストックオプションとは，将来ある一定の条件で株式を購入する権利を付与された者（従業員や取締役など）がその権利を行使することによって株式を取得できる制度である。一般的には無償で付与され，権利行使時には，権利行使価格を支払うことによって株式を取得できる。

　ベンチャー企業には人や金といった経営資源が不足しているケースが多い。それとは反対に，ベンチャー企業には将来企業価値が大幅に向上し，株式の価値が大きく上昇する可能性を秘めている。そこで，優秀な人材に高い金銭報酬を支払うのではなく，将来株を買う権利を無償で与えることにより，雇用契約を結ぶ。本制度はベンチャー企業の企業価値が拡大すれば，大金を手にできる可能性があり，雇用した人材のモチベーションの向上にもつながる可能性がある。

　しかしストックオプションを付与するということは，将来において新株が発行される可能性が高いということである。既存株主はもちろん，潜在的な株主

にとっても希薄化を引き起こす可能性があるために適切な範囲で権利付与を行う必要がある。

4．ベンチャー企業の IPO と資本政策

　VC に代表される投資家は，最終的には投資対象のベンチャー企業株式を購入時よりも高く売却することを目的に投資を行っている。一般的に，投資家とベンチャー企業は，投資を行うにあたり上場努力義務を定めた投資契約を結んでいる。また，経営者によっては，創業者利益を株式の売却によって得ることを目指している場合もある。ベンチャー企業は投資家から出資を受けた時点で投資家の投資回収をどのように行うか考慮する必要がある。現在の日本には，大きくわけて 2 つの投資回収方法がある。

　1 つめとしては，株式の上場を行うことである。企業が上場することは一般的に，IPO（新規上場株式：Initial Public Offering）と称される。IPO を行うことによって，これまでの投資家が大きく変わることになり，重要な資本政策でもある。

　IPO を行うと，ベンチャー企業の株式を一般の投資家に譲渡することになるが，IPO には，「公募」と「売り出し」があり，それぞれ経営陣の持株比率の希薄化が起きる。

　「公募」による IPO は，不特定多数の一般投資家に新たに株式を発行する方法である。ベンチャー企業に出資金が入金されるかわりに，新たに株式が発行されることになる。このため，ベンチャー企業の既存株主全体に希薄化が生じることになる。また，多くの資金がベンチャー企業に払い込まれるため，資金の使途も重要となる。多くの資本が払い込まれるため，その資金を効率的に活用できなければ，ROE（自己資本利益率：Return on Equity）などが下がり，投資家から見放される可能性もある。

　「売出し」による IPO は，すでに発行された株式を一般投資家に譲渡する方法である。一般的には経営者を中心とする創業メンバーや，VC などの既存の投資家が保有する株式を一般投資家に譲渡することになる。この場合は，一般投資家の出資金は既存の株主に払い込まれるため，ベンチャー企業に資金が入

金されることはない。経営者などの経営陣が創業者利益を獲得することを目的に株式を譲渡するケースも多い。しかし，経営者の持株比率が下がるため，安定株主対策も考慮しなければならない。経営者は可能であれば，必要となる持株比率を安定株主で維持する努力を行わなければならない。

　安定株主対策に失敗し，多くの投資家と敵対的な関係になった企業は，敵対的買収や経営者を交代させる圧力を受ける恐れもある。IPO後の企業は，経営陣の持株比率が落ちるため，安定株主対策などを考慮するか投資家向けのIR（Investor Relations）活動に力を入れる必要がある。ベンチャー企業には経営資源の制約があるため，安定株主対策には限界がある。それゆえに投資家向けのIR活動に力を入れる企業が多いのが特徴である。

　また，IPOに代わるもう1つの出口戦略としてM&A（Mergers & Acquisitions：買収・合併）をとる方法もある。この場合，既存の株主の株式を外部の大企業に売却することになる。ただし，大企業の子会社になることを経営者が承諾するかが重要となる。経営者は，投資家から出資を受けた時点で，投資家の出口戦略としてIPOだけではなく，M&Aも選択肢にするのか考慮する必要がある。

5．ベンチャー企業の資本政策と最適な持株比率

　これまでみてきた資本政策に加えて，ここではさらに重要な点について理解を深める。ベンチャー企業は成長段階や業種だけでなく，ビジネスに必要な資金の量や成長スピードに応じて資本政策を考慮しなければならない。具体的には長谷川（2010）のベンチャー企業の資本政策を基に見ていくことにする。

（1）ベンチャー企業において今後必要となるキャッシュフロー

　ベンチャー経営者は，自分たちが計画している事業で今後必要となるキャッシュフローがどの程度であるかということと，そのキャッシュフローの50％を経営陣で賄えるかについて検討する必要がある。賄えないのであれば，希薄化を覚悟し，経営陣で50％の持株比率を放棄することを決定しなければならない。

（2）成長スピード

　外部のステークホルダーとの信頼の醸成や，社内人材の採用教育が不十分であっても，企業成長を優先すべきなのか，あるいは無理はしないのかを明確にしなければならない。成長スピードを速くするのであれば，ストックオプションなどを活用して外部人材を獲得しなければならない。また，早い段階で将来取引先になりそうな大企業に，戦略提携先として株主になってもらうことも検討する必要がある。いずれにしろ，成長スピードを重視するのであれば，株式の希薄化を覚悟しなければならない[1]。

　このような資本政策における重要点を整理する。長谷川は，一般的なベンチャー企業の資本政策の説明に加えて，ベンチャー企業の事業内容に必要となるキャッシュフロー，成長スピードなどに基づいて資本政策を構築すべきであると指摘する。

　まず経営者が資本政策を構築するうえで考慮すべきことは，その企業がどれだけの資金を必要としている事業なのかということである。経営者としては，経営陣を中心とする安定株主で50％超の持株比率を維持したい。50％超の持株比率の持つ意味は，図表8－2における普通決議による取締役・監査役等の選任と解任に関係するからである。50％超の持株比率を経営陣や安定株主で保有していれば，経営者が解任されるリスクはなくなる。しかし，安定株主で

図表8－2　議決権比率と株主総会決議の種類

2/3以上の議決権を保有している場合	株主総会における特別決議で可決可能 ・累積投票により選任された取締役の解任または監査役の解任 ・定款の変更，事業の譲渡等，解散 ・組織変更，合併，会社分割，株式交換，および株式移転等
1/2超の議決権を保有している場合	株主総会における普通決議で可決可能 ・取締役・監査役等の選任 ・累積投票によらない取締役・監査役の解任等
1/3以上の議決権を保有している場合	株主総会における特別決議で可決を阻止可能（拒否権）

出所：石割由紀人『ベンチャー企業を上場成功に導く資本政策立案マニュアル（第2版）』中央経済社，2014年，p.54ページを一部改編の上作成。

50％の持株比率を維持できる程度の資金で賄えない事業内容であれば，これを放棄しなければならない。ベンチャー企業の事業計画などを精査し，必要となる資金を計算することが重要である。もし安定株主で50％超を賄えないのであれば，3分の1以上の議決権の維持を目指すことになる。3分の1以上の議決権の維持ができれば，図表8−2における3分の2以上の議決権を保有している場合の特別決議を拒否することができる。特別決議には，定款の変更や事業の譲渡，株式の移転などベンチャー経営者にとって承諾し難い事項がある。これらを拒否するために，3分の1以上の議決権の維持を目指すこともある。

　次に考慮すべきことは，経営者が自社をどの程度のスピードで成長させようと考えているかである。ベンチャー企業の成長には，取引先などのステークホルダーと信頼関係を構築することや，雇用した社員の人材育成など，時間をかけなければならないことが多い。しかし事業内容によっては，時間をかけずに急成長させなければならない場合もある。その場合は，人材育成を行う余裕はないので，ストックオプションなどを活用し，優秀な人材を外部から獲得する必要がある。また，成長を急ぐのであれば，将来取引先になりそうな大企業に早めに株式を譲渡し，提携先になってもらうことも必要となる。成長を急ぐのであれば，早めにベンチャー企業の株式を安定株主以外に渡さなければならない。図表8−2におけるどの程度の持株比率まで守ろうとするのかによって，可能となる成長スピードは変わってくる可能性がある。

　なお，投資家に株式を発行する場合において，種類株式が発行される場合がある。種類株式とは，株主の権利内容について，その企業の定款で特別に条件をつけたものである。種類株式には，特別の権利が付与されていて普通株式より優先的な扱いを受けるものや，逆に普通株式より劣る権利が付与されているものがある。議決権に関連するものであると，投資家の株主総会における議決権を制限する議決権制限規定が含まれた種類株式が発行されることもある。

　しかし，ベンチャー企業と投資家の力関係を考えると，投資家側のリスクを抑えるために普通株式よりも優遇された内容の種類株式が発行されることが多い。具体的には，残余財産の分配を受ける権利が優遇されているものや，ベンチャー企業に契約違反があった場合に，株式を買い取らせる取得請求権がつい

た種類株式である。

　いずれにしても，ベンチャー企業の資本政策においては，安定株主でどこまでの持株比率を維持すべきかを決定することが重要である。

第３節　近年のベンチャー企業における資本政策

１．ベンチャー企業の M&A における課題

　近年の日本においては，ベンチャー経営者の創業者利益の獲得や VC などの投資家の出口戦略として，大企業へ株式を売却するケース（M&A）が増加している。しかし，大企業にベンチャー企業の株式を売却する資本政策には２つの課題が指摘されている。

　三菱総合研究所（2019）「大企業とベンチャー企業の経営統合の在り方に係る調査研究」[2] によると，大企業によるベンチャー企業の M&A のほとんどは，ベンチャー企業側から望んだことであり，大企業側からのアプローチはほとんどない。つまりは，一定数のベンチャー経営者が創業者利益の獲得や，投資家の出口戦略として大企業への M&A を選択していることになる。しかしながら，大企業への M&A を選択することには，２つの課題があると同調査は指摘している。

　同調査であげられた１つの課題は，M&A 交渉の長さである。大企業では，M&A において様々な部署が関わることになる。そのため，複数の部署との交渉が必要になり，ベンチャー経営者が想定していない長期間の交渉をする場合がある。この間の資金調達に苦慮したとの調査報告もある。大企業との M&A 交渉においては交渉が成立しない可能性や長期間における交渉を想定した資本政策を考慮する必要がある。

　同調査であげられたもう１つの課題は，VC に代表される既存株主が M&A の阻害要因になり得ることである。VC が阻害要因になり得る理由としては，M&A より IPO の方がキャピタルゲイン（株式の売却による利益）を獲得できる可能性が高いためである。投資家が IPO しか出口戦略として考慮しておらず，M&A については反対するケースがある。ベンチャー経営者は，出口戦略とし

ての確実性など様々な要因でM&Aを選択するが, 既存の株主と利害が対立
してしまうケースが生じる。一般的にVCから投資を受ける際には, 投資契約
が結ばれており, この投資契約が最終的にM&Aの成立を妨げる可能性がある。

　ベンチャー企業は, 投資家から出資を受けた時点で上場努力義務などの投資
契約を結ばれており, 投資家の出口戦略を考慮しなければならない。仮に, 大
企業へのM&Aも考慮するのであれば, 事前に投資家の承諾を得る条項（事前
承諾条項）などを, M&Aを想定して作成する必要がある。

2. ベンチャー投資の環境と資本政策

　これまでみてきたように, 資本政策はベンチャー企業の事業内容やどの程度
の持株比率を維持すべきかを考慮して決定される。ベンチャー企業側が有利な
条件で資本政策を行えるかは, 事業内容や経営者のビジョン, 事業計画などが
重要になるのが一般的である。

　しかしながら, ベンチャー投資に関わる投資家からは, ベンチャー企業のバ
リュエーションは, 事業内容や事業計画よりも投資環境に大きな影響を受けて
いるとの指摘がある。

　近年の日本においては, ベンチャー投資バブルといわれるほど, 投資家側が
積極的に投資を行っている。この要因としては, コーポレート・ベンチャー・
キャピタル（Corporate Venture Capital）と称する大規模事業会社によるベン
チャー企業投資が活発になった背景などがある。ベンチャー企業投資が活発に行
われるようになったとしても, 投資家が高く評価できるベンチャー企業の数が
劇的に増えることはない。そうなると, 限られたベンチャー企業に投資家が殺
到することになる。ベンチャー企業側が資金調達先としての投資家を「選ぶ」
ことができるのであれば, 利害調整はベンチャー企業側に有利になる。このよ
うな背景から2010年代後半は, ベンチャー企業のバリュエーションに驚くよ
うな高値が付くケースが目立った。

　しかしながら, この旺盛なベンチャー投資は永続的なものとは限らない。世
界経済の低迷などから投資家が減る可能性もある。投資家が減ることになれ
ば, ベンチャー企業と投資家の利害調整は投資家側が有利になる可能性があ

る。

　今後，世界経済の低迷などからベンチャー投資が消極的になるとベンチャー経営者が判断するのであれば，早めに資金調達を行う資本政策が必要になる。逆に，今後も旺盛なベンチャー投資が続くと考えるか，あるいはさらにベンチャー投資が拡大すると考えるのであれば，資金調達を先送りする資本政策も可能である。

　ベンチャー経営者が有利なバリュエーションで資本政策を行うためには，ベンチャー投資を取り巻く経済状況などについても理解する必要がある。

第4節　むすびに

　本章では，ベンチャー企業の資本政策について学習した。

　ベンチャー企業に資本政策を重視させる要因となるのは，株式の希薄化である。ベンチャー企業は大きな資金需要に合わせて資金調達を行い，経営者の保有する株式の希薄化が起きる。希薄化により経営者の持株比率が低くなると，投資家に重要な意思決定権を握られ，経営者としての立場を失うリスクもある。このようなことから資本政策が重要となっている。

　資本政策は，ベンチャー企業の成長段階によって，その特徴や課題などが大きく異なる。シードステージ，アーリーステージ，IPO 前の段階など，成長段階ごとに必要となる資本政策が異なる。

　また，ベンチャー企業の成長に必要なストック・オプションも資本政策に関係する。小規模のベンチャー企業では希薄化を考慮しながら行う必要がある。

　創業者利益やストックオプション，さらには投資家の資金回収の手段として，IPO や大企業への M&A のどちらを選択するのかも重要な資本政策である。近年は，大企業への M&A が増加傾向であるが，まだ大企業への M&A には課題があることも指摘した。

　ベンチャー企業は，事業にどれだけの資金を必要とするか，あるいはどの程度の成長スピードを目指すかによって資本政策が変わる。資本政策はベンチャー企業の業種や成長段階によって一括りにできるわけではない。必要となる

128

資金需要や，経営者が想定する成長スピードに応じて資本政策が異なることを理解する必要がある。

　このような資本政策を考慮せずに起業すると，事業は順調に進んでいるにも関わらず，望まない経営者の交代に追い込まれる可能性もある。安定株主でどの程度の持株比率を維持すべきかをあらかじめ綿密に計画する必要がある。

📖**考えてみよう！**

　　さらに学習意欲のある方は，新規上場する企業の新規公開株式目論見書を参照されたい。上場にたどり着いたベンチャー企業がどのような資本政策をとっているかを実際に確認できる貴重な学習材料である。目論見書を正しく理解できるようになれば，本書の役割は果たせたことになる。

【注】

（1）長谷川博和『ベンチャーマネジメント』日本経済新聞出版社，2010年，160-163ページ。
（2）三菱総合研究所「大企業とベンチャー企業の経営統合の在り方に係る調査研究」『平成30年度産業経済研究委託事業』2019年，53-55ページ（https://www.meti.go.jp/meti_lib/report/H30FY/000123.pdf）［2020年2月20日］。

◆参考文献◆

石割由紀人『ベンチャー企業を上場成功に導く資本政策立案マニュアル第2版』中央経済社，2014年。
磯崎哲也『起業のファイナンス』日本実業出版社，2010年。
磯崎哲也『起業のエクイティ・ファイナンス』ダイヤモンド社，2014年。
忽那憲治・山本一彦・長谷川博和『ベンチャーキャピタルハンドブック』中央経済社，2006年。
倉林陽『コーポレートベンチャーキャピタルの実務』中央経済社，2017年。
中井透『物語でわかるベンチャーファイナンス入門』中央経済社，2013年。
長谷川博和『ベンチャーマネジメント』日本経済新聞出版社，2010年。
船岡健太「ベンチャーキャピタルからの資金調達を考える―プレ／ポストマネーバリュエーションの視点を中心に―」『調査月報』日本政策金融公庫，2009年7月号，34-39ページ。
松本直人「種類株式を活用した地方創成型ベンチャーキャピタル」『金融財政事情』金

　融財政事情研究会，2019 年 1 月号，36-39 ページ。

水永政志『ベンチャーファイナンス実践講義』ダイヤモンド社，2013 年。

Bilton, N., *Hatching Twitter*, Sceptre. 2013（伏見威蕃訳『ツイッター創業物語』日本経済
　新出版社，2014 年）.

┌ 事例 8 − 1 ┐ サイバーエージェント：株式公開と安定株主 ─────

　サイバーエージェントは大きな成長を遂げ，株式公開を果たしたベンチャー企業である。サイバーエージェントの株主構成の特徴は，トヨタ自動車などの大企業に比べて安定株主が少ないことである。トヨタ自動車の大株主を確認すると，保有割合のトップ10には豊田自動織機やデンソーといったグループ会社に加えて金融機関などが並び，安定株主の存在がある[1]。さらに，5年間譲渡はできないが，払込金額と同額での買い取り請求が可能な種類株式を発行し，個人投資家の安定株主化を行う資本政策をとっている[2]。このため，敵対的買収や経営者を交代される脅威のリスクを軽減している。大企業の多くは，資本政策として安定株主対策に力を入れている。

　一方でサイバーエージェントの有価証券報告書を確認すると，安定株主といえるのは，創業者の藤田晋氏（発行済株式数の20.56%を保有）のみである[3]。議決権の割合は，3分の1も保有していないため，常に敵対的買収や経営者交代の脅威に直面している。

　このような大株主の状況は，サイバーエージェントだけではなく株式公開を果たしたばかりのベンチャー企業に多く見受けられる。本章で学んだとおり，ベンチャー企業は資金調達や株式公開によって創業メンバーの株式の希薄化が起きる。また，創業の早い時期を支えたVCは，株式公開を果たす頃には売り抜けている。このため，株式公開直後は創業メンバーを除き安定株主が少ないのが一般的である。

　トヨタ自動車とは異なりグループ会社が少ないことや株式の持ち合いを行うための経営資源の制約もある。このため，株式の持ち合いを行うことも難しい。ゆえに，株式公開直後の企業における安定株主対策は利益を出し続け，企業価値を高め続けることが重要になる。これにより，一般の投資家の支持を獲得し続けなければならない。また，IR（Investor Relations）活動に力を入れ，積極的に株主との対話を行うことが求められる。

　サイバーエージェントでは，DOE（自己資本配当率：Dividend on equity ratio）といった投資家の意向を重視した経営指標の目標を掲げ，企業価値の追求を行っている。また，株主・投資家向け動画コンテンツ「CyberAgent IRチャンネル」などを設けて株主との積極的な対話を行っている。このような経営努力を続けることにより，IPOから20年近く経過した現在でも創業者が経営者を続けることを可能にしている。

【注】
（1）トヨタ自動車『2019年度有価証券報告書』63ページ。
（2）「「安定株主」トヨタも悩む揺れる企業統治」（『日本経済新聞』2016年7月10日）（https://www.nikkei.com/article/DGXKASDZ20I4B_R20C16A6MM8001/）[2020年2月5日閲覧]。
（3）サイバーエージェント『2019年度有価証券報告書』32ページ。

事例8-2　Twitter：ベンチャー経営者と持株比率の希薄化

　ベンチャー企業においては，経営者の望まない交代が起きるケースもある。代表的な例としてはTwitterがあげられる。Twitterは世界的に成功したベンチャー企業であるが，後にクーデターと呼ばれるような経営者の交代劇が何度もあった。その詳細については，様々な本やメディアで書かれているが，実態がわかりにくいので本書では最小限の説明にする。ただ，このようなトラブルは，Twitter固有の問題ではなく，多くのベンチャー企業において起こりやすい。

　その理由としては，本章で学んできたように創業者の持株比率が資金調達のたびに希薄化していくことにある。希薄化により，経営陣の議決権の割合が減少していき，VCを中心とした出資者側の議決権の割合が増していく。VCが経営者を好ましくないと判断した場合には，経営者を交代させるケースもある。創業者がどんなにこの会社は自分が創業したと主張しようとも，株式会社の最終的な意思決定は議決権によって決定される。Twitterの創業者達が次々に追放されたのには，このような背景がある。

　特にその傾向が明らかなのは2008年から2010年までの間にCEOを担当したエヴァン・ウィリアムズ氏の退任である。エヴァン・ウィリアムズ氏は，Twitterの創業時から大きな貢献を果たした経営者であった。しかしながら本人の望まない形で経営者から退いている。Twitterの創業者の交代劇をまとめたNick Bilton（2013）によると，この交代劇においてもVCが関わっている。エヴァン・ウィリアムズ氏のどの部分を問題視して，VCが交代劇に賛同したのかは明らかにされていない。しかし，Twitterのように事業が順調に推移しているようにみえる企業においても，外部の投資家との対話に失敗すれば経営者は退場しなければならない。

　もちろん，本章で学んだように種類株などを活用し，議決権を与えない形でVCの投資を受けるケースもある。しかしながら，ベンチャー経営者にとって重要なことは，投資家に株式を付与することは重要な意思決定に関する権限を与えているという認識を持つことである。

第9章
ベンチャーキャピタル

第1節　はじめに

　ベンチャー企業はリスクが大きいため，銀行などの金融機関から融資を受けるのが困難である。しかし，ベンチャー企業はイノベーションの担い手でもあるので，こうした企業への資金供給が滞ることは社会全体の技術革新が停滞することを意味する。アメリカでは高リスクのベンチャー企業に資金供給する多くのベンチャーキャピタルが存在し，多数のベンチャー企業の成長を後押しすることによって，社会を変革するような技術革新も次々と生まれた。GAFA（Google, Apple, Facebook, Amazon）に代表されるIT系の企業群がその典型であり，流通や通信の分野で創造的破壊（disruption）を引き起こす原動力となってきた。ベンチャーキャピタルは，たんに資金を提供するだけでなくベンチャー企業の経営を積極的に支援することによって，ベンチャー企業の成功に大きく貢献することも多い。

　一方，日本ではとくに，IT や金融の分野で技術革新が後れを取った一因はリスク投資の担い手であるベンチャーキャピタルが育たなかったことにある。

　本章では，ベンチャー企業の成功を支えるベンチャーキャピタルに焦点を当て，ベンチャーキャピタルの種類，仕組みや投資方法，近年の動向などについてみていくことにする。

第2節　ベンチャー企業の資金調達とベンチャーキャピタル

1．ベンチャー企業の資金調達方法

　ベンチャー企業（アメリカではスタートアップと呼ばれる）は技術革新（イノベーション）を志向する若い企業であるため，研究開発のために多額の資金を，しかも比較的長期的に必要とする。その資金は資本市場から調達することになるが，資本市場は，企業，証券会社，機関投資家，個人投資家，監査法人，弁護士，税理士，司法書士，格付け機関などの参加者によって，ひとつの生態系（エコシステム）が形成されている[1]。これらの市場参加者はそれぞれ独自の論理で自立的に行動しつつ市場のバランスが維持されている。

　ベンチャー企業の資金調達は主として株式によって行われる。投資家はベンチャー企業の株式を購入することによってベンチャー企業に投資する。資金調達の方法が株式中心となるのは，まず第1にベンチャー企業への投資はリスクが非常に高いためである。ベンチャーキャピタルが投資した10社のベンチャー企業のうち，半分以上が倒産し，株式が紙くず同然となるのは，ごく普通のことである。もしも資金調達が銀行からの融資であったら，ベンチャー企業の経営者は，担保に取られていた経営者の個人資産を競売にかけられるなど，倒産後も責任を追及されることになる。株式の形で複数のベンチャー企業に出資した投資家はそのうちの半分以上が倒産し，出資金が回収できなかったとしても10社のうちの1，2社が成功し，上場にこぎつけることができたならば多額のキャピタルゲインを得ることができ，倒産したベンチャー企業への出資分を回収することができる。

　ベンチャー企業に対する出資が株式で行われることが多い理由の第2は，ベンチャー企業の経営にとって株式の方が銀行融資よりも適しているからである。ベンチャー企業の経営はきわめて不安定であり，特に，創業からしばらくの間は赤字決算が続くことが多い。銀行融資の場合は，毎月元利の返済をしなければならないが，利益の上がっていない企業が毎月コンスタントに元利を返済することは困難である。株式は利益が上がらないときには配当する必要がな

いため，ベンチャー企業の負担は軽くなる。

2．ベンチャーキャピタルの投資の回収

　株式の形でベンチャー企業に投資したベンチャーキャピタルが出資を回収することは一般にイグジット（Exit）と呼ばれる。イグジットの方法としてよく用いられているのは，第1に証券市場への株式上場である。ベンチャーキャピタルはベンチャー企業の未上場株式を持っているが，株式市場に上場し，そのベンチャー企業が市場に評価されると株価は未上場の時に比べて数10倍にも上昇することになる。ベンチャーキャピタルは株式市場で株式を売却し，ベンチャー企業に投資した時の株価と上場後の株価の差額分の利益（キャピタルゲインと呼ばれる）を獲得することができる。

　次に，ベンチャーキャピタルがイグジットする方法としてよく用いられているのはバイアウト（Buy-out）である。つまり，ベンチャーキャピタルが所有するベンチャー企業の株式を第三者に売却することで投資を回収する。第三者の企業から見れば，ベンチャー企業を買収（M&A）したことになる。企業の規模が大きくなると，従業員や経営者がリスクをとって新しい事業を創出しようという意欲が希薄になり，イノベーションが起こりにくくなる。サラリーマン的な経営者や従業員が増加すると起業家精神が薄れ，技術の変化や環境の変化を先取りするような意欲が弱くなり，いわゆる大企業病に陥ることが少なくない。このような大企業が，先端技術を持ち，起業家精神に溢れるベンチャー企業を買収し，成長の勢いを自社に取り込もうとする動きもみられる。たとえば，世界の大手製薬会社では，再生医療，バイオ医薬品，iPS細胞の活用，ゲノム編集などでの技術開発が急速に進んでいるが，このような広範な分野への開発投資を1社で賄うのは困難になってきている。近年，世界の大手医薬品メーカーは，自社で開発投資を維持する一方，医薬品開発のベンチャー企業の買収も進めている。

　「シリコンバレーなどでは，10社投資した案件があったとしたら，そのうち5社は倒産し（つまり投資家には何も返ってこず），1社が上場など『ホームラン』になり，残りの4社はバイアウトする」[2]と言われている。ベンチャーキャ

ピタルは投資したベンチャー企業を上場する，あるいは他社に売却するなどのイグジットの方法を組み合わせて用いることによってキャピタルゲインを獲得している。この他，ベンチャー企業の株式の一部を売却してキャピタルゲインを得るという方法も，例外的にではあるが，存在する。

3．ベンチャー企業のライフサイクルとベンチャー投資

　ベンチャー企業にはシード，アーリー，ミドル，レイターなどのライフサイクルがあるが，この区分には明確な基準があるわけではない（図表9-1）。

　日本のベンチャーキャピタルの投資は，1999年以前は，上場直前の「レイター」のステージにあるベンチャー企業への投資が多かった[3]。それは，1999年の証券自由化以前はナスダック・ジャパンや東証マザーズなどの新興市場がなかったため，上場のハードルが高かったからである。ベンチャーキャピタルは7年から10年程度の期間を設定して投資家から資金を集めるため，投資回収までに時間のかかりすぎるベンチャー企業への投資は困難をともなうものであった。しかし，1999年以降の資本市場の整備や，企業買収の制度の整備（バイアウトが容易になったことなど）などによってシードやアーリーステージへの投資も比較的短期間で投資が回収できる可能性が高まったため，こうし

図表9-1　ベンチャー企業のライフサイクル

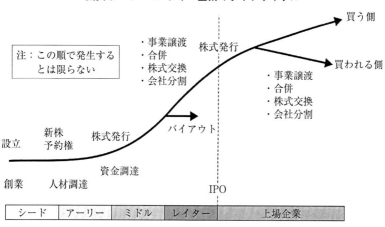

出所：磯崎哲也『起業のファイナンス』日本実業出版社，2010年，52ページ。

136

た早いステージのベンチャー企業の投資も行われるようになった。

　国際的に見ると，日本のベンチャー企業投資はきわめて低い水準にある。2016年のベンチャー投資は，金額ベースでアメリカが7兆5,192億円，欧州が5,353億円，中国が2兆1,526億円であるのに対し，日本は1,529億円であった[4]。また，アメリカのベンチャー投資の投資先ステージの内訳（件数ベース）が，エンジェル／シードが50.3％，アーリーが31.0％，レイターが18.7％であったのに対し，日本のそれはシード22.6％，アーリー44.8％，エクスパンション25.0％，レイター7.6％であった[5]。投資ステージにおいて，近年日本のベンチャー投資はシードとアーリーへの投資を増やし，レイターへの投資を減らしているが，なおアーリー段階への投資は少ない。

4．ベンチャーキャピタルの種類

　ベンチャー企業に投資する投資家には，エンジェルや事業会社などがあるが，日本ではベンチャーキャピタルが主要な投資家となっている。日本のベンチャーキャピタルは通常，株式会社の形態をとり，上場している場合もある。このベンチャーキャピタルは，他の出資者とともに投資事業有限責任組合や信託などのファンドを形成し複数のベンチャー企業に投資を行う[6]。ファンドはベンチャーキャピタル会社がGP（General Partner）となり運営される。

図表9－2　ベンチャーキャピタル会社とファンド

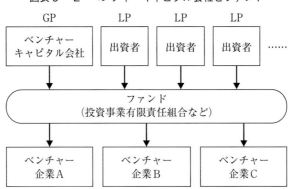

出所：磯崎哲也『起業のファイナンス』日本実業出版社，2010年，273ページ。

　他の出資者は LP (Limited Partner) となる。組合は法人格を持たないので法人税を課税されないため，税制上有利である。またベンチャー企業への出資はきわめてリスクが高いため，出資者は高いリスクを回避できるように，無限責任ではなく有限責任であることが望ましい。そこでこのファンドの Vehicle (運営主体) として投資事業有限責任組合が，よく用いられることになる。かつて，日本においては，ファンドの Vehicle として民法上の組合が用いられていたが，一般の出資者 (LP) が無限責任であるという問題点があった。

　そこで，旧通産省が主導して，1998 年に「中小企業等投資事業有限責任組合契約に関する法律」が制定された。この法律は 2004 年に「投資事業有限責任組合契約に関する法律」に改正され，投資事業有限責任組合 (LPS) に出資する GP は無限責任であるが，LP は有限責任となった[7]。投資事業有限責任組合は，従来の組合 (任意組合，民法上の組合) と異なり，登記を必要とし，会計監査も必要であり，従来の組合よりコストがかかるため，小規模なファンドには向かない。そこで，Vehicle として投資事業有限責任組合を用いるのは，中規模以上のファンドで採用されることが多い[8]。

　組合は 2 人以上の出資者によって組成されることになっているため，ベンチャーキャピタルは複数の投資家 (金融機関，一般事業会社) から出資を募ってファンドを組成することになる。しかし，近年，銀行や保険子会社などは，親企業である銀行や保険会社とそのベンチャーキャピタル子会社の 2 社の 2 人だけでファンドを作るケースが多くなっている。これは，「二人組合 (ににんくみあい)」と呼ばれる形式である[9]。

　このタイプのファンドは，役員と従業員が親会社から派遣され，ハンズオンには余り熱心ではない，という特徴がある。

　事業会社が子会社としてベンチャーキャピタルを設立するケースも 90 年代から増えている。独立 (ブティック) 型のベンチャーキャピタルは，GP が積極的にファンドの運営に関わり，したがってハンズオンにも熱心である。シリコンバレーのベンチャーキャピタルは，ほとんどがこのタイプになる[10]。

　日本のベンチャーキャピタルの特徴は，母体となる企業を持っていることである[11]。これらのベンチャーキャピタルは母体となっている企業ごとに，金

138

図表9－3　二人組合の図

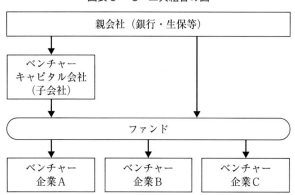

出所：磯崎哲也『起業のファイナンス』日本実業出版社，2010年，276ページ。

融系（証券会社，銀行，保険などの金融機関が母体となっているもの），事業系（商社，製造業，ソフト会社などが母体となっているもの），専門系ないし独立系（ベンチャーキャピタル出身者が母体となっているもの），公的キャピタル（国や地方自治体など公的機関によって設立されたもの）などに分類することができる。また，投資先ベンチャー企業の成長段階としては，従来投資リスクが比較的低い株式公開直前の企業への投資が多かったが，近年はスタートアップ段階への投資も増えている[12]。

　2018年のスタートアップへの投資の動向は，事業会社系や金融系の投資が増加しているのに対し，政府・大学系が横ばい，独立系の投資額は1社あたりでは減少している。すなわち，事業系の投資額は2174億円で，17年度比で31％増，金融系は804億円で同60％増であるのに対し，独立系ベンチャーキャピタルの投資額は430億円で，同18％増であった。出し手1社あたりの投資額は，事業系で11％増，金融系で73％増であるのに対し，独立系ベンチャーキャピタルは19％減とその差がきわだっている[13]。

　これは近年の事業会社や金融機関がオープン・イノベーションへの傾斜を強め，スタートアップへの投資を増強していることがスタートアップの企業価値を膨張させたのに対し，独立系ベンチャーキャピタルはスタートアップの企業価値の過大評価に気づき始め，投資に慎重になったためと考えられる。

図表 9 － 4　ベンチャービジネスへの投資動向

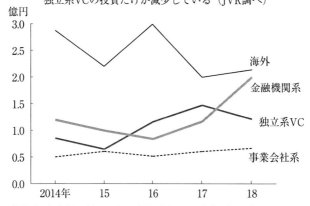

独立系VCの投資だけが減少している（JVR調べ）

(注)　投資会社 1 社あたりの総投資額の中央値（中央値は会社別に
　　　投資額を小さい順に並べた際の真ん中の値）
出所：『日本経済新聞』2019 年 3 月 11 日。

　ベンチャー企業への出資者にはベンチャーキャピタルのほかビジネス・エン
ジェル（エンジェル）がある。ベンチャー企業経営者の家族や友人のほか，成
功した起業家や専門性の高いビジネス経験者がエンジェルとなることが多く，
投資するだけでなく，ベンチャー企業経営者に対するアドバイスも行う[14]。
「欧米のエンジェルの平均像は，若いときにビジネスを複数経験し，特定分野
の専門知識を有し，かつ起業経験のある 50 歳前後の投資家」であるのに対し，
日本のエンジェルは「欧米と違い，自己資金ではなく，経営している企業から
出資されることが多い」[15]。

　ベンチャーキャピタルは通常，ベンチャー企業に対し，株式の形で出資し，
一定の期限の後にイグジットして投資を回収する。投資の回収には，ベンチ
ャー企業を上場すること，ベンチャー企業を他の企業に売却（M&A）すること
などの方法が用いられる。また，ベンチャーキャピタルは，IT 系のベンチャー
企業，バイオ系のベンチャー企業など投資先を特定の業種に絞っているのが一
般であり，アーリーステージ，成長段階など，ベンチャー企業の発展の特定の
段階に絞って投資することが多い。ベンチャーキャピタルの中には，たんに投
資するだけでなく，「戦略のアドバイス，鍵になる役員や技術者の紹介，戦略

的提携のセットアップ⁽¹⁶⁾」などの形で継続してベンチャー企業の支援をする
ものがある。ベンチャーキャピタルのこのような支援はハンズオン (Hands-On)
と呼ばれるが，ハンズオンの強弱には，ただ取締役会に月1回出席するだけの
ものから，ベンチャー企業の経営を技術面，営業面，戦略面で常にサポートす
るものまで，さまざまなものがある。

第3節　近年の日本のベンチャー企業を取り巻く環境変化

1．CVC の急増

　上場企業とベンチャー企業の事業提携件数は 2018 年 392 件と 2015 年の 2 倍
以上に増加した⁽¹⁷⁾。大企業が母体のベンチャー投資会社はコーポレートベン
チャーキャピタル（CVC）と呼ばれるが，2015 年以降 CVC の設立が急増し，
2017 年からは投資額も急増している。トヨタ自動車や JR 東日本などの旧来型
の大企業も次々と CVC を設立しているが，これらの大企業が新規事業の立ち
上げに焦りを感じていることの表れでもある。

図表 9 - 5　CVC の急増

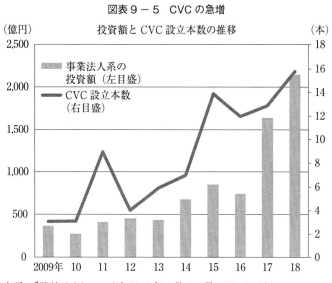

出所：『週刊ダイヤモンド』2019 年 4 月 6 日号，33 ページ。

図表9-6　主な国内CVC

ファンド，会社名	設立年	主な出資企業	ファンド総額
KDDI Open Innovation Fund	2012年	KDDI	300億円
YJキャピタル	12年	ヤフー	465億円
オムロンベンチャーズ	14年	オムロン	30億円
Sony Innovation Fund	16年	ソニー	100億円
JR西日本イノベーションズ	16年	西日本旅客鉄道	30億円
パナソニックベンチャーズ	17年	パナソニック	1億ドル
Toyota AI Ventures	17年	Toyota Research Institute（トヨタ自動車研究子会社）	1億ドル

出所：『週刊ダイヤモンド』2019年4月6日号，33ページ。

　旧来型の大企業は厳しい競争環境の変化の波にさらされているが，自社の経営資源だけではこの環境変化に対応できない。そこで，ベンチャー企業への投資によって，このような閉塞状況を打開しようとしている。

2．ユニコーンが育たない日本のベンチャー企業

　アメリカと比べると日本ではユニコーン（企業価値が1,000億円以上の未上場企業）の数が極めて少ない。アメリカでは150社を超えるユニコーンが存在するのに，日本ではわずか2社だけに過ぎない[18]。その理由としてあげられるのは，日本では新興企業向けの市場が整備されていること，VCの規模が小さいことなどであるとされている[19]。日本のベンチャー企業は東証マザーズなどの新興市場への上場をゴールとする企業が多く，比較的規模が小さい段階で上場し，その後成長が止まってしまうケースが多い。未上場の方が自由な経営によって事業を拡大しやすく，またアメリカではベンチャーキャピタルも上場ではなくM&Aによるイグジットが主流であるため，ユニコーンが育ちやすいといわれる。

　日本でユニコーンが少ない第2の理由は，ベンチャーキャピタルの規模が小さいことであり，100億円〜1,000億円の評価額の企業に投資できるベンチャーキャピタルは少ない。日本では金融系や事業会社計のCVCがベンチャー投資の中心となっているのに対し，アメリカでは，「大型の機関投資家による出資

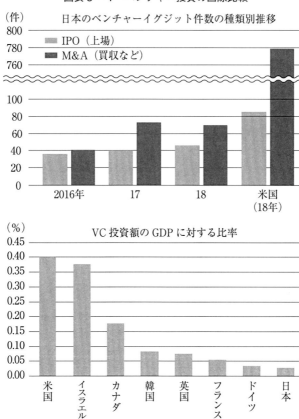

図表 9 - 7　ベンチャー投資の国際比較

出所：『週刊ダイヤモンド』2019 年 4 月 6 日号，35 ページ。

が 6 割を占めている」ため，巨額の投資が可能になる[20]。

　しかし，近年日本の機関投資家もベンチャー企業投資に注目するようになっており，この流れが加速すれば，欧米のようにベンチャー企業への投資が拡大することになる。とくに世界最大の機関投資家といわれ，約 160 兆円（2018 年度）の運用資産を持つ日本の GPIF（年金積立金管理運用独立行政法人）がベンチャーキャピタル出資への動きを見せていることに市場の関心が集まっている。

　日本では起業に成功し，獲得した資金を「エンジェル投資家」としてベンチャー企業を支援する元起業家も増加してきている[21]。

第4節　むすびに

　日本のベンチャーキャピタルの総投資額はアメリカの約30分の1程度であり，その規模も投資件数も海外に比べ大きく見劣りするものである。

　日本でスタートアップ企業が少ない理由のひとつはベンチャーキャピタル投資が不活発なためであることは明らかである。また，日本のベンチャーキャピタルは金融機関系のものが多いため，シード期やアーリー期への投資が少なく，上場直前の企業に投資して上場後すぐに資金を回収してしまう傾向が強いことは，第2節で述べた通りである。スタートアップの初期段階からハンズオンに熱心で，資金面以外からも支援を続けるようなベンチャーキャピタルが少ないことも日本で成功するベンチャー企業が少ない理由である。

　アメリカのベンチャーキャピタルのステージ別の投資額はシード10億ドル（186件），アーリー200億ドル（2,219件），エクスパンション222億ドル（1,146件），レイター159億ドル（829件）となっており，投資額全体に占める各ステージの比率はシードが約2%，アーリー，エクスパンション，レイターが各30%前後となっており[22]，各ステージに対しバランスよく投資が行われている。

📖**考えてみよう！**

　日本でベンチャーキャピタルの投資が少ないのはなぜか。その理由を考えよ。

【注】

（1）磯崎哲也『起業のファイナンス』日本実業出版社，2010年，36ページ，39-42ページ。
（2）磯崎哲也『起業のファイナンス』日本実業出版社，2010年，51ページ。
（3）磯崎哲也『起業のファイナンス』日本実業出版社，2010年，53ページ。
（4）ベンチャーエンタープライズセンター『ベンチャー白書2017』2017年，Ⅰ−50ページ。
（5）ベンチャーエンタープライズセンター『ベンチャー白書2017』2017年，Ⅰ−11ページ，Ⅰ−61ページ。
（6）磯崎哲也『起業のファイナンス』日本実業出版社，2010年，2010年，272-273ページ。

（7）磯崎哲也『起業のファイナンス』日本実業出版社，2010 年，275 ページ。

（8）磯崎哲也『起業のファイナンス』日本実業出版社，2010 年，275 ページ。

（9）磯崎哲也『起業のファイナンス』日本実業出版社，2010 年，275 ページ。

（10）磯崎哲也『起業のファイナンス』日本実業出版社，2010 年，276 ページ。

（11）秋山義継・松岡弘樹『ベンチャー企業経営論〔改訂版〕』税務経理協会，2015 年，
80 ページ。

（12）秋山義継・松岡弘樹『ベンチャー企業経営論〔改訂版〕』税務経理協会，2015 年，
81 ページ。

（13）『日本経済新聞』2019 年 3 月 11 日。

（14）秋山義継・松岡弘樹『ベンチャー企業経営論〔改訂版〕』税務経理協会，2015 年，
83 ページ。

（15）秋山義継・松岡弘樹『ベンチャー企業経営論〔改訂版〕』税務経理協会，2015 年，
83 ページ。

（16）磯崎哲也『起業のファイナンス』日本実業出版社，2010 年，278 ページ。

（17）『週刊ダイヤモンド』2019 年 4 月 6 日号，32 ページ。

（18）『週刊ダイヤモンド』2019 年 4 月 6 日号，34 ページ。

（19）『週刊ダイヤモンド』2019 年 4 月 6 日号，34 ページ。

（20）『週刊ダイヤモンド』2019 年 4 月 6 日号，35 ページ。

（21）『週刊ダイヤモンド』2019 年 4 月 6 日号，46 〜 53 ページ。

（22）国立研究開発法人科学技術振興機構研究開発戦略センター「海外の研究開発型ス
タートアップ支援」2018 年 3 月，9 ページ（https://www.jst.go.jp/crds/pdf/2017/
OR/CRDS-FY2017-OR-01.pdf）［2020 年 3 月 28 日閲覧］。

◆参考文献◆

秋山義継・松岡弘樹『ベンチャー企業経営論〔改訂版〕』税務経理協会，2015 年。

磯崎哲也『起業のファイナンス』日本実業出版社，2010 年。

『週刊ダイヤモンド』2019 年 4 月 6 日号。

『日本経済新聞』2019 年 3 月 11 日。

ベンチャーエンタープライズセンター『ベンチャー白書 2017』2017 年。

┌─ 事例9－1　Sequoia Capital（アメリカ）─────────────

世界最大のベンチャーキャピタルであるセコイア・キャピタル（Sequoia Capital）は，1972年にカリフォルニア州メロンパークでドン・バレンタインによって設立された。これまでアップル，グーグル（Google），ヤフー（Yahoo），ユーチューブ（YouTube），インスタグラム（Instagram），エアービーアンドビー（Airbnb），などの企業に投資してきた。これまでインキュベーション，シード，スタートアップ，早期，成長，後期など，ベンチャー企業のライフサイクルのほぼ全ての段階に投資してきた。また，セコイア・キャピタルの投資先は，エネルギー，金融，ヘルスケア，インターネット，モバイル，テクノロジーなど，広範な分野に及んでいる。

2019年時点での主要役員は，マイケル・J・モリッツ，ドナルド・T・バレンタイン，クリス・クーパー，ブレアシェーン，ダグラス・マウロ，レオーネなどである（ブルームバーグの非公開会社情報による）。会長のモリッツはイギリス・ウェールズ生まれのジャーナリストであり，「スティーブ・ジョブズの王国─アップルはいかにして世界を変えたか？」という Apple の初期についての本を書いたが，その後，セコイア・キャピタルに参加し，Google，Yahoo，Pay Pal などを成功に導いた。

複数のベンチャーキャピタルが同じベンチャー企業に共同出資することによって，ベンチャーキャピタル間に繋がりができ，この繋がりからベンチャーキャピタルのネットワークが形成される。ベンチャーキャピタルの業績は，このネットワークの多さに連動しているとする研究が近年注目されているが，ネットワークの多さでベスト5のベンチャーキャピタルは以下の通りであり，セコイア・キャピタルは2位にランクされている。

1．Draper Fisher Jurvetson
2．Sequoia Capital
3．Accel Partners
4．Intel Capital
5．First Round Capital

【参考】「強いネットワークを持つベンチャーキャピタルリスト，トップ100」
　　　　https://jp.techcrunch.com/2009/06/29/20090627the-top-100-networked-venture-capitalists/［2019年7月3日閲覧］

146

┌─ 事例9−2 ジャフコ（日本）─────────────────────

ジャフコ（JAFCO Co., Ltd）は，東京証券取引所第一部上場の日本最大のベンチャーキャピタルで，インキュベーション，ベンチャーへの投資やバイアウトなどの事業を手がけている。同社の HP によれば，インキュベーションへの投資では，医療機関，ヘルスケア，材料，ロボット，人口知能，新薬開発，再生医療など，医療や創薬への投資が大きなウェイトを占めている。

ベンチャー投資に関しては，スタートアップ，アーリーを中心に，多様な業種への投資を行っているが，国内のベンチャーキャピタル市場では圧倒的な業績を持っている。また，日本だけでなく，アメリカ，アジアを含む，世界の3市場に拠点を持ち，グローバルなネットワークを用いて投資，投資先支援を行っている。

投資先企業のうち IPO を行った著名企業には，コロプラ（2012 年），サイバーダイン（2014 年），マネーフォワード（2017 年），リクルート（2014 年），などがある。

バイアウト事業に関しては，1998 年から 2019 年3月までに，44 社に投資を行い，6 社の IPO，29 社の M&A を実現した。バイアウトの内容は，事業継承のための MBO や大企業からのスピンアウトの支援などが中心となっている。その他にグループ再編，事業再生などもこの事業領域で手がけている。

ジャフコは 1973 年，日本合同ファイナンス（株）として設立された。1982 年には日本初の投資事業組合を設立した。1984 年にアメリカに現地法人を設立したのを手はじめに，NOMURA/JAFCO INVESTMENT（ASIA）LTD を子会社化（1999 年）したほか，韓国（2001 年），中国（2017 年現地法人設立）などに現地法人を設立し，積極的にグローバル化を展開した。

同社のこれまでの累計投資社数は 3,981 社，累計投資先上場社数は 1,002 社である。また，2019 年現在の運用中ファンド数は 25 ファンド，コミットメント額は 3,591 億円である。

【参考】同社 HP。http://www.jafco.co.jp/about/［2020 年3月 28 日閲覧］
└────────────────────────────────────

第10章
ベンチャー企業のネットワーク

第1節　はじめに

　ベンチャー企業は創業してから間もないため，所有している経営資源が限定されている。この制約はベンチャー企業に限らず中小規模の企業が抱える経営課題の一つである。ベンチャー企業が経営資源の不足を補うためには，独自で経営資源を蓄積する方法と外部の経営資源を活用する方法が存在している。

　また，ベンチャー企業に限らず企業は，外部との接触により事業を展開しており，企業単独では成立しえない。このようなことからも，外部の企業との関係性をどのように構築してベンチャー企業は経営を行っているのかを検討する必要がある。つまりベンチャー企業が他社と良好な関係性を構築し，自社に不足している外部資源をいかに有効活用できるかが，ベンチャー企業の成長するための条件の１つとなる。その条件をクリアするためには，企業同士のつながり，経営者同士や他者とのつながりといった人的ネットワーク，さらにはそういった関係性を醸成していく場や空間などがどのような仕組みで成り立っているのかを把握しなくてはならない。

　本章では，企業同士が経営資源を相互に有効活用する方法として，エコシステムという概念を活用し，自社だけではなく他社との共存を志向することについて述べる。続いて，他社と共存するためにはお互いの位置づけを明確するためにアライアンス（連携）を締結することになるので，アライアンスについて鳥瞰する。また，ベンチャー企業が製品，商品，サービスについて他社を巻き込んで開発するオープン・イノベーションについても触れる。さらに，そうい

った企業間のアライアンスの前提となる人的なネットワークを活用することの重要性について，弱い紐帯やペイパルマフィアと呼ばれる人材の概念を用いて説明する。そして，ベンチャー企業が成長する場および空間として，シリコンバレーや東大阪などで有名なクラスター，インキュベーション，サイエンスパークといった集積の機能について論じていく。

第2節　ベンチャー企業のネットワーク形成過程

1．他社との連携の歴史

　ベンチャー企業が他社と連携してビジネスを行うこと自体は新しいことではない。たとえば，1980年代から90年代にかけて中小企業分野では異業種交流が注目された。これは，業種の異なった企業が複数集まり労働力や技術，ノウハウなどを出し合い，何らかの経済的成果を得るための活動であった。また，大企業と比べて事業分野が狭く，かつ技術力，マーケティング力，資金力等の面でのハンディキャップのある中小企業が，そのようなハンディを乗り越えるために比較的広範囲に業種を超えて結合し，互いの得意の技術，経営，マーケティング等のノウハウを提供し合って新しい事業を開発する動きとして融合化が中小企業白書に取り上げられたこともある。このように他社と連携してビジネスを進めることは以前から行われており，最近ではそういった動きが整理され，注目されている。

2．ベンチャー企業のネットワーク

（1）エコシステムとは何か

　エコシステムとはビジネスエコシステムやビジネスの生態系とも呼ばれ，企業を自然界における生態系の中の1つの存在として扱い，企業は他の様々な個体（企業など）や環境変化との関係性において影響を受けあいながら成長していくという概念である。かつて川上から川下までと評されていた生産から販売までつながる系列取引などもこの概念に相当し，最近では系列内の企業との関係に限らず，「新規事業創出にあたり，異業種の企業が互いに連携しながら個々の得意業

務を担当すること」も含まれる⁽¹⁾。また，企業だけではなく産学官連携といわれる大学や地方公共団体などと共同で取り組むことも含まれる。このようなことから，エコシステムとは自社以外の経営資源をいかに活用してビジネスを創出し行っていくのかという概念ということができる。なお，エコシステムについては，第14章　大学発ベンチャーにおいても紹介されるので，あわせて参考にせよ。

（2）アライアンスによる事業展開

先に学んだように他社と共同でビジネスを行う場合，その関係性が重要となる。エコシステムにおいて自社以外の企業などとの関係性，目的や企業間の親密さの度合いが異なることで，その企業戦略も変化する。そこでは自社で不足している経営資源を他社で補い，他社もまた自社の経営資源で補完するため，お互いに Win-Win となることが理想である。

企業と企業が何らかの形で共同で事業を進める場合，様々な形態があり，そのなかでアライアンスに該当するものが何かを明確することにより，アライアンスの定義がなされることになる。アライアンスは取引の対象が経営資源であり，それをお互いに活用することである。アライアンスの条件は3つある。1つ目は複数の企業が独立したままの状態で，合意された目的を追求するために結びつくことである。2つ目は，企業同士がその成果を分け合い，かつその運営に対してのコントロールを行うことである。3つ目は企業同士がその重要な技術や製品など戦略的分野において，一時的ではなく継続的な寄与を行うことである⁽²⁾。

企業と企業の結びつきは企業間結合と呼ばれる（図表10－1）。企業間結合には，契約によって企業が結びつく形態である契約的結合，何らかの資本を提供しあうことによって企業が結びつく形態である資本的結合の2つがある。契約的結合は，伝統的契約（通常の売買取引，フランチャイズ，ライセンス，クロスライセンス）と非伝統的契約（共同研究，共同製品開発，生産委託，共同生産，共同マーケティング，販売協力，研究コンソーシアム）に分類される。資本的結合は，資本移転（少数出資，株式交換），資本創出（対等ジョイントベンチャー，非対等ジョイントベンチャー），資本解消（M&A）の3つに分類される。このうち，非伝統的契約，資本移転，資本創出の3つがアライアンスに該当する。

図表 10 － 1　アライアンスの枠組み

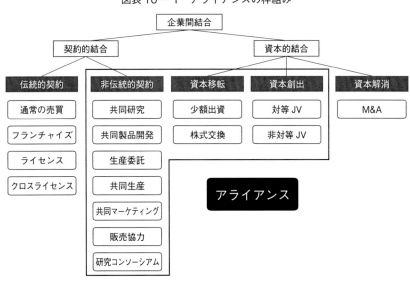

出所：安田洋史『新版アライアンス戦略論』NTT 出版，2016 年，19 ページ。

　ベンチャー企業がアライアンスとして活用できるのは，上記のうち非伝統的契約である。資本移転や資本創出もベンチャー企業は活用できるが，経営資源の不足を解消するという視点からみれば，他社の経営資源を活用できる非伝統的契約が初期段階では妥当といえよう。

３．ベンチャー企業のイノベーション企業の研究開発
（１）企業の研究成果としての特許等
　ベンチャー企業を含む中小規模の企業は，限定された経営資源を駆使しその存在意義や競争の源泉を特許等の権利に集約することがある（図表10 － 2）。特許庁が毎年発表している『特許行政年次報告書』によると，特許申請件数約 25 万件のうち，中小企業の申請割合は 37,793 件で 14.9 ％である。同様に，実用新案登録出願件数のうち中小企業の比率は 55.8 ％，意匠登録出願件数は 37.3 ％，商標登録出願件数は 61.4 ％が中小企業である[3]。実用新案や意匠，商標などは中小規模の企業でも出願割合が比較的多いが，特許になるとその数値

図表 10 - 2 中小企業の特許等の申請件数推移 （件）

（年）	特許	実用新案登録	意匠登録	商標登録
2013	33,090	2,985	9,375	49,031
2014	35,007	2,757	8,507	49,514
2015	36,017	2,733	8,467	64,241
2016	39,624	2,599	8,973	78,907
2017	39,880	2,476	9,139	94,005
2018	37,793	2,127	8,741	89,158

出所：特許庁『特許行政年次報告書 2018 年版』2018 年，62 ページおよび
『特許行政年次報告書 2019 年版』2019 年，52 ページ。

は低く，独自の研究開発による特許申請が困難であると推察できる。

　このような数値から判断すると，中小規模の企業に該当するベンチャー企業
は独自での研究開発には限界があり，いかに他社の経営資源を活用できるかが
重要となる。

（2）企業のイノベーションの方法
　企業が新たな技術の開発や新しいビジネスモデルを開発することをイノベー
ションと呼ぶ。その際，どのように企業にてイノベーションが起きるかを研究
したのが H. チェスブロウで，彼はイノベーションの概念をクローズド・イノ
ベーションとオープン・イノベーションに整理した。

　　クローズド・イノベーションは「成功するイノベーションはコントロー
　ルが必要である」という信条に基づく。起業は自分でアイデアを発展さ
　せ，マーケティングし，サポートし，ファイナンスしなければならない
　ということである。このパラダイムはすべて自分でやってしまおうとい
　う考えており，他人の能力は信用できないと考えている[4]。

　このように研究開発などイノベーションを自社の中で完結しようとするモデ
ルをクローズド・イノベーションと呼ぶ。クローズド・イノベーションは従来
型のイノベーションであり，これまで日本企業が行ってきていた自社独自で研

図表 10 − 3　オープン・イノベーションによる研究開発マネジメント

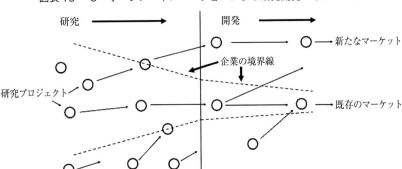

出所：Chesbrough, H. W., *Open Innovation*, Harvard Business School Press, 2003（大前
恵一朗訳『OPEN INNOVATION』産業能率大学出版部，2004 年，9 ページ）．

究開発を行い独占してビジネスを行う閉鎖的なモデルである。しかし，時代の
流れとともに，多くの商品や製品，サービスがマーケットに送り出されるまで
の時間が短縮化されたこと，新製品のライフサイクルが短くなったこと，顧客
やサプライヤーが知識を持つようになり利益をあげづらくなったこと，海外の
企業との競争が激化したことなどから，従来型のクローズド・イノベーション
が効果的なプロセスではなくなった[5]。そこで登場したモデルがオープン・
イノベーションである。

　　そこで，新しいアプローチ（私はそれを「オープン・イノベーション」と名づ
　　ける）が出現した。企業が技術革新を続けるためには，企業内部のアイデ
　　アと外部（他社）のアイデアを用い，企業内部または外部において発展さ
　　せ商品化を行う必要がある。オープン・イノベーションは，企業内部と
　　外部のアイデアを有機的に結合させ，価値を創造することをいう。オー
　　プン・イノベーションは，アイデアを商品化するのに，既存の企業以外
　　のチャネルを通してマーケットにアクセスし，付加価値を創造する[6]。

　　オープン・イノベーションは，企業内だけではなく企業外の経営資源，アイ

デアを有効活用することによって，新たなマーケットにアクセスするビジネスモデルといえる。この概念を活用することでベンチャー企業は，自社以外のビジネスアイデアを取り込む，もしくは外部と連携してビジネスサイクルを継続していくことが可能となる。

　また，オープン・イノベーションは，「インバウンド型」，「アウトバウンド型」，「連携型」の3つに分類できる。インバウンド型は，外部の技術やアイデアを企業内部に取り込み開発するケースである。アウトバウンド型は，自社の技術を外部に発信し，活用できる相手を模索するケースである。連携型は，さらに広範囲にアイデアや事業プランを募って新しい事業につなげるケースである。

4．外部との連携の構築に向けて

　企業が外部の企業と連携する場としてこれまで地理的な視点から整備されてきた。クラスター，インキュベーション（インキュベーション施設)，サイエンスパークといったものであり，ここではそれらを概観していく。

（1）クラスターの形成

　クラスターとは産業クラスター，地理クラスターとも言われる。新しいビジネスが創出され続けるような環境を整備することで，競争優位を持つ産業が核となって地域経済が発展する状態のことをいう。また，クラスターの概念をポーターは「特定分野の企業，専門性の高い供給業者，サービス提供者，関連した業界に属する企業，支援機関・関連機関（大学，規格団体，業界団体など）が地理的に集中し，競争しつつ同時に協力している状態」と定義している[7]。以前は産業集積，工業集積という用語が用いられていた。経済産業省は産業クラスター政策として2001年から2020年までを三期に分けて国の競争力構築を目指している。

　地域の中堅中小企業・ベンチャー企業だけでなく，大学，研究機関，行政機関などが相互に連携することがクラスターにとって必要条件である。ポーターはクラスターを形成し競争優位を構築するための4つの要素は，①要素条件，②関連産業・支援，③競争環境，④需要条件としている。これらの要素を活用することで，クラスターにおいてイノベーションが起こる。

図表 10 - 4

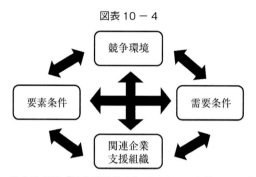

出所：Porter，竹内弘高訳『競争戦略論Ⅱ』ダイヤモンド社，1999年，83ページ。

（2）インキュベーションの設立

　インキュベーションとは孵化を意味する単語であり，ビジネスや事業の創出，創業支援サービスなどの活動のことである。これらのサービスを提供する場所をインキュベーション施設（インキュベーター）という。1980年代以降にインキュベーションとしての創業支援施設が創設された。それ以前は貸工場などを活用し，中小企業の従業員が独立して創業していた。しかし，新規創業数の減少が顕著になってからは，貸工場といったハードの提供だけではなく，ソフト面での支援が必要となった。そこで，経営相談，研究開発支援などを提供することで，ベンチャー企業の創業や成長を促すことを行うのがインキュベーションの目的となる。前述のクラスター内でも中核を担う施設としてインキュベーションが位置づけられる。最近では，地方公共団体や民間企業，大学等がインキュベーション施設を設置し，創業支援を行っている。

（3）サイエンスパークの設立

　サイエンスパークは1990年代に日本で注目された研究開発や産学連携のための産業拠点である。イギリスやアメリカといった先進事例を参考にして，日本にも導入されたシステムである。また，ベンチャー企業の支援や研究開発施設の提供を行う不動産ビジネスともいわれる。

　　サイエンスパークとは，ビジネス支援や技術移転を先導する拠点であ

図表10−5　全国のインキュベーション施設（抜粋）

北海道・東北	中部・北陸
北大ビジネス・スプリング 東北大学連携ビジネスインキュベーター （T-Biz）	クリエイション・コア名古屋 名古屋医工連携インキュベーター （NALIC） いしかわ大学連携インキュベーター （i-BIRD）
関東	立命館大学 BKC インキュベーター
東大柏ベンチャープラザ 東工大横浜ベンチャープラザ 慶應藤沢イノベーションビレッジ （SFC-IV） 浜松イノベーションキューブ （HI-Cube） ベンチャープラザ船橋 千葉大亥鼻イノベーションプラザ 和光理研インキュベーションプラザ 農工大・多摩小金井ベンチャーポート	D-egg（同志社大学連携型起業家育成施設） 京大桂ベンチャープラザ クリエイション・コア京都御車 神戸医療機器開発センター（MEDDEC） 神戸健康産業開発センター（HI-DEC） 彩都バイオインキュベータ 彩都バイオイノベーションセンター クリエイション・コア東大阪
中国・九州	
岡山大インキュベータ 福岡システム LSI 総合開発センター クリエイション・コア福岡 くまもと大学連携インキュベータ ながさき出島インキュベータ	

出所：独立行政法人中小企業基盤整備機構 HP（https://www.smrj.go.jp/incubation/index.
html）［2020 年 3 月 28 日閲覧］より筆者作成。

　り，イノベーションをリードし，ハイテク企業のスタートアップを支援
する拠点であり，大学・高等教育機関及び研究機関等の知識創造センター
と公的で機能的な連携をする拠点である[8]。

　アメリカでは 1950 年代にスタンフォード大学を中心として発展したシリコ
ンバレー（詳細は後述）がサイエンスパークの始まりとされている。また，イ
ギリスでは 1970 年代に整備され 1980 年代には地域経済の施策として注目を集
め，ケンブリッジシャーにケンブリッジ・サイエンスパークが建設された。日
本では川崎市のかながわサイエンスパークが 1989 年に開設され，日本初のサ
イエンスパークとなった。また，工業団地と呼ばれる工業用に区画，整備され

156

た土地もサイエンスパークとして産学連携の拠点として活用されている。

第3節　新しい外部との連携の概念

　ベンチャー企業が外部とネットワークを構築するにあたって，関係性に視点をおいた概念が注目されている。ベンチャー企業のように限定された経営資源だけで事業の継続，発展をしていくだけではなく，ネットワークを通じて外部の資源を活用しているケースがみられる。このような外部の資源との関係性の概念を見ていこう。

1．ソーシャル・キャピタルと弱い紐帯
　ソーシャル・キャピタルとは社会関係資本と呼ばれ，人々の間の協調的な行動を促す「信頼」，「互酬性の規範」，「ネットワーク（絆）」から構成されている[9]。また，ソーシャル・キャピタルは人々が何らかの行為を行うためにアクセスし活用する社会的ネットワークに埋め込まれた資源とも言われる[10]。ソーシャル・キャピタルをビジネスに活用し，事業展開をしているベンチャー企業もある。信頼や規範，ネットワークといったソーシャル・キャピタルによって関係性を構築し，ビジネスチャンスにつなげるのである。
　また，弱い紐帯という概念がある。これは新規性の高い価値ある情報は，自分の家族や親友，職場の仲間といった社会的つながりが強い人々（強い紐帯）よりも，知り合いの知り合い，ちょっとした知り合いなど社会的つながりが弱い人々（弱い紐帯）からもたらされる可能性が高いというグラノヴェッターが提唱した概念である。弱い紐帯については第13章において，ボーングローバル企業においても紹介される。海外へのアクセスへのハードルが低くなる中，弱い紐帯は重要な概念である。

2．新しいネットワーク概念の活用
（1）シリコンバレー
　シリコンバレーは，アメリカ合衆国カルフォルニア州にある地域サンタクラ

ラバレーとこの地域に集積していた企業にシリコンチップメーカーが多かったことに由来する造語である。1970年頃からシリコンバレーという名称が使用されるようになった。これまで見てきたようなサイエンスパークとして形成されたシリコンバレーでは多くのITベンチャー企業が誕生し注目されている。たとえば，Apple や Intel，Google，Yahoo などがシリコンバレーで誕生している。また，企業価値が10億ドル以上の未公開企業であるユニコーン企業が数多く存在し，ベンチャーキャピタルも存在している。

　シリコンバレーがここまで世界から注目されるようになったのは，シリコンバレーで働く人々の弱い紐帯が影響している。ベンチャー企業がエコシステムを最大限に活用できるビジネスが存在し，また，将来の経営者と意欲を持つ人々が出会える空間が多数存在している。ビジネス上で知り合った人たちだけでなく，生活する中で知り合った人が将来のビジネスパートナーや投資家となりうる。こういうネットワークこそソーシャル・キャピタルであり，人脈や絆の形成がシリコンバレーの強みの1つである。

（2）ペイパルマフィア
　ペイパルマフィアとは，電子決済会社 PayPal の創業者メンバーのことである。家族同士のつながりという意味合いでマフィアという言葉が使われている。同社が eBay に15億ドルで買収された後，彼らは投資家になったり，創業支援したり，シリアルアントレプレーナーとして新たなビジネスを創業している。彼らはお互いに出資したり支援したりして世界有数の企業に成長させており，こういった流れをマフィア・エコシステムと呼ぶ。

　ペイパルマフィアには，PayPal の初代 CEO で現在投資家のピーター・ティール，TESLA の CEO であるイーロン・マスク，YouTube 創業者のスティーブ・チェン，LinkedIn 創業者のリード・ホフマンなどがあげられる。

第4節　むすびに

　ベンチャー企業は成長のためにあらゆる手段を講じて成長していく。その中に

自社だけではなく外部の経営資源をいかに取り込んでいくかが重要事項である。自前の経営資源だけでは不十分な場合，アライアンスなどで外部資源の有効活用を模索する。また，ベンチャー企業を育成するための支援機関も整備され，サイエンスパーク，工業団地，クラスターといった空間の整備が進められてきた。

しかし，空間整備だけではシリコンバレーの成功を追随できない現実があり，その原因が何であるのかが数多く研究されてきた。そこでシリコンバレーの成功には空間の中に存在する新たな経営資源，すなわちソーシャル・キャピタルの概念が注目されるようになった。さらには，知り合いの知り合い，昔仕事をした仲間など弱い紐帯がビジネスチャンスをもたらすことがわかってきたのである。さらに，信頼や関係性を活用して各々が違った事業を展開し，成功するようなペイパルマフィアといった集団も登場した。

このような流れは，日本でも見られる。かつて日本でも重要視されていた絆を見直す時期といえる。サイバーエージェントを設立した藤田晋氏も彼の著書のなかで，ビジネスの節目には何らかのネットワーク，日本的に言うならば人脈によって事業展開や危機を乗り越えてきたと述べている。ベンチャー企業は経営資源の獲得，活用が必要であり，そのためには経営者や従業員が有するネットワークが礎になり発展していく。その条件としては，信頼，絆，そして近江商人の三方よしの精神である互酬性が求められるといえよう。

📖 考えてみよう！

日本で成長している企業のうち，本章で学んだアライアンスや弱い紐帯といったネットワークを活用している企業はどこか考えてみよ。

【注】

（1）西野和美「やさしい経済学」日本経済新聞および2018年3月9日，内平直志「やさしい経済学」日本経済新聞，2019年5月30日。
（2）安田洋史『新版アライアンス戦略』NTT出版，2016年，13ページ。
（3）特許庁『特許行政年次報告書2019年版』2019年，52ページ。
（4）Chesbrough, H. W., *OPEN INNOVATION*, Harvard Business School Corporation, 2003（大前恵一朗訳『OPEN INNOVATION』産業能率大学出版，2004年，5ページ）.

（5）Chesbrough, H. W., *OPEN INNOVATION*, Harvard Business School Corporation, 2003（大前恵一朗訳『OPEN INNOVATION』産業能率大学出版, 2004 年, 7 ページ）.

（6）Chesbrough, H. W., *OPEN INNOVATION*, Harvard Business School Corporation, 2003（大前恵一朗訳『OPEN INNOVATION』産業能率大学出版, 2004 年, 8 ページ）.

（7）Porter, M. E., *On Competition*, Harvard Business School Press, 1998（竹内弘高訳『競争戦略論Ⅱ』ダイヤモンド社, 1999 年, 70 ページ）.

（8）鈴木茂『イギリスの都市再生とサイエンスパーク』日本経済評論社, 2017 年, 16 ページ。

（9）稲葉陽二『ソーシャル・キャピタル入門』中公新書, 2011 年, 23 ページ。

（10）Lin, N., *Social Capital*, Cambridge University Press, 2001（筒井淳也, 石田光規, 桜井政成, 三輪哲, 土岐智賀子訳『ソーシャル・キャピタル』ミネルヴァ書房, 2011 年, 32 ページ）.

◆参考文献◆

Chesbrough, H. W., *OPEN INNOVATION*, Harvard Business School Corporation, 2003（大前恵一朗訳『OPEN INNVATION』産業能率大学出版部, 2004 年）.

Lin, N., *Social Capital*, Cambridge University Press, 2001（筒井淳也, 石田光規, 桜井政成, 三輪哲, 土岐智賀子訳『ソーシャル・キャピタル』ミネルヴァ書房, 2011 年）.

Piscione, D. P., *Secrets of Silicon Valley*, St. Martin's Press, 2013（伊佐山元, 桃井緑美子訳『シリコンバレー最強の仕組み』日経 BP, 2014 年）.

Porter, M. E., *On Competition*, Harvard Business School Press, 1998（竹内弘高訳『競争戦略論Ⅱ』ダイヤモンド社, 1999 年）.

稲葉陽二『ソーシャル・キャピタル入門』中公新書, 2011 年。

許伸江『産業クラスターの進化とネットワーク』税務経理協会, 2018 年特許庁『特許行政年次報告書 2018 年版』2018 年。

特許庁『『特許行政年次報告書 2019 年版』2019 年。

中村裕一郎『アライアンス・イノベーション』白桃書房, 2013 年。

日経 BP『日経ビジネス』2019 年 7 月 15 日号。

藤田晋『渋谷ではたらく社長の告白』幻冬舎文庫, 2013 年。

星野達也『オープン・イノベーションの教科書』ダイヤモンド社, 2015 年。

前田啓一, 池田潔編『日本のインキュベーション』ナカニシヤ出版, 2008 年。

安田洋史『新版アライアンス戦略』NTT 出版, 2016 年。

> **事例10−1** Facebook
>
> 　Facebook は SNS を提供するアメリカの企業である。同社はマーク・ザッカーバーグを中心に，エドゥアルド・サベリン，ダスティン・モスコビッツ，アンドリュー・マッコーラム，クリス・ヒューズらとハーバード大学時代に設立された。
>
> 　Facebook が提供するサービスは，学生時代の友人，同僚，取引先，特定のグループなどを構成し，仲間と交流を図るものである。同社のビジネスモデルは広告収入および個人情報の収集と活用である。
>
> 　Facebook が目指しているものは「The Facebook ecosystem」であり，Build，Engage，Amplify の 3 つのステップが重要とされている。まず，ユーザーはアクセスし，交流し，広げていき，関係性を構築していくことが Facebook の目的である。その過程の中で「いいね！」や口コミを介してネットワークの土台が作られていく。
>
> 　こうして出来上がった弱い紐帯は，ビジネスへと発展していく可能性を秘めている。知り合いの知り合いが Facebook 上でつながったり，かつてのクラスメイトと再会して取引が発生したりすることをユーザーは体験するのである。まさにソーシャル・キャピタルとしての存在の提供および他のソーシャル・キャピタルを発見する空間なのである。
>
> 　Facebook は GAFA（Google，Apple，Facebook，Amazon）の 4 社のうちの 1 つであり，4 大プラットフォーム提供会社である。現在も画像共有アプリである Instagram やメッセージ送信アプリである WhatsApp を新サービスとして開始し，ユーザーのネットワーク構築のためのプラットフォームを提供している。ここまで同社が進展した要因としては，社会的なニーズとして人とのつながりがあったからであろう。
>
> 【参考】デビッド・カークパトリック『フェイスブック　若き天才の野望』日経 BP，2011 年。

┌───

事例10－2　Spiber

　慶應義塾大学先端生命科学研究所（IBA）は山形県鶴岡市の鶴岡タウンキャンパスに 2001 年に開設されたバイオ研究所である。鶴岡市は人口流出対策として企業だけでなく大学などを山形県と共同で誘致するため，「鶴岡サイエンスパーク」を立ち上げた。そこに誕生したのが先端生命科学研究所である。

　研究所の成果としていくつかのベンチャー企業が誕生しており，その中の一つに Spiber がある。同社はクモの糸といった高機能構造タンパク質を人工的に合成・生産し，次世代バイオ素材として実用化するための研究開発している。同社の社名はスパイダーとファイバーを組み合わせて付けられた。

　Spiber が開発した人工のクモの糸は，鉄よりも強度があり，ナイロンよりも伸縮性がある。この繊維を活用し Spiber は，様々な企業と連携している。たとえば，ゴールドウィンと共同で人工のクモの糸繊維で The North Face ブランドでウェアを開発し，2019 年 12 月に発売された。また，小島プレス工業と連携し，共同で生産拠点を新設し，自動車部品の生産を行っている。トヨタ自動車とはレクサスブランドにおいて自動車のシートを共同開発している。さらに，毛髪事業を展開するアデランスからは出資を受けて，たんぱく質由来の人工毛を開発し，ウィッグの製造を行っている。

　Spiber のこういった動きはエコシステムを活用したオープン・イノベーションといえよう。また，鶴岡市を舞台として大学を中心としたシリコンバレーを作り出そうとしている動きといえる。Spiber は他社との連携だけにとどまらず，ベンチャーキャピタルや金融機関からの出資を受け入れている。先駆的なベンチャー企業の創業者たちが将来，さらに独立し起業すれば，鶴岡マフィアができるかもしれない。

【参考】「日本経済新聞」2013 年 5 月 25 日朝刊，12 面。

───┘

第11章
ベンチャー支援

第1節　はじめに

　革新的技術をもったベンチャー企業が次々と台頭し，新しい技術を社会に浸透させるだけでなく，新しい知的なスキルを必要とする雇用を生み出していくならば，経済が活性化し，また古い企業が新しい技術をもった企業に置きかえられていくことによって社会の新陳代謝を促進することになる。革新的な技術が企業や社会に浸透していくことは，社会全体の生産性を高め，社会生活のスタイルも変えていくことになる。日本では，1990年代以降のいわゆる「失われた20年」の時代は経済が低迷し，企業の国際競争力の低下や労働者の所得の低迷をもたらしたが，その一因としてベンチャー企業の成功がきわめて少なかったことをあげることができる。それは，アメリカや中国，イギリスなどにおける成功したベンチャー企業を日本と比較すれば歴然としている。アメリカや中国がベンチャー企業の育成に成功したのは，優れたベンチャー支援体制を整備したからでもある。

　ベンチャー支援の主体には，政府，自治体，大学，民間などがあるが，たとえば，アメリカではこれらの支援主体がベンチャー集積地を構築し，総合的，重層的に支援を行っている。しかも複数の支援主体がベンチャー企業の事業計画，創業，事業化，事業拡大，株式公開という成長段階に対して切れ目なく支援を行っている。エンジェルやベンチャーキャピタルのような民間の支援が盛んなこともアメリカのベンチャー支援の特徴である。たとえば，アメリカには（起業に成功した）エンジェルと呼ばれる多数の民間のベンチャー支援者が存在

し，資金面でベンチャー企業を支えるだけでなく，自身の経験を生かし有益な
アドバイスも行っている。そして政府はエンジェルに対し，エンジェルの投資
から得られた利益への課税を優遇するエンジェル税制という法律を制定し，エ
ンジェルを支援している。

　また，ベンチャーキャピタルはベンチャー企業に投資して利益を得ることを
目的としているが，アメリカには種々のベンチャーキャピタルが存在し，ベン
チャー企業の各成長段階に特化したベンチャーキャピタルが次々と切れ目なく
資金を提供するほか，各成長段階に必要とされる種々のサービスの提供も行っ
ている[1]。

図表 11 － 1　ベンチャー・キャピタルによる資金内容とサービスの種類

ベンチャー企業成長ステージ	提供資金内容	提供するサービス
スタート・アップ期	設立・開業資金提供	事業計画策定支援 最適経営チームの組成支援
急成長期	成長資金提供	人材紹介 販売チャネルの開発支援
株式公開直前	財務体質強化資金提供	資本政策アドバイス 公開準備コンサルティング
株式公開以降	公募増資支援	情報公開コンサルティング 提携・M&A の仲介

出所：太田実「ベンチャー企業支援のインフラ整備」秋山義継・松岡弘樹編著『ベン
　　　チャー企業経営論〔改訂版〕』税務経理協会，2015 年，80 ページ。

　アメリカのベンチャーキャピタルは投資先企業の企業価値を高めるための支
援を積極的に行うことが多い。これはバリューアップ活動と呼ばれ，「企業経
営に関する見識や，投資先企業の持つ技術への理解，ビジネスの経験や人脈を
持つベンチャーキャピタリストを投資先企業に派遣することによって行われ
る」[2]。一方，日本ではベンチャーキャピタリストが少なかったこともあり，
これまでバリューアップ活動はあまり行われてこなかった。

　本章では，政府・地方自治体，インキュベーションなどによるベンチャー支
援と起業家教育などについて，アメリカの事例などを参考に，日本の現状と課
題についてみていくことにする。

第2節　政府・地方自治体の支援

　政府によるベンチャー企業支援には，金融支援やイベント開催事業などがある。また，法律の制定や税制などの面からもベンチャー企業を支援している。日本では，政府による金融支援は，経済産業省や中小企業庁などが，中小企業基盤整備機構を介して行う方法と日本政策金融公庫，商工組合中央金庫を介して融資する方法などがある（図表11 - 2）。中小企業基盤整備機構は各地方自治体に設立されたベンチャー財団を介して直接・間接にベンチャー企業に資金支援を行っている[3]。日本政策金融公庫，商工組合中央金庫は「新創業融資制度」などの名称でベンチャー企業への融資を行っている（中小企業金融公庫と国民生活金融公庫は2008年10月1日に解散し，その業務は新設の日本政策金融公庫に継承された：引用者注）。

　資金面以外の政府のベンチャー企業支援にはベンチャープラザやベンチャー

図表11 - 2　政府によるベンチャー企業への金融支援の仕組み

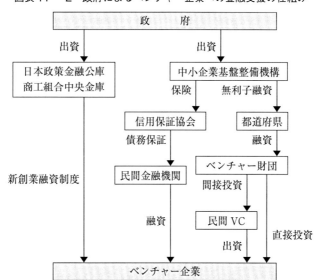

出所：太田実「ベンチャー企業支援のインフラ整備」秋山義継・松岡弘樹編著『ベンチャー企業経営論〔改訂版〕』税務経理協会，2015年，85ページを参考にして作成。

フェアをあげることができる。ベンチャープラザは，ベンチャー企業と取引先，資金提供者などとのマッチング事業であり，ベンチャーフェアはベンチャー企業の製品・サービスの展示会である[4]。

　しかし，アメリカでは政府が法律の制定や制度の新設などによって，大学や民間企業，経験豊富な起業家などを巻き込んだ，総合的なベンチャー支援に取り組み，成果をあげてきた。そこでまず，アメリカにおける取り組みについてみていくことにする。

1．アメリカ政府によるベンチャー支援

　政府が金融的側面からだけでなく，立法，政府機関や大学からの技術移転，起業家育成など，総合的にベンチャー企業の支援を行い大きな成果をあげてきたのはアメリカである。日本政府のベンチャー支援はアメリカから大きく遅れ，アメリカをモデルとして積極的に取り組みが始まったのはつい最近のことである。そこでまず，政府によるベンチャー企業支援で先行するアメリカのベンチャー支援についてみていくことにしよう。

　1970 年代のアメリカは，企業の国際競争力の低下，低い生産性と高失業率に悩んでいた。その一方，日本の産業の国際競争力は急速に向上し，電気や自動車などの分野ではアメリカをしのぐようになった。アメリカの産業の輸出競争力は低下していき，貿易赤字は対日本を中心に，拡大する一方であった。産業競争力の低下に危機感を抱いたアメリカ政府は，バイ・ドール法，スティーブンソン・ワイドラー法の制定や SBIR 制度の整備などの法律制定や制度の創設によって，スタートアップ（ベンチャー企業）支援の促進という形で，産業競争力の強化を目ざした。2011 年には，オバマ大統領が，資金アクセスの向上，起業人材の育成，規制緩和，技術移転の加速化などを内容とする「スタートアップ・アメリカ・イニシアチブ」を開始し，ベンチャー企業支援を促進した[5]。

　1980 年にアメリカで制定されたバイ・ドール法（Bayh-Dole Act）は，民主党のバーチ・バイ上院議員と共和党のロバート・ドール上院議院が中心になって成立させた法律である。当時アメリカでは，国の資金を使った委託研究の成果

は全て国に帰属することになっており，委託研究に参加した民間や大学の発明者はその成果を自由に使うことができなかった。この制度がアメリカにおける発明のインセンティブを大きく低下させてきたとの認識にもとづき，バイ・ドール法は政府資金による研究開発から生じた発明や特許を民間に帰属させることを定めた[6]。バイ・ドール法の制定以降，政府資金による研究開発が活性化し，その成果の民間企業での利用が盛んになり，ベンチャー企業が次々に設立され，アメリカの産業競争力が強化されることになった[7]。

ちなみに，日本ではアメリカのバイ・ドール法をモデルにして，日本版バイ・ドール制度が，1999年の「産業活力再生特別措置法第30条」で導入されることになった。その後，日本版バイ・ドール法は2007年に産業技術力強化法第19条」に移管された後，2019年には「不正競争防止法の一部を改正する法律」において規定されることになった。現在，日本では，政府の委託研究開発は，ほぼ全ての契約において日本版バイ・ドール規定が適用されており[8]政府が出資して得られた技術や特許の民間移転が進められた。

スティーブンソン・ワイドラー法（Stevenson-Wydler Technology Innovation Act）は，政府の資金で行った研究成果を民間企業に移転することを促進するための法律で，バイ・ドール法と同じ1980年に制定された。具体的には，研究所を持つ省庁は技術移転の担当部署を設置し，技術移転担当の職員を置くことなどを定めている。

「スタートアップ・アメリカ・イニシアチブ」は，経済成長と雇用創出のために起業を促進することを目的として，2011年にオバマ大統領（当時）が実施した一連のプログラムである。このプログラムは①資金アクセスの向上，②起業家とメンターの連携，③規制緩和，④研究室から市場へ，⑤市場機会の誘発の5つのテーマをもち，官民が共同で実施することになっている[9]。

アメリカでは1980年のバイ・ドール法以降，政府がベンチャー企業を支援する施策が次々と打ち出されてきた。1982年に制定された中小企業イノベーション開発法にもとづき，中小企業技術革新（Small Business Innovation Research：SBIR）制度が始まった[10]。これは外部委託研究費が1億ドルを超える政府機関に対し，その2.5%以上をハイリスクのイノベーション・アイデア

図表 11 − 3　スタートアップ・アメリカ・イニシアチブの主なプログラムの概要

5つのテーマ	プログラム	内　容
資金アクセスの向上	インパクト投資枠の設立	貧困エリアや省エネルギーを対象としたビジネスへの投資（10 億ドル 5 年）
	アーリーステージ投資枠の設立	高成長のアーリーステージ企業に対する投資（10 億ドル 5 年）
	Job Act の制定	クラウドファンディングが可能に
起業家とメンターとの連携強化	グリーンエネルギー・アクセラレーター・ファンディング	グリーンエネルギー分野の起業家とメンターを結びつけるための仕組みを構築し，異分野にも展開
	グリーンエネルギー・ビジネスコンテスト	大学生を対象にビジネスコンテストを実施（賞金総額 200 万ドル）
	青年向け起業家教育の拡大	学校教育への起業家教育の組み込み・スタートアップチャレンジの開催
規制緩和	特許プロセスの迅速化	ファストトラックの導入
研究室から市場へ（Lab to Market）：革新的技術の移転の加速化	I-Corps	大学の研究者に対する起業家教育とイノベーションネットワークの構築
	I6Challenge の設立	地域レベルのイノベーションの加速化
	Jobs and Innovation Accelerator Challenge の設立	16 省庁が共同で地域のイノベーションクラスターの支援を行う
市場機会の誘発	政策チャレンジの開催	イノベーション加速のための政策アイディアを国民から募集

出所：国立研究開発法人　科学技術振興機構　研究開発戦略センター「海外の研究開発型スタートアップ支援」2018 年 3 月，15 ページ。（https://www.jst.go.jp/crds/pdf/2017/OR/CRDS-FY2017-OR-01.pdf）［2020 年 2 月 24 日閲覧］。

に資金提供することを法律で義務付けるものである。また 1992 年に制定された中小企業研究開発法により，中小企業技術移転（Small Business Technology Research：STTR）制度がスタートした。これは，外部委託研究費が 10 億ドルを超える政府機関に，その 0.3％以上を STTR にあてることを義務付けた法律である[11]。

　このようにアメリカでは，政府資金によるベンチャー企業支援を法律で義務付け，政府や大学の研究成果を民間に移転する制度を設けてベンチャー企業支援を行ってきているのであるが，これらの SBIR，STTR による助成に対しては返済の義務がないのが特徴である。

　ベンチャー企業に対する，手厚い支援の結果，アメリカでは多くのベンチャー企業の成功例がみられることになった。SBIR，STTR を利用して成功した企業としてクアルコム，シマンテック，アイロボットなどをあげることがで

きる[12]。

　オバマ大統領によってはじめられたスタートアップ・アメリカ・イニシア
チブの諸施策のうち最も投資規模が大きいものは，インパクト投資ファン
ド（Impact Investment Funds）とアーリーステージ投資ファンド（Early Stage
Innovation Funds）であるが，これはもともと 1950 年代に中小企業庁（SBA）
のプログラムとして設置されたものである。両ファンドはシード段階における
スタートアップ支援およびベンチャー資金が比較的不足している地域での支援
を目的に設置されたもので，この支援を受けた企業にはアップル，フェデック
ス，シスコなどがある[13]。

　スタートアップ・アメリカ・イニシアチブの 5 つのテーマのうち「研究室
から市場へ」の施策は，米国国立科学財団（NSF）の技術をビジネスへと転換
させる方法を教え，起業家を育成するための I-Corps プログラムによって実
施された。多くのスタートアップ企業が技術開発には成功しても，それをビ
ジネスに転換する段階で失敗し，消滅していく（死の谷）ことが知られている
が，I-Corps プログラムはこの死の谷の問題への取り組みを目的としている。
I-Corps プログラムは，起業を目ざす集団（チーム），起業教育の拠点（ノード），
技術移転やイノベーション創出を支援する大学（サイト）が組織的に協働する
ことによって，大学発ベンチャーを支援する仕組みである。チームには，NSF
が直接選定するナショナル・チームとこれに準ずるリージョナルチームの 2 種
類があるが，ここではナショナル・チームを取り上げることにする[14]。チー
ムは研究代表者（大学教授），起業責任者（ポストドクターや大学院生），メンター
（起業経験者など）の 3 人で構成され，大学での研究成果を商品化して市場に送
り出すことを目ざす。チームはこの目的を達成するために，リーン・ローンチ
パッドと呼ばれる 7 週間の起業家教育カリキュラムを受講する。リーン・ロー
ンチパッドでは，マーケティングや資金調達，会社設立，ビジネスモデルの作
成など実務的な起業家育成カリキュラムを受講することになる。

　I-Corps プログラムはベンチャー企業支援に大きな役割を果たしてきており，
これまでナショナル・チームに指定された 905 のチームのうち 361 のチームが
起業に成功している。

　アメリカではスタートアップに際して起業家が直面する資金調達や人材育成などの困難に関して，その問題点を克明に分析し，政府が的確な支援を実施してきた。その際に研究開発の拠点となる大学やメンターとしての成功した起業家など，いわゆるエコシステムの形成に対して政府が積極的に関与してきたことが分かる。すなわち，資金支援や法律制定など単発的なベンチャー支援ではなく，起業家育成などを含むエコシステムの育成に積極的に取り組んできたのである。

2. 日本の政府によるベンチャー支援

　日本では，1995 年から研究開発プログラムの推進や創造的な人材育成などを目的に，国立大学にベンチャー・ビジネス・ラボラトリー（VBL）の整備が進められた。1998 年には，大学などの技術の民間移転を促進するために TLO 法（大学等における技術に関する研究成果の民間事業者への移転の促進に関する法律）が制定された。これは，大学等の研究者の研究成果を技術移転機構 TLO（Technology Licensing Organization）を介して民間に移転することを促すための法律である。1999 年には，アメリカで 1980 年に制定されたバイ・ドール法をモデルにした「日本版バイ・ドール法」（産業活力再生特別措置法）が制定された。2000 年には産業技術強化法が制定され，大学等の研究者に特許料を減免し，起業を支援する制度が設けられた。また，これまで日本政府によるベンチャー支援は，文部科学省，経済産業省，総務省などの省庁によって個別に運営されてきたが，2016 年，官邸に日本経済再生本部が設置され，官邸主導で政策を実施する方針に変更された。すなわち，日本経済再生本部は，ベンチャー企業への VC の投資額の対 GDP 比を 2022 年までに倍増させることを目標に，「ベンチャーチャレンジ 2020」を策定した[(15)]。

　文部科学省は，国立研究開発法人　科学技術振興機構（Japan Science and Technology Agency：JST）を通して「新規事業志向型研究開発成果展開事業」（1999 年），「大学発新産業創出プログラム」（START），「出資型新事業創出支援プログラム」（SUCCESS）（2014 年），グローバルアントレプレナー育成促進事業（Enhancing Development of Global Entrepreneurship for NEXT generation）（2018

年〜）など，主に大学を通したベンチャー支援事業を行ってきた。

　経済産業省は国立研究開発法人「新エネルギー・産業技術総合開発機構（NEDO）」を通してベンチャー企業支援を行っている。このうち，研究開発型ベンチャーの起業家支援事業には次のようなものがある[16]。

1．NEDO Technology Commercialization Program（TCP）
2．起業家候補（SUI：スタートアップイノベーター）支援事業
3．シード期の研究開発型ベンチャー（STS）への事業化支援
4．企業間連携スタートアップ（SCA）に対する事業化支援
5．高度専門産業支援人材育成プログラム（SSA）

　SUI 事業は，研究開発型ベンチャーを立ち上げようとする起業家候補者に対して，事業化支援人材（カタライザー）が指導・助言をする事業であり，2018

図表 11 － 4　NEDO が実施する支援事業

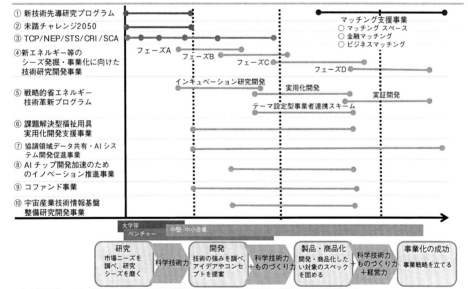

※主な対象事業について，視覚的にご理解いただくことを目的に矢印の範囲をつけております。詳細は各事業をご確認ください。

出所：「NEDO イノベーション推進部，ベンチャー・中小・中堅企業向け支援事業の紹介」2 ページ（https://www.nedo.go.jp/content/100887030.pdf）［2020 年 2 月 24 日閲覧］。

年からは資金的支援も行っている。STS 事業は，「NEDO が認定したベンチャーキャピタル等が出資を行うシード期の研究開発型ベンチャーに対して，事業化のための助成」を行う事業である。

2016 年 4 月に日本経済再生本部が打ち出した「ベンチャーチャレンジ 2020」は，2020 年までに日本のベンチャー・エコシステムの目指すビジョンとそれを実現するための政策の方向性，民間等のエコシステムの構成主体との連携のあり方をまとめたものである。これまでの日本政府のベンチャー支援は「様々な主体が施策をバラバラに展開してきたため，『ベンチャー・エコシステムの構築』には十分な効果をあげることができなかった」[17] との反省に立ったものである。具体的には，日本において世界に通用する研究拠点の整備と大学改革を通して，世界最先端の戦略研究拠点の構築を目ざしている。それは日本の 5 つの大学と研究機関を，世界トップの人材・企業との共同研究にもとづき，日本を世界のネットワークのハブとして位置付けようとする構想である。

さらに 2018 年 6 月には，ユニコーンまたは上場ベンチャーを 2023 年までに 20 社創出することを目標とする「未来投資戦略 2018」が閣議決定された。この目標達成に向けて経済産業省が設立したスタートアップ支援プログラムが J-Startup である[18]。J-Startup は有望なスタートアップを選定し，官民で集中支援する施策であるが，その狙いの 1 つはロールモデルの創出にある。アメリカではベンチャーキャピタルや連続起業家，アクセラレーターなどが強力なエコシステムを形成し，ベンチャー企業支援が重層的にめぐらされているが，J-Startup はこのようなエコシステムの中で先導的な役割を果す，ロールモデルとなるようなユニコーンを創出することを目ざしている。

J-Startup 企業の第 1 弾として 92 社が選ばれたが，これらのベンチャー企業に対して政府と民間が集中的に支援を行い，日本のスタートアップエコシステムの強化を目指すことになる。

J-Startup 企業に対して政府が実施する支援には以下のようなものがある[19]。

①　大臣等政府の海外ミッションへの参加
②　海外・国内大規模イベントへの出展支援

図表 11 − 5　J-Startup プログラムの概要

民間支援機関・NEDO・JETRO・経済産業省による事務局が中心となり，J-Startup
企業とサポーター，政府機関を結びつけ，支援を行う。

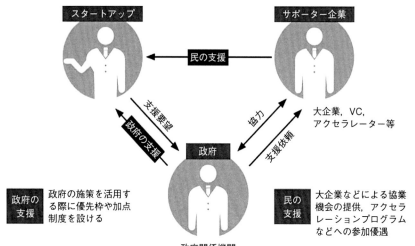

出所：『月刊事業構想』2018 年 11 月号，3 ページ。

③　各種補助金等の支援施策における優遇，手続きの簡素化

④　ビジネスマッチング（大企業幹部，省庁等への個別のつなぎ）

⑤　規制等に関する要望への対応

　J-Startup には民間企業も支援に参加している。大企業にはイノベーション
を起こしにくい風土があるが，それが企業の成長を妨げる大きな要因となって
いる。近年，このような現実を認識する大企業には，ベンチャー企業の革新力
を自社に取り込もうとする気運が高まっており，コーポレートベンチャーキャ
ピタル（CVC）としての出資や事業提携などに熱心になっている。J-Startup に
はこうした大企業がサポーターとして参加しているが，その支援方法は以下の
ようなものである[20]。

①　事業スペースの提供・料金優遇（オフィス・工場空きスペース・研修施設・
　　ショールーム等）

②　ロボット，製品・部品，インフラ網等を使った実証試験への協力

③　検証環境や解析機器の提供

④　アクセラレーションプログラム，モノづくり支援プログラムの優遇

⑤　専門家・ノウハウを持つ人材によるアドバイス

⑥　自社顧客・関係会社等の紹介

　日本政府のベンチャー支援は，ベンチャー企業の孵化から育成・上場までの過程を，ヒト・モノ・カネの面から総合的に支援する，エコシステムの強化に向けられるようになってきている。

　このほか，新規事業や雇用の創出を図るため女性や高齢者に対する公的機関や政府・自治体による創業支援も制度化が進められている。日本政策金融公庫の「女性，若者／シニア起業家支援資金」は，35 才未満の若者，35 〜 54 才までの女性，55 才以上のシニアが利用できる助成制度である。過去の実績がなくても，低金利で 7,200 万円までの融資が受けられる。

　東京都の中小企業振興公社の「若者，女性リーダー応援プログラム助成事業」は都内の商店街で女性または 39 才以下の男性が起業する場合，店舗の新・改装，設備費などの経費の 2 ／ 3 以内を助成する制度である。この制度は，商店街の活性化を図るための制度で，最大 580 万円の助成を受けることができる。

　さらにシニア層を対象とした公的な起業支援として，厚生労働省の「生涯現役起業支援助成金」，日本政策金融公庫の「シニア企業家支援資金」，経済産業省中小企業庁の「創業支援等事業者補助金」などがある。

第３節　インキュベーションと大学のベンチャー支援

　インキュベーション（incubation）は卵を孵化する「孵化器」という意味であり，複数のベンチャー企業が入居する施設において「共同で利用できる研究開発施設や会議室，福利厚生施設などを備え，同時に人的交流や経営アドバイス，経理や特許などの事務処理，教育のアウトソース，融資の斡旋等のソフト面でのサービスを提供」[21] することでベンチャー支援を行う施設である。インキ

ュベーション施設は，日本では第三セクターや公設が中心であり，約 500 の施設を有するアメリカと比べると数は少ない。

　川崎市に設けられた「かながわサイエンスパーク」（KSP）などがインキュベション施設としてよく知られている。日本最大のインキュベーションといわれる KSP は 1989 年に設立され，入居企業に対する研究開発支援や経営アドバイスのほか，ベンチャー企業に対する出資も行っている。KSP は事業の構想，計画，創業，事業化，事業拡大，株式公開というベンチャー企業の各成長段階に対応した支援を行っている。具体的には，事業の成長段階にあわせて最適なスペースのオフィスラボの提供，大手メーカーとのマッチング支援，インキュベーション・ファンドの提供，インキュベーション・マネジャーによる無償の経営サポートなどのベンチャー支援を行っている[22]。KSP は事業開始以来 300 社を超える企業の支援をしてきたが，その中には株式会社テクノメディカ（東証一部上場），サイオステクノロジー株式会社（東証マザーズ上場），株式会社メディアグローバルリンクス（ジャスダック上場）などの成功例も含まれている。

　長谷川一博はインキュベーションを，広義には「企業家を輩出し，企業家の行う事業を創出・育成する社会経済システム」，狭義には「ここの事業やそれを経営する企業家の育成・支援システム」と定義している[23]。

　インキュベーションのために提供される機能はインキュベーションシステムの要素と呼ばれるが，長谷川はこれらの機能として 10 項目を挙げている。それは①創業期の相談・コンサルティング機能，②創業に必要な基礎知識の習得機会，③技術の提供，④サポーティング・インダストリー，⑤専門サービスの提供機能，⑥資金供給機能，⑦人材供給機能，⑧創業の場所，設備の提供機能，⑨販売先，提携先へのアクセス，⑩上記要素の調達に係わるコーディネーション機能，である[24]。

　アメリカでは，創業時の相談・コンサルティングを退職した元経営者などがボランティア組織を作って担っている。創業時には会社の設立に関する法律的な手続きやマーケティング，財務などの実務的基礎知識が必要となるが，インキュベーターはこのような基礎的な知識を提供することが多い。革新的な産業分野において起業する場合，自社の技術だけで必要な技術を充足することは困

難であるので，不足する技術はアウトソーシングによって獲得するのが普通である。先進的な産業集積においては，他社の技術を調達することが容易であり，必要な技術を大学から獲得することもよく行われる。創業間もない企業は，実験装置や加工のための工場などを自前で持つことは難しい。そこで企業を支えるサポーティング・インダストリーの存在が不可欠であるが，ハードの分野だけでなく，事務処理などのソフトの分野のサポーティング・インダストリーも創業間もない企業にとっては欠くことのできない要素である。

　契約書の作成，特許の出願，資金調達や M&A などを行う際には，それぞれ弁護士，弁理士，会計士などの専門家のサービスが必要となる。創業間もない企業への資金供給は，ベンチャーキャピタルやエンジェルによって行われるのが普通であり，彼らは同時に経営面でのアドバイスを行ったり，必要に応じて経営幹部人材の斡旋も行う。資金力の乏しい創業企業には安価なオフィスや事務機器，研究開発の設備，機器などの提供が行われる。創業企業には販売先・提携先の開拓を支援することも必要である。このように創業企業は様々な要素を調達しなければならないが，創業者と要素の提供者を仲介する役割を担うのが，インキュベーション・マネジャーである。

　創業間もない企業に対し広範な支援を行い，一人立ちを促進する機関がインキュベーターである。インキュベーターは，通常，数十社の創業企業を一ヶ所の施設に入居させ，効率的に支援をしているが，入居せずに支援を受けるケースもある。長谷川は全米インキュベーション協会（National Business Incubation Association：NBIA）が，当該機関をインキュベーターとして認定する３つの条件を提示している[25]。

　①Incubation マネジャーが常駐し，入居企業に対する指導を行なっていること，②入居企業に対して，電話受付などフルセットの事務サービスを行なっていること，③卒業方針（入居期限）を決めて，入居企業の卒業，退出を管理していること。

　アメリカではインキュベーターを設立するための資金を「自治体や非営利組織」「大学」「非営利と営利の混合組織」「民間営利組織」などが拠出している。インキュベーターの設立資金提供者と運営機関は必ずしも同一ではなく，運営

は民間の非営利組織が担うことが多い。

　これに対して日本では，地方自治体がインキュベーター施設を設立し，第三セクターや財団法人が運営を担当するパターンが多くなっている⁽²⁶⁾。アメリカと比べ，大学や民間非営利組織がインキュベーターの設立，運営に関わる比率が少ない。

　インキュベーターは，入居企業に対してオフィス，ラボ，会議室，事務用機器，受付などを提供し，ハード面での支援を行うと同時に，インキュベーション・マネジャーが中心となってソフト面での支援も行う。すなわち，インキュベーション・マネジャーは創業経営者に対する日常的なアドバイスのほか，地域の大学，弁護士などの外部専門家，業界団体，政府関係の各種団体，NPO等とのネットワークを利用して支援を行う。長谷川はアメリカのインキュベーターが提供するソフト面での事業支援サービスの内容を，NBIAの資料を紹介する形でリストアップしている。これらのソフト面での事業支援の多くがインキュベーション・マネージャーを介して行われる。

　1995年にアメリカと日本のインキュベーターを比較分析した長谷川は，日本のインキュベーターの問題点について次のように指摘している。「我が国のインキュベーターにはマネジャーを始めとするソフト・インフラストラクチャーが不足していると同時に，インキュベーターを取り巻く大学や専門支援サービス提供機能，創業者を支援するNPO等のインキュベーション要素がほとんど存在しないか機能していない」⁽²⁷⁾。

　とくに重要なのは，インキュベーションネットワークを構成する大学・研究機関，金融機関，会計士や弁護士などの専門家，企業OBなどの支援主体とベンチャー企業を仲介して，インキュベーションを機能させるインキュベーション・マネジャーの存在である。インキュベーション・マネジャーは，「事業計画・ビジネスプラン」の作成，「イベント・交流会への参加サポート」，「補助金等公的支援制度の紹介」，「起業準備相談」，「販路開拓・販売営業」，「資金調達」，「マーケティング」など⁽²⁸⁾広範な業務においてベンチャー企業を支援する。インキュベーション・マネジャーは幅広い経験ノウハウや人脈を生かしてインキュベーションにおける支援主体とベンチャー企業をつなぎながら，支援

図表 11 − 6　アメリカのインキュベーターにおける事業支援サービス

提供する事業支援サービス	回答数（件）	回答割合（%）
経営に関する基礎的な支援	249	96
マーケティング支援	232	89
会計・財務管理	200	77
一般法務サービス	122	47
知的財産権管理	97	37
事業融資，融資ファンド，債務保証プログラムの紹介	201	77
経営チームの育成	114	44
仮想役員会，先輩経営者による相談・支援	109	42
投資家，戦略的提携先への仲介	151	58
新規入居者向けプログラム	163	63
新製品評価	106	41
経営情報システム提供	66	25
生産活動支援	97	37
製品デザイン支援	59	23
ネットワーキング支援	224	86
技術の事業化支援	105	40
高等教育機関との連携支援	197	76
規制の遵守支援	80	31
貿易支援	110	42
連邦政府調達に関する支援	113	43
総合的な経営トレーニングプログラム	127	49
総合事務サービス		
貸会議室	238	92
入居者用機器貸出し・リース	116	45
共同事務処理サービス	229	88
ビデオ会議	50	19
電話サービス・応答サービス	170	65
インターネット接続	162	62
共同コンピュータ室	103	40

出所：長谷川一博「インキュベーション」金井一頼，角田隆太郎編『ベンチャー企業経営論』有斐閣，2002 年，234 ページ。

を行うことになる。したがってどんなに優れた支援主体がそろっていたとしても，インキュベーション・マネジャーが優れた能力を発揮し，支援主体とベン

178

図表 11 － 7　インキュベーション・マネジャーと支援ネットワーク環境の整備

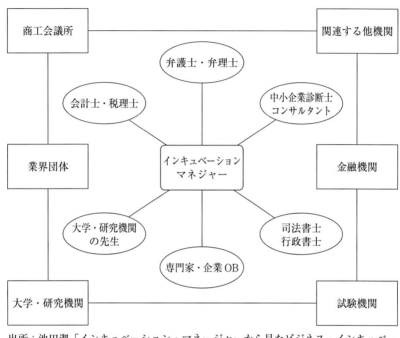

出所：池田潔「インキュベーション・マネージャーから見たビジネス・インキュベー
　　　ション」前田啓一・池田潔編『日本のインキュベーション』ナカニシヤ出版，
　　　2008 年，21 ページ。

チャー企業をつながなければインキュベーション自体が機能しないことにな
る。インキュベーション・マネジャーは民間企業の出身者が最も多く，公務員
や公益法人からの出身者が続いている。インキュベーションの設置者は地方自
治体が最も多く，財団法人や公益法人であることも多いため，一定数のインキ
ュベーション・マネジャーがこれらの設置者から派遣されていると考えられる
が，豊富な経験や人的ネットワークをもつ民間企業出身者が最も多くを占めて
いるのは首肯することができる。
　インキュベーション・マネジャーはインキュベーションの効果的運営にきわ
めて重要な役割を果すため，その能力向上のための研修も行われている。イン
キュベーション・マネジャーの研修は経済産業省によっても行われてきたが，
優れたインキュベーション・マネジャーのもつ「暗黙知」的なスキルを「形式

知」化して，スキルを共有することによって，インキュベーション・マネジャーの全体的なスキル向上をめざす取組みも求められている⁽²⁹⁾。

第4節　むすびに

　日本では 1990 年代から経済が低迷し，とくに地方での雇用の減少やそれにともなう人口の流出などによる地方経済の衰退が続いている。企業の廃業率が新規開業率を上回り，企業の数と同時に雇用が失われ続ける状況が長く続いている。1980 年代に世界を席捲した日本の技術力も，いつの間にかアメリカに大きく遅れたものになってしまった。諸外国と比べて特に見劣りするのは，短期間で成功し急成長を遂げ，経済を牽引する役割を担うユニコーンの創出力の低さである。

　2018 年現在，アメリカでは 172 社，イギリス 17 社，ドイツ 8 社のユニコーンが存在するに対し，日本はわずか 1 社にすぎない。また，各国の VC 投資額の GDP 比は，アメリカが 0.4％，イスラエルが 0.3％であるのに対し，日本はわずか 0.01％にすぎない。日本ではいかに有望なベンチャー企業が少なく，またベンチャー投資も少なかったかが分かる。

　海外との格差はベンチャー企業に対する支援の差が大きな要因であることは疑いない。アメリカではベンチャー支援に政府や民間企業，ベンチャーキャピタルなどが大きな役割を果たしてきたが，日本政府もようやくアメリカをモデルに，スタートアップのエコシステム強化に取り組むようになってきている。しかし，その成果が見えるところまでに至ってはいない。スタートアップ支援で先進的なイスラエルなど海外のモデルを参考にした，さらなる取り組みの強化が求められるところである。

📖**考えてみよう！**

　　日本の政府によるベンチャー支援の問題点について，アメリカと比較しながら列挙せよ。

【注】

（ 1 ）太田実「ベンチャー企業支援のインフラ整備」秋山義継・松岡弘樹編著『ベンチャー企業経営論〔改訂版〕』税務経理協会，2015 年，80 ページ。

（ 2 ）太田実「ベンチャー企業支援のインフラ整備」秋山義継・松岡弘樹編著『ベンチャー企業経営論〔改訂版〕』税務経理協会，2015 年，81 ページ。

（ 3 ）太田実「ベンチャー企業支援のインフラ整備」秋山義継・松岡弘樹編著『ベンチャー企業経営論〔改訂版〕』税務経理協会，2015 年，83 ページ。

（ 4 ）太田実「ベンチャー企業支援のインフラ整備」秋山義継・松岡弘樹編著『ベンチャー企業経営論〔改訂版〕』税務経理協会，2015 年，85 ページ。

（ 5 ）国立研究開発法人　科学技術振興機構　研究開発戦略センター「海外の研究開発型スタートアップ支援」2018 年 3 月，13 ページ（https://www.jst.go.jp/crds/pdf/2017/OR/CRDS-FY2017-OR-01.pdf）［2020 年 2 月 24 日閲覧］

（ 6 ）花輪洋行「日本型バイ・ドール制度の変更について」『産学官連携ジャーナル 2007 年 12 月号』（https://sangakukan.jst.go.jp/journal/journal_contents/2007/12/articles/0712-07/0712-07_article.html）［2020 年 2 月 24 日閲覧］

（ 7 ）「経済産業省　日本版バイ・ドール制度（産業技術力強化法第 17 条）」（https://www.meti.go.jp/policy/economy/gijutsu_kakushin/innovation_policy/bayh_dole_act.html）［2020 年 2 月 24 日閲覧］

（ 8 ）花輪洋行「日本型バイ・ドール制度の変更について　産学官連携ジャーナル 2007 年 12 月号」（https://sangakukan.jst.go.jp/journal/journal_contents/2007/12/articles/0712-07/0712-07_article.html）［2020 年 2 月 24 日閲覧］

（ 9 ）国立研究開発法人　科学技術振興機構　研究開発戦略センター「海外の研究開発型スタートアップ支援」2018 年 3 月，15 ページ（https://www.jst.go.jp/crds/pdf/2017/OR/CRDS-FY2017-OR-01.pdf）［2020 年 2 月 24 日閲覧］

（10）国立研究開発法人　科学技術振興機構　研究開発戦略センター「海外の研究開発型スタートアップ支援」2018 年 3 月，16 ページ（https://www.jst.go.jp/crds/pdf/2017/OR/CRDS-FY2017-OR-01.pdf）［2020 年 2 月 24 日閲覧］

（11）国立研究開発法人　科学技術振興機構　研究開発戦略センター「海外の研究開発型スタートアップ支援」2018 年 3 月，16 ページ（https://www.jst.go.jp/crds/pdf/2017/OR/CRDS-FY2017-OR-01.pdf）［2020 年 2 月 24 日閲覧］

（12）国立研究開発法人　科学技術振興機構　研究開発戦略センター「海外の研究開発型スタートアップ支援」2018 年 3 月，16 ページ（https://www.jst.go.jp/crds/pdf/2017/OR/CRDS-FY2017-OR-01.pdf）［2020 年 2 月 24 日閲覧］

（13）国立研究開発法人　科学技術振興機構　研究開発戦略センター「海外の研究開発型スタートアップ支援」2018 年 3 月，17 ページ（https://www.jst.go.jp/crds/pdf/2017/OR/CRDS-FY2017-OR-01.pdf）［2020 年 2 月 24 日閲覧］

（14）国立研究開発法人　科学技術振興機構　研究開発戦略センター「海外の研究開発型スタートアップ支援」2018 年 3 月，18 ページ（https://www.jst.go.jp/crds/

pdf/2017/OR/CRDS-FY2017-OR-01.pdf）〔2020 年 2 月 24 日閲覧〕

(15)　国立研究開発法人　科学技術振興機構　研究開発戦略センター「海外の研究開発型スタートアップ支援」2018 年 3 月，4 ページ（https://www.jst.go.jp/crds/pdf/2017/OR/CRDS-FY2017-OR-01.pdf）〔2020 年 2 月 24 日閲覧〕

(16)　国立研究開発法人　科学技術振興機構　研究開発戦略センター「海外の研究開発型スタートアップ支援」2018 年 3 月，195 ページ（https://www.jst.go.jp/crds/pdf/2017/OR/CRDS-FY2017-OR-01.pdf）〔2020 年 2 月 24 日閲覧〕

(17)　日本経済再生本部「ベンチャーチャレンジ 2020」2016 年 4 月，7 ページ（https://www.kantei.go.jp/jp/singi/keizaisaisei/venture_challenge2020/pdf/venture_challenge2020_pamphlet.pdf）〔2020 年 2 月 24 日閲覧〕

(18)　『月刊事業構想』2018 年 11 月号，1 ページ。

(19)　『月刊事業構想』2018 年 11 月号，3 ページ。

(20)　J-Startup,「J-Startup 概 要」。(https://www.j-startup.go.jp/about/)〔2020 年 2 月 24 日閲覧〕

(21)　太田実「ベンチャー企業支援のインフラ整備」秋山義継・松岡弘樹編著『ベンチャー企業経営論〔改訂版〕』税務経理協会，2015 年，85 ページ。

(22)　「かながわサイエンスパーク」(http://www.ksp.or.jp) HP。〔2020 年 2 月 24 日閲覧〕

(23)　長谷川一博「インキュベーション」金井一頼・角田隆太郎編『ベンチャー企業経営論』有斐閣，2002 年，223 ページ。

(24)　長谷川一博「インキュベーション」金井一頼・角田隆太郎編『ベンチャー企業経営論』有斐閣，2002 年，226-229 ページ。

(25)　長谷川一博「インキュベーション」金井一頼・角田隆太郎編『ベンチャー企業経営論』有斐閣，2002 年，230 ページ。

(26)　長谷川一博「インキュベーション」金井一頼・角田隆太郎編『ベンチャー企業経営論』有斐閣，2002 年，232 ページ。

(27)　長谷川一博「インキュベーション」金井一頼・角田隆太郎編『ベンチャー企業経営論』有斐閣，2002 年，240 ページ。

(28)　池田潔「インキュベーション・マネージャーから見たビジネス・インキュベーション」前田啓一・池田潔編『日本のインキュベーション』ナカニシヤ出版，2008 年，19-20 ページ。

(29)　池田潔「インキュベーション・マネージャーから見たビジネス・インキュベーション」前田啓一・池田潔編『日本のインキュベーション』ナカニシヤ出版，2008 年，31 ページ。

◆参考文献◆

池田潔「インキュベーション・マネージャーから見たビジネス・インキュベーション」前田啓一，池田潔編『日本のインキュベーション』ナカニシヤ出版，2008 年。

太田実「ベンチャー企業支援のインフラ整備」秋山義継・松岡弘樹編著『ベンチャー企業経営論〔改訂版〕』税務経理協会，2015 年。

KSP ホームページ http://www.ksp.or.jp

経済産業省　日本版バイ・ドール制度（産業技術力強化法第 17 条）」（https://www.meti.go.jp/policy/economy/gijutsu_kakushin/innovation_policy/bayh_dole_act.html）〔2020 年 2 月 24 日閲覧〕

『月刊事業構想』2018 年 11 月号 .

国立研究開発法人　科学技術振興機構　研究開発戦略センター「海外の研究開発型スタートアップ支援」2018 年 3 月，195 ページ（https://www.jst.go.jp/crds/pdf/2017/OR/CRDS-FY2017-OR-01.pdf）〔2020 年 2 月 24 日閲覧〕

日本経済再生本部「ベンチャーチャレンジ 2020」2016 年 4 月，7 ページ（https://www.kantei.go.jp/jp/singi/keizaisaisei/venture_challenge2020/pdf/venture_challenge2020_pamphlet.pdf）〔2020 年 2 月 24 日閲覧〕

長谷川一博「インキュベーション」金井一賴，角田隆太郎編『ベンチャー企業経営論』有斐閣，2002 年。

花輪洋行「日本型バイ・ドール制度の変更について　産学官連携ジャーナル 2007 年 12 月号」（https://sangakukan.jst.go.jp/journal/journal_contents/ 2007/12/articles/0712-07/0712-07_article.html）〔2020 年 2 月 24 日閲覧〕

事例11−1　鶴岡サイエンスパーク

　自治体のベンチャー支援の成功事例として，山形県鶴岡市の鶴岡サイエンスパークをあげることができる。山形県と鶴岡市は 2001 年に，人口減少と地域産業の衰退に対処するために，慶應義塾大学の先端生命科学研究所（先端研）を誘致した。山形県と鶴岡市が年間 7 億円を補助する協定を慶應大学と結び，自治体が長期的にベンチャー企業を支援するこの計画は，先端研設立以降，17 年間で 6 つのバイオベンチャーが生まれるなど，官・学連携の成功事例として知られている。一般に，地方自治体は地域振興策として工場や企業を誘致することが多いが，この方法は日本国内の誘致競争を生むだけで全体のパイが増えることにはならないと考え，両自治体は知的産業を新しく創出する方向を選んだ。

　2002 年に「ヒューマン・メタボローム」が設立されて以降,「Spiber」(2007 年),サリバテック（2013 年),「MDLCURE」(2013 年),「メタジェン」(2015 年),「メトセラ」(2016 年) などのバイオベンチャー企業が次々と設立された[1]。うつ病の診断キットを開発した「ヒューマン・メタボローム・テクノロジーズ」は 2013 年に東証マザーズ市場に上場した。「Spiber」は，重さあたりの強度が鋼鉄の 340 倍，炭素繊維の 15 倍といわれる天燃クモの糸の人工量産化技術を確立した企業である[2]。「サリバテック」は唾液からがんなどの疾患を検査する技術を開発,「メタジェン」は人の便から腸内細菌の遺伝情報を分析する技術,「メトセラ」は移植用の心臓組織を製造する技術をもつベンチャー企業である。

　当初のねらい通り，先端研には世界から優秀な人材が集まっており，地域振興でも成功しつつある。成功の理由としてあげることができるのは，まず第 1 に，地方創生のための R&D に両自治体が長期にわたって投資を続けてきたことである。先端研設立以来，100 億円以上が先端研に投資されてきた。第 2 は,「ヤマガタデザイン」のような民間企業も協力を続けてきたことである[3]。

【注】
(1)「ベンチャーで地方創生，山形の『鶴岡モデル』成功の理由　ニューズウィーク日本版」(https://www.newsweekjapan.jp/nippon/season2/2018/09/221240.php?page=2)［2020 年 2 月 24 日閲覧］
(2)「バイオベンチャーの聖地が山形県に生まれた理由　Business Insider」(https://www.businessinsider.jp/post-175237)［2020 年 2 月 24 日閲覧］
(3)「ベンチャーで地方創生，山形の『鶴岡モデル』成功の理由　ニューズウィーク日本版」(https://www.newsweekjapan.jp/nippon/season2/2018/09/221240.php?page=4)［2020 年 2 月 24 日閲覧］

184

事例11−2 **かながわサイエンスパーク（KSP）**

　日本で最も古い歴史を持つインキュベーション施設である「かながわサイエンスパーク」（KSP）は，1986年に民活法第1号施設として誕生した。KSPは公的セクター（神奈川県，川崎市，日本政策投資銀行）と民間セクターの共同出資により設立された株式会社ケイエスピーによって運営されており，その主要な事業はインキュベーション事業とネットワーク支援事業の2つである[1]。(株)ケイエスピーが，研究教育機関として設立されたKAST（財団法人神奈川科学技術アカデミー）から技術支援を受けながら，「創業支援」，「成長支援」，「企業家支援」を行う仕組みは「KSPモデル」と呼ばれる。

　KSP発足当初は，きめ細かい指導・育成を目指す「ハンズオン型」の支援を中心とした「創業支援」に重心が置かれていたが，入居企業が成長し資金ニーズが高まるとKSPはこれらの企業に投資による支援を行うようになる。すなわち，1997年に国内のインキュベーション施設として初めて投資ファンド「KSP1号投資事業組合」を設立し，投資による支援を開始した[2]。投資先企業のいくつかは上場に成功したため，KSPの収益に貢献することになった。その後「KSP2号投資事業有限責任組合」（2004年），「KSP3号投資事業有限責任組合」（2006年）が設立され，KSPはそれらのキャピタルゲインを獲得することによって財政的に自立するようになった。

　KSPが「企業家支援」として実施したのは1992年から始めた「KSPベンチャービジネススクール」である。「KSPベンチャービジネススクール」はベンチャー企業の経営者，中小企業の後継者，大企業新規事業担当者などを対象にした企業家教育プログラムであり，KSPの企業支援と直結した実践的なカリキュラムをもっている。

【注】
（1）秋山秀一「KSPモデルの進化と可能性」かながわサイエンスパーク，前田啓一・池田潔編『日本のインキュベーション』ナカニシヤ出版，2008年，86ページ。
（2）秋山，前掲書，90ページ。

第12章
社会的起業家

第1節　はじめに

　現代の世界経済において，市場経済から取り残されていること，また公共サービスから取り残されていることがとても多い。営利企業は純粋にそして，短期的に利益を出せるかを基準としてビジネスを開拓している。一方，公共サービスで取り扱う範囲も限定的である。営利企業が参入したいという魅力に駆られない分野の多さ，そして，公共サービスを享受できない人々の多さは，現代経済の大きな課題である。このような，市場経済と公共サービスとの隙間を埋めていくソーシャル・ビジネスが1980年代以降登場してきた。本章では，社会的サービスを世界的視野で提供している，ASHOKA と Table for Two という2つの団体のビジネス展開について考察していく。ASHOKA は社会的課題解決のコーディネーターという位置づけで世界的に躍進している。一方，Table for Two は，先進国の飽食と開発途上国の飢餓を同時に解決しようとする食糧需給バランスの均衡化を目指している。これら2団体のビジネスモデルを紹介したうえで，これまでにない新たな経済に求められる共感という概念に言及していく。困っている人々のそうでない人との共感，先進国と開発途上国の共感がソーシャル・ビジネスのキーワードである。

　社会的課題の解決をめざすこと（社会性）と，それをビジネスとして成り立たせること（事業性）は容易に結びつくわけではない。それらを結びつけてユニークな活動を展開している社会的企業は，何らかのイノベーションを生み出している。社会的企業のソーシャル・ビジネスは，個人としての社会的起業家

（ソーシャル・アントレプレナー）だけに支えられているのではなく，解決すべき社会問題を共有する多様なステークホルダーによって支えられている。障碍者雇用，地域環境問題，ホームレス支援，途上国支援などさまざまな社会的課題にビジネスとして取り組む起業家が，企業や NPO など組織形態の枠を超えて活動を広げている。社会的課題の解決をミッションとしてユニークなビジネスモデルを構築・展開する事業体，それが社会的企業（ソーシャル・エンタープライズ）である[1]。

第2節 ソーシャル・ビジネス

1．ソーシャル・エンタープライズ

　社会的課題への取り組みは，従来から存在する NPO という形態のみならず，企業という形態によっても拡がりつつある。近年では，社会的課題の解決をミッションとしてビジネスを行なっているソーシャル・ベンチャーや社会志向型企業が出現している。社会的課題とニーズをつかみ，新たなビジネススタイルを提案し，実行していく社会変革の担い手がソーシャル・エンタープライズである。

　ソーシャル・エンタープライズは主に3つの要件を満たす事業体である[2]。第1の要件は社会性である。ローカルあるいはグローバルな視点で，解決が求められる社会的課題に取り組むことを事業のミッションすることが社会性である。ソーシャル・エンタープライズは，それぞれの領域でどのような社会をつくりあげていくのかというビジョンを持つ必要がある。そのビジョンに向かって，社会変革していくことが第1の要件となる。

　第2の要件は事業性である。それは，上記の社会的ミッションを明確にビジネスのかたちに表現し，継続的に事業を進めていくことを意味する。ソーシャル・エンタープライズの事業はボランティアではないので，ビジネスを遂行するためのマネジメント力が必要になる。特に，社会とのコミュニケーション力，サービスの開発力，マーケティング力については一般の企業と同等以上の資質が必要になる。事業を継続していくには，資金の獲得，事業支出や活動に関す

るアカウンタビリティも求められる。

　第 3 の要件は革新性である。一般の企業ができないこと，そして，公共サービスができないことにチャレンジすることがソーシャル・エンタープライズの役割である。そのチャレンジにおいて，新しい社会的な商品やサービスの開発，それらを市場に普及させるための新しいしくみづくりが重要になる。ソーシャル・ビジネスを通じて，新たな社会的価値を生み出し，これまでの社会経済システムを変革していくことがソーシャル・エンタープライズの存在意義となる。

　ソーシャル・エンタープライズの形態は非営利組織と営利組織の 2 つに分けることができる[3]。非営利組織の一例として，有償で社会的事業を行なう，事業型 NPO がある。伝統的慈善型 NPO がチャリティと博愛主義に依存しているのに対し，事業型 NPO は，事業収益を基盤として，効率性重視で経営されている。NPO は，特定非営利活動法人を意味するが，社会福祉法人等の社会的事業も非営利組織に含まれる。営利と非営利の中間には，中間法人，協同組合がある。イギリスでは，1980 年以降，小さな政府化や不況により，低所得や公共サービスの低下が問題となった。このような社会的な危機を回避するため，ワーカーズ・コレクティブ，ソーシャル・ファーム，媒介的労働市場会社が形成されてきた[4]。営利組織は，企業形態で運営されている。これは，社会志向型企業と呼ばれている。より具体的には株式会社等によるソーシャル・ベンチャーがここに含まれる。純粋な一般企業による社会的課題への取り組みは CSR 事業に位置づけられる（図表 12 − 1）。

図表 12 − 1　ソーシャル・エンタープライズの形態

非営利組織形態	事業型 NPO 法人，社会福祉法人	
営利組織形態	中間法人，協同組合	
	株式会社	社会志向型企業
		企業の CSR

出所：谷本寛治『ソーシャル・エンタープライズ―社会的企業の台頭』
中央経済社，2006 年，7 ページの表をもとに筆者作成。

2. ソーシャル・アントレプレナー

自分の信じる使命に沿って行動を起こし，社会を改革しようとする起業家が
ソーシャル・アントレプレナーである。彼らは，ボランティアで仕事をするの
ではなく，その一方で，彼らは営利だけ追求することを行動基準とはしていな
い。彼らの行動基準は何か。その1つが，地域住民や地球市民の利益を考慮し
ながら社会的ニーズに応えていくことである。第2は，第1の行動基準を達成
するために，自立して経済的基盤を築いていくことである。ソーシャル・アン
トレプレナーの特徴を次のように表現することができる[5]。

① 地域コミュニティや世界の多様なニーズに応える社会的な使命感を根底
   に抱きながらも，事業を実践する過程では，ビジネステクニックを応用
   していく。
② 時代を鋭くとらえたアイデアや創造性にあふれた組織をつくる。
③ パートナーシップを重視する。同じ価値観を共有する組織と有機的に結
   びつき，相乗効果を考慮しながら，目的達成のためのネットワーク組織
   をつくる。
④ 労働を収入の手段としてだけてではなく，自己実現の手段とする。
⑤ 地元住民から，遠く離れた開発途上国の人々までを，ステークホルダー
   としてみなしている。そして，ソーシャル・アントレプレナーの価値観
   に根ざした商品やサービスを多様なステークホルダーに提供する。
⑥ 長期的な効果を重視している。仮に，短期的な利益を犠牲にすることが
   あっても，長期的な恩恵を選ぶ。そうすることで，最終的にはステーク
   ホルダーの満足が増大するような行動の結果を確信している。

それでは，なぜ1980年代以降，ソーシャル・アントレプレナーが出現する
ようになったのであろうか[6]。第1の理由は政府の失敗である。1980年代以
前まで，医療，福祉，教育，介護等の公共サービスの提供は福祉国家の役割だ
った。しかし，福祉国家の公共サービスは限界を迎えるようになった。その理
由は，大きな政府の限界である。そこから派生した問題として，公共サービス
の供給効率の悪化や天下り等の組織腐敗，税収を自分のお金のように使う役人

意識という問題が生じた。そのため，国民の公共サービスへの批判は高まるようになった。これが政府の失敗である。つまり，公共側の意識が民間のニーズに応えられなくなったのである。そこで，古い官僚意識を破壊して，民間意識のイノベーションを推進するソーシャル・アントレプレナーが登場したのである。

　次は市場の失敗である。自由な資本主義経済においては，隆盛を極める勝者と市場から排除される敗者が生まれる。競争に敗れ，破綻する市場の敗者やその末路の問題となる貧困は現代の市場経済では解決できない。社会福祉制度があるから大丈夫という楽観的な考え方は，今後通用しなくなってしまうだろう。先に考察したように政府の失敗によって，公共サービスの質と量は低下し，市場の失敗で負けたすべての人々を救うことはできない。市場の失敗によって市場から排除された人々を自立した生活に戻す役割として，ソーシャル・アントレプレナーの手腕に期待が集まっている。貧困から犯罪へ，あるいは暴徒化へという負のサイクルを防ぐためにもソーシャル・ビジネスの役割は大きい。しかし，ソーシャル・アントレプレナーはだれでもよいというわけではない。自分の利得だけを追求し，倫理観に乏しい一部の資本家に社会消費分野（医療・福祉・教育・環境・貧困など）を任すことはできない。倫理観という共感力を備えたリーダーが，政府の失敗と市場の失敗という現代経済の大きな課題を解決できるのである。

3．グローバル経済の危機とソーシャル・アントレプレナー

　バングラデシュで貧困者救済をビジネスとして確立したのが，Yunus, M.（ムハマド・ユヌス）である。ここで，ユヌスのソーシャル・ビジネス観を考察していこう[7]。ソーシャル・ビジネスの投資家の目的は，金銭的利益を得ずに他者に手を貸すことである。しかし，これはビジネスであるゆえに，持続可能でなければならない。つまり，経費を補てんできるだけの収益が生み出されなければならない。ソーシャル・ビジネスの利益の一部はビジネス拡大に再投資され，一部が不測の事態に備えて留保される。つまり，ソーシャル・ビジネスは社会的目標の実現に専念する「損失なし，配当なし」の企業体である。ビジ

ネス・プラス・利他の精神がユヌスのビジネス信条である。

　彼を一躍有名にしたビジネスが Grameen Bank（グラミン銀行）である。グラミン銀行は貧しい人々に無担保で少額融資を行う，マイクロファイナンスというビジネスを確立した。貧困が生まれるのは，経済制度に欠陥があり，その一例が金融機関の無機能化であった。多くの銀行は低所得者には融資できないと言い続けていて，誰もがその説明に納得していた。その結果，低所得者は高利貸しに依存してきた。グラミン銀行はこのような経済の大前提に疑問を投げかけ，貧しい人々に融資することはビジネスとして可能であり，銀行の利益となることも証明した。この世に生命を受けたすべての人々は，自立する能力のみならず，世界の福祉や平和に貢献する能力をもっている。その潜在能力を発揮できる人もいれば，経済状況によってその能力を発揮できない人も多くいる。グラミン銀行は人間のもつ創造力に期待して，マイクロファイナンスを実行に移し，資金の借り手側は借りた資金を元手に，その能力を発揮できるようになった。

　つまり，貧困の問題は社会制度の欠陥に起因していた。その欠陥に注目し，貧困者への資金の供給という，従前の銀行がしてこなかったことが新たなビジネスチャンスとなった。グラミン銀行の低所得者向け融資は，グローバル経済におけるソーシャル・イノベーションとなって，世界的に波及していくこととなった。金融機関の常識を覆したグラミン銀行の新規性は，世界の貧困者の創造性を増幅させる価値を生み出すようになった。

　ユヌスは次に，貧困者の食糧に注目し，フランスの Danone S. A（ダノン社）との合弁で Grameen Danone（グラミン・ダノン社）を作り上げた[8]。バングラデシュの人々の栄養をめぐる状況は深刻だった。子供の半数が栄養不足に苦しんでおり，栄養不足に伴う下痢は死につながるほど深刻だった。子供たちに不足していた栄養素は，鉄分，ビタミン A，B_2，C，カルシウム，ヨウ素，亜鉛であった。これらの栄養不足が教養，体力，生産性の豊かな大人になるための成長を妨げた。ゆえに，長期的な視点から，このような栄養不足は経済発展の妨げとなった。このような国の危機を救うため，グラミン・ダノン社はダノンの有力商品であるヨーグルトに注目した。そして，グラミン・ダノン社は必

須栄養素が入ったヨーグルトを低価格で提供することに取り組むことになった。ユヌスは，子供の病気発症率を抑え，体力水準を引き上げ，学校に通える子どもの割合を高めることで国力を向上できると考えた。このヨーグルトビジネスはバングラデシュに定着し，搾乳からヨーグルト製造工程が近代化されるようになった。また販売過程ではヨーグルトを販売する女性であるグラミンレディが登場し，雇用先の拡大も実現できた。このような，ユヌスのソーシャル・ビジネスは長期的な経済発展を視野に入れた，開発途上国の新たなビジネスモデルとなっている。

4．ソーシャル・エンタープライズが描くコレクティブ・インパクト

コレクティブ・インパクトとは，個別・個人の努力の限界を超えて，協働を通じて大きな社会的変化を生み出そうとするパワーである。なぜ，コレクティブ・インパクトが注目されるようになったのだろうか。そこには，これまで手をつけられなかった根本的な課題に対して，今こそ，協働によって形ある成果を出す必要があるという危機感がある。コレクティブ・インパクトについての狭義の定義は，異なるセクターから集まった重要なプレーヤーたちのグループが，特定の複雑な社会課題の解決のために，共通のアジェンダに対して行うコミットメントである[9]。この定義の中で特に重要なことは，関係性である。多くの人々が関わる困難なテーマに対して，すべての関係する重要プレーヤーがお互い相補しあうこと，これがコレクティブ・インパクトの基盤となる。

ただし，協働することだけで，複雑な問題が解決されるほど，事態は簡単ではない。ここで，考慮しなければならないことはシステム思考である。システム思考は，緻密な分析的行動を基礎とする。しかし，分析力だけではシステム思考は起動しない。他者への愛情や共感を育んで人間らしく生きる思考がシステム思考なのである。つまり，自分の行動は，何らかの形で他者に影響を与えている。自分という存在が変化しながら誰かとともに新しい社会的パターンをつくりだすことができれば，システム全体を変えていくような革新が広がっていく可能性が高まる。

後述するように，このシステム思考を実体経済に反映させる要素が，共感と

いう感情なのである。人は，本来，他者の感情を自分のことのように感じることで共感し，共感から協働が導きだされる。コレクティブ・インパクトは共感という，これまでの経済的尺度では計れない新たな価値に依存している。共感は人が元来もっている感情なので，この感情を素直に発揮できるような社会が構築されなければならない。

　さて，従来型の思考とシステム思考はどのように異なるのであろうか（図表12－2）。従来型の思考法は，ある部分に焦点をあて，その部分を最適化することで全体問題に対処できるという部分最適を前提としている[10]。一方で，システム思考は，自分たちの行動を変えることで社会的課題への影響力を及ぼすことができるという考え方である。従来型思考による課題への対処法は，自分の行動とは全く関係のないことへの一時的処置である。それに対して，システム思考による課題への対処法は，その原点に自分の影響力があり，その影響力が社会に悪影響あるいは良い影響を与えるという考え方に基づいている。こ

図表12－2　思考法の違い

	従来の思考法	システム思考
因果関係	因果関係は明白で，簡単にたどることができる。	因果関係は間接的で，明白ではない。
問題の所在	問題は，組織内外にいる他者に起因し，変わるべきはその他者である。	私たちは無意識のうちに自分たち自身の問題を生み出しており，自分たちの挙動を変えることで，問題解決のための手綱を握ることができる。
対処	短期的な成功を得るために設計された施策は，長期的な成功を約束する。	応急処置はたいてい予期せぬ結果をもたらす。長期的には何も変わらないか，事態が悪化する。
最適化	全体を最適化するためには，部分を最適化しなければならない。	全体を最適化するには，部分と部分の関係を改善しなければならない。
取組み	多くの個別の取組みに，同時並行して積極果敢な対応をしなければならない。	いくつかの，変化へ鍵となる協働的な取り組みを長期にわたって持続させることで，システム全体の大きな変化を生み出せる。

出所：Stroh, D. P, *System Thinking for Social Change*, Chelsea Green Publishing, 2015.（小田理一郎監訳・中小路佳代子訳『社会変革のためのシステム思考実践ガイド―共に解決策を見出し，コレクティブ・インパクトを創造する』英治出版，2018年，45ページ。）

のような思考法の違いによって，従来型の思考法では短期的な対処が選択されるのに対して，システム思考では根本的で長期的な対処が選択されるのである。従来の経済システムでは解決できない，社会的課題に取り組むソーシャル・ビジネスにおいて，システム思考のコレクティブ・インパクトが有効に機能する可能性が高い。以下では，ソーシャル・アントレプレナー支援事業を行なう ASHOKA と途上国の飢餓問題に取り組む Table for Two のビジネスモデルを考察しよう。

　社会的起業家を議論する上で最も大きな存在感を持っているのが，Drayton, B.（ビル・ドレイトン）が創設した社会起業家支援組織の ASHOKA である。以下では，ASHOKA のソーシャルイノベーションについて考察していく[11]。ドレイトンは，ソーシャル・アントレプレナーの活動を，準備期，助走期，離陸期，成熟期に分けて，この 4 段階の中で離陸期にあるソーシャル・アントレプレナーに手を差しのべることが有効だと感じていた。なぜなら，社会的な課題をビジネスにする機会を見つけてそれを解決するための技能を備えた時期が離陸期だからである[12]。

　ASHOKA におけるソーシャル・ビジネスの評価軸は以下のとおりである。

①　苦境にある人々の声に耳を傾ける。
②　予想外の出来事からひらめきを得る。
③　現実的な解決策を考える。
④　適材を見つけて大事にする。

　人々を貧困から救おうとするソーシャル・アントレプレナーは，市場経済の仕組みを変えて，零細な業者のビジネスサイクルを変えてきた。Lopata, J.（ジャドビガ・ロバタ）のビジネスの強みとは，化学肥料をあまり使わないこと，多彩な自然環境のもとで，農園が残っていることである。ロバタは，有機農法を取り入れた農家に観光客を誘致して副業収入をもたらした。その結果，農家の収入は増え，自然環境の維持とビジネスの両立が実現された[13]。ASHOKA は，新しい経済，社会を生み出す人材を応援してきた。21 世紀の社会的課題には，現状の経済システムでは対応しきれない。そのため，安心できる社会づくりで

未来を拓いていくという ASHOKA の能力に世界の人々が期待している。

　NPO 法人である Table for Two（以下 TFT と記す）のビジネスコンセプトは，企業の社員食堂にカロリーを抑えたヘルシーメニューを加えてもらい，その代金のうち 20 円が開発途上国の子供たちの給食 1 食分として寄付される仕組みである。このようにして，貧困とメタボリックシンドローム（成人病）という 2 つの社会的課題を同時に解決することが TFT の事業目標とされた。寄付に充てる 20 円という金額には無理がなかった。20 円はランチの価格に含まれていたので，新たに財布を開かなくても社会的課題に解決できるという点が，会社員の負担感を軽減した。20 円が開発途上国の給食 1 食分になるということを明確に示して，寄付する会社員に食糧問題にコミットしているという意識づけする仕組みが確立できた[14]。まさに，この仕組み作りは，共感意識の喚起とシステム思考が実践されているよい事例である。TFT のロゴは，1 つのテーブルを先進国と開発途上国が分かち合っているというイメージを大事にしている（図表 12 - 3）。多くの人々に，ソーシャル・ビジネスに取り組みたいという強い想いがあれば，それは仕事になるということを TFT の小暮真久は実践している。

図表 12 - 3　Table for Two のロゴマーク

出所：小暮真久『（完全版）20 円で世界をつなぐ仕事』ダイヤモンド社，2018 年，154 ページから引用。

第 3 節　新たな経済主体と社会調和

1．公益資本主義の時代

　社会的起業家が活躍する分野は，医療や福祉，教育，環境，文化，貧困などで，情報技術を駆使するネット起業家とはビジネス領域が異なるように思われる。しかし，ネット起業家は，ソーシャルメディアなどを通じて，人と人の絆を創りあげるという意味で，社会的起業家の機能と重なる事業領域を含んでい

る。ゆえに，社会的起業家の事業にネット起業家の事業を含めた経済領域をニューエコノミーとして位置づけることができる。

　ニューエコノミーを構成するもう一方のネット起業家の社会における機能は，現代における無味乾燥な人と人とのかかわりを改善するという価値を生み出している。社会的起業家は共感を創造するのがうまく，この共感の輪をできるだけ広くするように活動している。このような社会起業家が発する共感をテクニカルの面から支援するのが，ネット起業家である。お互いが協働することによって共通の価値が生み出される。この共通の価値は，物的な製品の提供やサービスの提供のみならず，目には見えないが人々の心を結びつける絆や互酬性といった社会関係資本を含んでいる。

　経済合理性をベースとしながらも，社会性を大事にしようとする考え方が出てきた。その１つが公益資本主義という考え方である。公益資本主義のもと，ビジネスを評価する基準が，富の分配における公平性，経営の持続性，事業の改良改善性である[15]。公平性とは，得た富を関係するステークホルダーに適正に分配することを意味する。特に，勤勉な労働者に対する正当な報酬の支払いが公平性の見える化の１つである。持続性とはまさに持続可能な経営を意味しており，短期的な利益を最大化するのではなく，長期的な未来経営をしていくほうが，環境変化に適応しうるといえるだろう。場当たり的な経営では，少なからず綻びが出てくるが，環境変化を長期的に予測する経営においては，経営危機を回避する可能性が高くなる。事業の改良改善性は，日々社会に求められる価値を提供できるよう努力していくことを意味する。このような公益資本主義を牽引する主体がソーシャル・アントレプレナーである。

2．オーセンティック・リーダー

　オーセンティック・リーダーは自らの目標に情熱的に取り組み，自らの価値観をぶれることなく実践するリーダーである。彼らは，知識だけではなく感情の面からも多くの人々を牽引している。そして，実りある人間関係を長期的に築き，自らを律することで，自分の成果を出している。リーダーの心を動かす動機には２つの誘因がある。それらは外発的誘因と内発的誘因である。従来型

の企業経営の外発的誘因は昇進や報酬，または，それらによる周囲からの認知度やステータスの上昇である。一般的に企業経営者として外面から評価されることを前提とした誘因が外発的誘因である。一方，内発的誘因とは自らを成長させること，周囲の人々の成長を助けること，社会の大義のために働くことを意味する。オーセンティック・リーダーは主に後者に重きをおいている。

　オーセンティック・リーダーは時間軸をどのように考えているのだろうか。純粋に表現すると，長期的に成果を生み出すことが本物のリーダーである。短期志向の目標であれば，本物のリーダーでなくても実現できる可能性はある。自己に忠実で，周りのことを思いやり，価値観を大事にするリーダーは長期的な視野でビジネスを実践している。ソーシャル・ビジネスにおいて，短期的に解決できる課題は少ない。長期的な展望や多様な人脈との交流を前提としたビジネス展開が新たな社会的課題を解決する糸口となる。本物のリーダーつまり，自分らしさを貫くリーダーは，集団を率いて価値ある目標を達成することに喜びを感じている。このようなオーセンティック・リーダーの功績は，社会関係資本として社会の中で根付いていくのである。

　社会関係資本は，「心の外部性を伴った信頼・規範・ネットワーク」とされている (16)。外部性とは個人や企業などの経済主体の行動が市場を通じないで影響を与える効果であり，便益を与えるものを外部経済，損害を与えるものを外部不経済という。社会関係資本の構成要素である信頼・互酬性の規範・ネットワークは，市場での売買が伴っていなくても，経済主体の行動に影響を与え，社会で重要な役割を果たしている。つまり，社会関係資本は，市場を通じて取引されるのではないので，貨幣価値としては測ることはできない。しかし，それは，社会的価値として重要な社会構成要素となっている。社会関係資本における外部性は，人が心の中で認識する能力に負うものである (17)。つまり，この外部性は，人の心に働きかけて，人々が認識して初めて意味を持つ心の外部性である。心の外部性を目に見える形で表現することは困難であるしかもしれないし，貨幣価値として測ることも難しい。

　ソーシャル・ビジネスでは，このような心の外部性を重視するような戦略が展開されている。それは，世界の人々の絆つまり，「一番大切なことや信頼性」

を事業に連結させることである。ビジネス主体とユーザーとの信頼関係そして，ユーザー間の信頼関係に基づいて，製品やサービスの販路拡大が実現される。このような条件がもとで，信頼性と収益性が両立できるビジネスモデルが確立される。このように，社会関係資本は，貨幣価値では測れない「心の外部性」を有しており，信頼や絆といった社会的価値を生み出す。つまり，「心の外部性」は社会的な価値を追求するソーシャル・ビジネスにおいて，特に考慮しなければならない要素となっている。2020 年の現代経済において，ソーシャル・ビジネスは競争の時代となっている。「心の外部性」を生まない事業は淘汰されるようになってきた。淘汰されないソーシャル・ビジネスの展開において，共感という心理的な要因が大きく影響している。

3．共感が生みだす新たな社会

　経済主体が自分の利己心を追求し，経済行動が活発になれば，結果として見えざる手によって，すべての経済主体が満足できる環境が整う。このような自由主義経済論が Smith, A（アダム・スミス）の経済モデルである。このスミスは自由主義経済の前提として共感という概念について論じている。人間というものをどれだけ利己的とみなすとしても，そのなお生まれ持った性質の中には他人のことを心に懸けずにいられない何らかの働きがあり，他人の幸福を目にする快さ以外に何も得るものがなくとも，その人たちの幸福を自分にとってなくてはならないと感じさせる心が共感なのである[18]。

　共感する心を前提とするビジネスは，性善説によって説明できる。人は元来良きことを進んで行うという性善説は，ソーシャル・ビジネスの基盤となる。一方で，利己心でコントロールされているビジネスは性悪説によって説明することができる。つまり，社会がどうなろうとも自らの富の支配を優先する人はまさに共感する心を持ち得ない人なのである。厳しい競争が繰り拡げられる現代経済において，自分の富を守りたいという心は当然沸き起こってくる。しかし，利己心や過度の競争心からの解放が，現代の経済人に認識されなければならない精神である。

　共感は善行を導きだす起点となる。善行とは思いやりや優しさが具現化した

行為であり，無理やり引き出すことはできない。善行の不足を理由に処罰されることはない。人間が心底もっている良心や本性が善行として表面に出てくる。ただし，心底悪い本性にもとづく行為は，社会による反発の対象となる。友情，慈悲，寛容といった善行の実行はある程度まで自主的な選択に委ねられている。自主的に委ねられている領域を自省し，それを発掘していくことこそ，ソーシャル・ビジネスの原点となりうる。

　人は，他者についてよりも，自分自身に関わることに自然と強い関心をもっているとされる。特に自尊心の強い人は本心から自分を過大評価し，自分が優秀だと心底信じているかもしれない。このような心を制御するには，自分自身が社会中で一般大衆の一員であることに気づかなければならない。このような自己評価への制御という心がソーシャル・ビジネスに必要な精神である。善行，自尊心の制御という2つの共感力を兼ね備え，社会に対して適切，謙虚に行動することがソーシャル・ビジネスの基礎となる。過度の利己的経済の拡大は，このような心によって良い方向に制御される可能性がある。多くのソーシャル・アントレプレナーは，社会との共感を重視している。彼らは，社会的に困っている人と同じ目線で，新たなビジネスの道を切り拓いている。ソーシャル・アントレプレナーの共感力の感度が強ければ，多様な社会的課題の解決度合いは高まるであろう。

　ところで，共感を本当に信頼できるのかということも考えなくてはならない。信頼（Trust）という概念はどのような意味を含んでいるのであろうか[19]。信頼は最広義には，道徳的社会秩序に対する期待を意味する。この道徳的社会秩序に対する期待は，相手の能力に対する期待と相手の意図に対する期待に分けることができる。相手の能力にかんしては，社会関係の中でかかわる相手が，役割を遂行する能力をもっているという期待である。そのため，技術的な能力と組織的な能力の両方が信頼獲得にとって必要になる。

　もう一方の期待は，相互関係にある相手が信託された責務や責任を果たすこと，そのために，場合によっては自分の利益よりも他者の利益を尊重できるかという期待である。やれると言ったことをやり遂げることができるかという期待が信頼の第2の意味である。

第4節 むすびに

　大きな成功を手にするソーシャル・アントレプレナーは，目標を掲げ，どうにかしてそれを実現しようとする。その過程で機会を探り，壁に突き当たり，それを乗り越えていく。何より，目先の利益よりも長期的な目標達成を彼らは重んじている。この目標達成のためには，厳密な計画策定が必要である。ASHOKA の創設者，ドレイトンは経営コンサルト会社のマッキンゼーで非常勤社員として働いていた。TFT の主宰者である小暮真久もマッキンゼー出身である。彼らは，純粋なビジネスの現場での経営ビジョンの策定や実行，資金繰りについての知識を有している。ソーシャル・ビジネスは夢だけでは成功しない。なぜなら，一般企業経営より複雑で，多様なステークホルダーとの協働が求められているからである。ビジョンを掲げ，それをステークホルダーに認知させることで仲間を増やしていくことが求められる。そして，仲間づくりの後には資金作りが必要になる。資金なくして，ビジョンの成功はあり得ない。ボランティアではないソーシャル・ビジネスは，収益を生み出し続けなければならない。そのためには，魅力的で価値があると認められるビジネスモデル作りが必要である。

　ソーシャル・ビジネスの波及効果の中に経済性と相殺されない公益性を組み込むことが，世界経済の持続的発展においては重要であると考えられる。そして，持続的発展と長期志向という視点が組み合わされることによって，多くの人々によって信頼されるソーシャル・ビジネスが成立する。経済力は富を生み出し，人々はその富の価値に信頼を置いている。それは，資本主義経済の根幹となる考え方である。しかし，富の支配がなによりも信頼に値する価値であるのかというと，そうではない。ソーシャル・ビジネスは富の支配にカウントされない価値を生み出す経済の原動力となる。

📖 考えてみよう！

　　世界では，将来どのような社会的課題が発生するかを予測し，その課題解決をビジネスとするために今準備できることを考察してみましょう。

【注】

（１）谷本寛治「ソーシャル・ビジネスとソーシャル・イノベーション」（『一橋ビジネスレビュー』第57巻1号，2009年，26ページ。

（２）谷本寛治『ソーシャル・エンタープライズ—社会的企業の台頭』中央経済社，2006年，4-5ページ。

（３）谷本寛治『ソーシャル・エンタープライズ—社会的企業の台頭』中央経済社，2006年，7ページ。

（４）イギリスでは，障碍者に雇用機会を与えることを目的とする事業体としてソーシャル・ファームという形態がある。さらに，従業員によって所有，管理される事業体で，従業員が会社を買い取って設立するワーカーズ・コレクティブというスタイルがある。そして，労働市場で不利な立場におかれ，排除された人々を職業訓練し，一般の労働市場へ戻れるように支援する媒介的労働市場会社がある。

（５）斎藤槙『社会起業家—社会的責任ビジネスの新しい潮流』岩波新書，2004年，28-29ページ。

（６）町田洋次『社会起業家—よい社会をつくる人たち』PHP新書，2004年，96ページ。

（７）Yunus, M, *Building Social Business: The New Kind of Capitalism that Serves Humanity's Most Pressing Needs*, Public Affairs, 2010.（岡田昌治監修・千葉敏生訳『ソーシャル・ビジネス革命—世界の課題を解決する新たなビジネス』早川書房，2010年，19ページ。）

（８）Yunus, M, *Building Social Business: The New Kind of Capitalism that Serves Humanity's Most Pressing Needs*, Public Affairs, 2010.（岡田昌治監修・千葉敏生訳『ソーシャル・ビジネス革命—世界の課題を解決する新たなビジネス』早川書房，2010年，71ページ。）

（９）Stroh, D. P, *System Thinking for Social Change*, Chelsea Green Publishing, 2015.（小田理一郎監訳・中小路佳代子訳『社会変革のためのシステム思考実践ガイド—共に解決策を見出し，コレクティブ・インパクトを創造する』英治出版，2018年，5ページ。）

（10）Stroh, D. P, *System Thinking for Social Change*, Chelsea Green Publishing, 2015.（小田理一郎監訳・中小路佳代子訳『社会変革のためのシステム思考実践ガイド—共に解決策を見出し，コレクティブ・インパクトを創造する』英治出版 2018年，45ページ。）

(11) 渡辺孝「ソーシャル・イノベーションとは何か」(『一橋ビジネスレビュー』第 57 巻 1 号，2009 年，19 ページ。)

(12) Bornstein, D, *How to Change the World*, Oxford University Press, 2004.（井上英之監訳・有賀裕子訳『世界を変える人たち』ダイヤモンド社，2007 年，207 ページ。）

(13) Bornstein, D, *How to Change the World*, Oxford University Press, 2004.（井上英之監訳・有賀裕子訳『世界を変える人たち』ダイヤモンド社，2007 年，213 ページ。）

(14) 小暮真久『(完全版) 20 円で世界をつなぐ仕事』ダイヤモンド社，2018 年，36 ページ。

(15) 原丈人『増補 21 世紀の国富論』平凡社，2013 年，292-296 ページ。

(16) 稲葉陽二『ソーシャル・キャピタル入門』中公新書，2011 年，27 ページ。

(17) 稲葉陽二『ソーシャル・キャピタル入門』中公新書，2011 年，28 ページ。

(18) Smith, A (1759) *The Theory of Moral Sentiment*, Penguin Books, 1759.（村井章子・北川知子訳『道徳感情論』日経 BP 社，2014 年，57 ページ。）

(19) 齋藤壽彦『信頼・信認・信用の構造 (第 3 版)』泉文堂，2014 年，25 ページ。

◆参考文献◆

稲葉陽二『ソーシャル・キャピタル入門』中公新書，2011 年。

小暮真久『(完全版) 20 円で世界をつなぐ仕事』ダイヤモンド社，2018 年。

齋藤壽彦『信頼・信認・信用の構造 (第 3 版)』泉文堂，2014 年。

斎藤槙『社会起業家−社会的責任ビジネスの新しい潮流』岩波新書，2004 年。

谷本寛治『ソーシャル・エンタープライズ―社会的企業の台頭』中央経済社，2006 年。

谷本寛治「ソーシャル・ビジネスとソーシャル・イノベーション」『一橋ビジネスレビュー』第 57 巻 1 号，2009 年。

原丈人『増補 21 世紀の国富論』平凡社，2013 年。

町田洋次『社会起業家―よい社会を創る人たち』PHP 新書，2004 年。

渡辺孝「ソーシャル・イノベーションとは何か」『一橋ビジネスレビュー』第 57 巻 1 号，2009 年。

Bornstein, D, *How to Change the World*, Oxford University Press, 2004.（井上英之監訳・有賀裕子訳『世界を変える人たち』ダイヤモンド社，2007 年）.

Smith, A (1759) *The Theory of Moral Sentiment*, Penguin Books, 1759.（村井章子・北川知子訳『道徳感情論』日経 BP 社，2014 年）.

Stroh, D. P, *System Thinking for Social Change*, Chelsea Green Publishing, 2015.（小田理一郎監訳・中小路佳代子訳『社会変革のためのシステム思考実践ガイド―共に解決策を見出し，コレクティブ・インパクトを創造する』英治出版，2018 年）.

Yunus, M, *Building Social Business: The New Kind of Capitalism that Serves Humanity's Most Pressing Needs*, Public Affairs, 2010.（岡田昌治監修・千葉敏生訳『ソーシャル・ビジネス革命―世界の課題を解決する新たなビジネス』早川書房，2010 年）.

┌─ 事例12-1) ASHOKA ビル・ドレイトン ──────

ASHOKA はインドの社会起業家へのサポートを手始めにブラジル，メキシコな
ど発展途上国の貧困，健康，環境，人権などの問題に新しいアイデアで挑戦する
人々を発掘し，彼らをフェローと認定して資金面・経営面での支援を行ってきた。
フェローに選出される社会起業家の選定基準は，下記の4点である。

①　目標設定と解決策が独創的であること。

②　起業家にふさわしい資質を持っていること。

③　強い倫理観を持っていること。

④　そのアイデアが社会的なインパクトを持つ可能性があること。

以上のような独創的で社会的なインパクトを持つ解決策を求める ASHOKA が描
く未来像はイノベーション志向といえ，それを強調するところが，伝統的 NPO の
戦略的経営論とは異なっている。ゆえに，ASHOKA の創設者である Drayton, B.（ビ
ル・ドレイトン）の業績は世界的に高く評価されている。グローバルな規模で人材
発掘するには，何が必要なのであろうか。ドレイトンは次のような指針を立ててい
た。人々は，理屈ではなく実在の人物をとおして社会的企業のイメージを膨らませ
る。ゆえに，社会規範となるような人材を探しださなくてはならない。その実在の
人物の発掘のため，ドレイトンは多彩な分野の人材の話に耳を傾け，相手のアイデ
アや歩みを理解する能力が必要だと感じていた。アショカフェローである Yunus,
M.（ムハマド・ユヌス）のビジネスでは，生産者が設備を買い入れ，生産性を高
めることを可能にした。環境を守りながら豊かな社会を目指すため，ポーランドの
ECEAT（European Centre for Ecological Agriculture and Tourism in Poland）を運営
する，アショカフェローの Lopata, J.（ジャドビガ・ロバタ）はポーランド農業の
強みをビジネス化した。

【参考】Bornstein, D., *How to Change the World*, Oxford University Press, 2004.（井
　　　上英之監訳・有賀裕子訳『世界を変える人たち』ダイヤモンド社，2007
　　　年。）

事例12-2　Table for Two 小暮真久

　Table for Two（TFT）の主宰者である小暮真久は，ビジネスへの想いを 5 つの P で表している。1 つ目は Purpose（目的や達成目標）である。つまり，自分たちにしかできないこと，事業の付加価値は何かを明確にしなくては，ソーシャル・ビジネスは成功しない。世界の食環境の不均衡を是正し，先進国の肥満と開発途上国の飢餓という 2 つの問題を同時に解決することが TFT の目的・達成目標である。この目標を掲げる前段階で，インパクトは大きいか，自分たちのスキルで実行できるか，同領域の先発者はいないか等の資源分析と環境分析が行われている。第 2 の P は，Partnering（提携）である。実際に TFT のビジネスモデルに賛同してくれる提携先を見つけることが第 2 の P である。一定数以上の利用のある社員食堂があるのか。CSR を積極的に取り入れて，社会貢献の価値を見出す企業があるのか。社員の健康管理に積極的に取り組んでいる企業はあるのか。以上のような条件のそろった提携先探しと連携がビジネスの初期段階の課題となっていた。第 3 の P は People（組織・人材）である。たとえ NPO といえども，想いだけで社会解決に携わる人はいないであろう。ソーシャル・ビジネスであるがゆえに，労働に見合った報酬がなければ，労働者は仕事に本当のプライドをもてずに，責任をもって最後まで仕事を全うするという心もちにはならない。第 4 の P は，Promotion（広告・宣伝）である。他人よりも多くの物を手に入れたいという利己的欲望が経済の促進剤として認識されてきた。しかし，食糧も資源を世界で分かち合う時代になっている。欲望を満たす経済から，分かち合う経済へという流れが，TFT のイメージ戦略の基礎となっている。第 5 の P は，Profit（利益・成果）である。NPO だからと言って利益を出してはいけないという原則はない。利益は事業継続のために必要な資金として確保されなくてはならない。以上のような思いの下，Table for Two は運営されている。

【参考】小暮真久『（完全版）20 円で世界をつなぐ仕事』ダイヤモンド社，2018 年。

第13章
ボーングローバル企業

第1節　はじめに

　世界は日々情報化，IT 化，グローバル化が進展しているが，このような時代の申し子として誕生したのが，ボーングローバル企業（Born Global Company：以下，BGC という）である。BGC は簡単に言えば「生まれながらのグローバル企業」と言うことである。その詳細は次節以降で述べるが，ベンチャー企業論である本著で BGC について述べる理由は，BGC はグローバル企業であるが，ベンチャー企業や中小企業の要素も，またハイテク・スタートアップなどの要素も含んでいるからである（図表 13 - 1 参照）。

　一昔前までは，と言っても 2，30 年前までは，グローバル企業（多国籍企業

図表 13 - 1　ボーングローバル企業の位置づけ

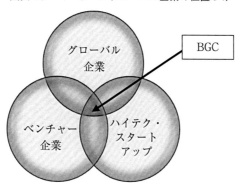

出所：中村久人『ボーングローバル企業の経営理論—新しい国際的ベンチャー・中小企業の出現』八千代出版，2013 年，212 ページ。

という言い方もある）といえば，大企業中の大企業（巨大企業）であり，一朝一夕にして到達できるものではなかったし，零細企業や中小企業がまともに競争できる存在ではなかった。それが世界市場を目指す誕生間もない小規模なスタートアップ企業である BGC が，以前では考えられなかったほど早急に国際化，グローバル化のステージに到達し，大規模なグローバル企業とも対峙し国際市場で競争を展開している。

　本章の学習目標は，BGC がなぜ早期国際化を図れたのか，また，BGC の持続的競争優位性の源泉は何なのか，といった BGC の行動特性を理解することである。そのためにはどのようなアプローチがあるのか観て行く。今日，BGC の経営の特性について知ることは，ベンチャー企業の理解にも繋がると考えられるのである。

第2節　グローバル企業とその類似企業

1．ボーングローバル企業（BGC）の概念と実態

　既述のように，BGC とは簡単に言えば「生まれながらのグローバル企業」であるが，経営学的に定義をすれば，「創業と同時にあるいは遅くとも創業後2・3年で海外事業を展開するベンチャー企業または中小企業」である。さらに，これに加えて，「母国市場の外（海外）で売上高の少なくとも 25％を上げている企業」という条件を提示している定義もある（Cavusgil & Knight, 2009）。もっとも創業後2・3年ではなく 10 年未満まで許容している定義もある。

　BGC という言葉は，90 年代初頭にオーストラリアのマッキンゼー社の報告書の中で使われ，その後例えばインターナショナル・ニューベンチャーズのような他の類似概念企業の名称と共に呼称され議論されてきた。

　また，企業の国際化プロセスは，これまで長期間に渡る国内事業の後，国際貿易（輸出）や技術供与の段階を経て，最後に海外直接投資（現地生産や現地でのR&D）に向かうという漸進的，連続的，かつ段階的な国際化プロセスをとるのが伝統的なグローバル企業（多国籍企業）と考えられてきた。

　しかし，90 年代初頭よりそのような国際化プロセスに依らない企業の国際

化活動を行う，生まれながらのグローバル企業が出現するようになったのである。すなわち，起業時からすぐさま海外市場に参入したり，それも1カ国ではなく複数の国に参入し，また以前経験もないのに国際合弁会社を創設するなど国際化の発展段階を数段跳び越えて「蛙跳び」するBGCが北欧諸国や米国を中心に数多く出現しているのである。

BGCの出現の背景としては，①市場のグローバル化，②輸送やICT技術の新しい展開，③資源不足でも持続的競争優位性の保持が可能，④国際的起業家精神（アントレプレナーシップ）を有する人々の増加，などを挙げることができる。

また，BGCの類似概念として，国際ニューベンチャー（International New Venture），ボーン・アゲイン・グローバル企業（Born-again-global），ハイテク・スタートアップ（High-tech Start-Up）などが存在する。ちなみに，国際ニューベンチャー（INV）は，「創業時からすぐに複数国の資源（原材料，ヒト，資金，時間など）を使って複数国でその製品を販売することで強力な競争優位を求める企業」と定義されており，BGCの定義と酷似している。

さて，BGCは，もともとデンマーク，ノルウェー，スウェーデン，フィンランドなど北欧諸国に多く存在することで知られている。それらの国は人口が少なく内需が多くない環境ながら，高い技術力を有しているので，一人当たりGDP，企業の研究開発費や特許出願件数等の指標は，いずれも日本と同等もしくはそれ以上である。IT，バイオ，医薬品，エネルギー・環境等の技術集約的で高付加価値の産業は国外進出を前提に事業を展開している。

グローバル化とICTの発展によって，日本においても同様の分野で一足跳びに早期国際化する企業が出てきている。例えば，電動バイクを製造・販売するテラモーターズや，路面下の調査を手がけるジオ・サーチなどである。

大手企業も海外進出に苦労する中で，どうして早期国際化が可能だったのだろうか。それは彼らが持つ資源が希少で，価値があったからである。資源は技術とも言い換えられる。例えば，テラモーターズの電動バイクは世界最高レベルの性能があるし，ジオ・サーチの「路面下空洞探査システム」は，1990年の時点で世界初の技術であった。これらの技術は模倣が困難で，ブランド力が高いと言うことができる。

　さらに，その技術を活用できる組織を持てたことも大きいし，大企業の力が及んでいないニッチ市場だったこともポイントである。ジオ・サーチは新技術で市場を掘り起こした企業だし，テラモーターズの場合，バイクを製造している大手はいくつもあるが，主流はガソリンバイクでエンジニアも製造ラインもガソリン用なので，構造が違う電動バイク市場には踏み切れない。テラモーターズはそこに目をつけた。

　BGC が海外で成功するための条件として，①希少性の高い技術，②その技術を活用できる組織，③未開発のニッチ市場の 3 点が挙げられる。それに加えて，BGC にはそれぞれ競争優位の源泉がある。言い換えれば，現在の地位を築くのを支えてきた事業のベースである。テラモーターズを例にとると，徹底したコストカットによる低価格化，ガソリンバイクと比べた際の優位性（CO_2 を出さない，ガソリンより充電料金が安い等），部品点数がガソリン車と比べると 4 分の 1 のうえに，モーターと電池が動力なので水平分業しやすく，ベンチャーが参入しやすい，といった点である。

　しかし，先に挙げた技術，組織，ニッチ市場と競争優位の源泉は BGC の必要条件であり，それを備えるだけでは十分条件にはなり得ない。持続的競争優位性を保つためには，資源をフルに活用できる能力が求められる。最も重要なのは，1 つのイノベーションだけでなく，複数のイノベーションを組み合わせることができるかどうかである。また，イノベーションを継続的に起こしていくことができるかどうか。これが BGC の成否を左右するといえる。

　ここでいうイノベーションとは，技術面だけの話にとどまらず，既存の概念を打ち破るアイディアや社内のマネジメントも含まれる。あらゆるシーンで常識にとらわれずに変革することで，競争優位性とベンチャーならではの機動力を活かした経営が可能になるのである。

　テラモーターズは 2010 年の創業から間もなく中国で委託生産を開始し，2 年目にしてベトナム，3 年目にフィリピンに支社を開設した。そして，入社 2 年目の新人を責任者として海外に派遣した。とにかく型破りでスピーディなのが特徴である。徳重徹社長によれば，「創業から 2 年で国内シェアトップになった。また，電動シニアカーの分野に進出したり，他社との提携で全国 5,000

店舗でのメンテナンスを可能にし，世界初となる iPhone と連携機能のある電動バイクを開発するなど，常に変化しながら前進している」と述べている（徳重，2013）。

　ジオ・サーチも同様に，絶え間ない変革で新たな価値を生み出し続けている。90 年に世界初の「路面下空洞探査システム」を開発すると，94 年には国連からの要請で新型対人地雷探知装置「マイン・アイ」を開発し，実用化した。98 年から数年間は，タイ・カンボジア国境付近の大クメール遺跡「プレア・ヴィヒア寺院」周辺での地雷を除去して，遺跡の世界遺産登録に貢献した。そして 2010 年には，時速 60 キロで走りながらコンクリート構造物の劣化，損傷箇所を探査できる技術を開発し，11 年にはその技術を搭載した地中の空洞探査車「スケルカー」を生み出した。

　こういったイノベーションの連続が企業の存在を際立たせ，世界を舞台に事業を加速させるのである。それだけに，段階を踏んで計画的に海外展開する大手企業と違い，BGC は事業を短期間で急拡大させる能力を有している。

2．ボーン・アゲイン・グローバル企業の概念と実態

　さて，BGC は創業時から 2・3 年以内に国際事業を開始した企業だが，これと類似したボーン・アゲイン・グローバル企業（BaGC）も存在する。これは，「もともと国内で事業をしていたが，その後ある契機によって急激に方向転換し，一気に海外展開して成長したベンチャー企業や中小企業」をいう。

　海外市場に舵を切る理由はそれぞれだが，共通しているのは危機感である。不況や国内事業の経営不振，あるいは日本の市場に限界を感じて，国外に活路を求めたのである。BGC は設立当初から海外市場を意識している場合がほとんどだが，BaGC は日本での事業が長いだけに，経営手法もそれぞれである。

　例として，手術用の縫合針等の開発・生産を手がけるマニー（株）とアクリルパネルの接着技術が競争優位性である日プラ（株）を挙げることができよう。マニーは創業から 60 年間，栃木県宇都宮市で事業をしているが，当時の社長が労働集約的な作業は国内ではこれから難しくなると判断し，96 年にベトナムに生産拠点を設立した。これが成功し，事業が拡大し 12 年には東証一部に

上場している。具体的な製品は，手術用縫合針などの微小手術機器，切削研削研磨刃機器などである。また，製品以外にユニークなのは，グローバルな社内公用語が海外でも日本語であることだ。現在，ベトナムに続いて，ミャンマー，ラオスにも工場を展開しているが，社内での会話，電話，メールすべて日本語である。日系企業では社内公用語は英語が一般的であるのに対して，外国人社員に日本語を話させ，海外でも日本語によって事業を展開しているのは驚きである。

　他方，日プラを BaGC として位置づけるのは，1969 年に日プラ化工(株) として設立され，1974 年には創業者が同じ海洋設備(株) と統合され，1982 年に初の海外市場参入を果たし，その後急速な国際化を推進しているからである。同社は香川県の高松に本社・工場を置き，水族館用の水槽用大型アクリルパネスの設計・製造・施工や水槽内防水ライニング工事を主たる業務としている。簡単に言えば，アクリルパネル製法を水族館に応用することで世界に飛躍した企業である。

　同社のアクリルパネル製作の高度な技術とそのイノベーションが，海外進出後の急速な国際化と持続的な競争優位性の源泉になっている。その技術を根底で支えているのが，アクリル板の高度な積層接着技術であり，精度の高い熱成形加工である。品質の劣化を防ぎ安定した透明度を保つ高水準の積層接着技術は，何層にも重ねたアクリル板の接着部分を世界最高水準の強度と透明度に仕上げている。

　戦後の日本を支えてきたモノづくり企業が，それぞれの方法で海外での事業を発展させていることを考えると，経営手法に「正解」はないのかもしれない。ここまで例に挙げた BGC2 社，BaGC2 社に唯一共通しているのは，世界一の地位にあるか，それを目指しているということである。テラモーターズは「日本発のメガベンチャー」を目指し，ジオ・サーチは路面下空洞調査・実績で世界トップであり，マニーは「すべての製品を世界一の品質に」を掲げ，日プラはアクリルパネルの高度な積層接着技術を武器に海外進出している。

　こういった企業の存在が，中小企業の国際化や国内市場の活性化を促すのは確実で，世界で戦える BGC や BaGC が増える可能性は大いにあるといえよう。

3. BGC の企業としての2大特徴

(1) BGC 特有の早期国際化プロセス

これについては2つの課題があり，1つ目は，伝統的な国際化プロセスとどこが違うのか。その違いはなぜ発生するのかということである。ウプサラ・モデルが確立した連鎖モデルでは，国際化は国際化に関係ない状態から輸出へ，さらに現地生産へと体系的に進展すると考えられているが[1]，BGC はさまざまな市場参入オプションを選択し，場合によってはそれらを進出国ごとに使い分けている。伝統的な大規模多国籍企業の国際化プロセスが漸進的・連続的かつ段階的であるのに対して BGC のそれは必ずしも同じではなく時には国際化の発展段階のいくつかを飛び越えて進展する「蛙跳び」もあるのである。

それではそうした違いがなぜ発生するのか。まずは，企業をとり巻く現代の環境が BGC 出現前の環境と大きく変わったことである。具体的には，BGC の出現を容易にする外部環境要因，すなわち，グローバル化の進展，世界市場経済の統合，ナレッジ・エコノミーの展開，情報通信技術 (ICT) の発展，インターネットの登場と発展，途上国の市場化や技術力の向上など，である。また，BGC はニッチ市場を狙っていることやネットワークによって国内だけでなく国外企業とのアライアンスを多用することも理由として考えられる。

しかしながら，それらの外部環境要因は大規模多国籍企業にも同様な影響を与えており，BGC の国際化を容易にする必要条件（背景）ではあっても，大規模多国籍企業の国際化との違いを説明する十分条件とはいえない。

従って，他のより本質的な理由は何かということになる。それは BGC 自体の内部環境要因，すなわち，BGC の希少な経営資源の有効活用や国際的起業家精神（志向）の台頭などである。前者については，資源ベース論がいうところの，①その資源が経済的価値を有する，②希少性がある，③模倣が困難である，④以上の経営資源を活用できる組織である，ことである (Barney, 2002)。また，後者については，国際的なビジネスの知識や経験が豊富な起業家・経営者が近年増加したことである。

国際化プロセスの2つ目の課題は，BGC はなぜ早期国際化が可能なのか，また，それを可能にする要因は何か，である。何人かの研究者たちは，ある産

業のグローバルな統合水準と競合企業の国際化の程度が，新たな企業の海外進出の早さに影響を及ぼす要因であることを示唆している。また他の研究者たちはBGCを育成し，支援する公共政策の役割を重視している。

さらに，中小企業の輸出についてのある調査では，企業が独占的所有権のある知識集約的な製品を所有していればいるほど，また強力なグローバル志向産業に属していればいるほど，また小さな国内市場しか持たない国で創業すればするほど，早期に多数の海外市場をターゲットにする傾向があると述べている。

（2）BGC の持続的競争優位性の源泉

次は，希少な経営資源しか持たないBGCがなぜ国際市場で伝統的な大規模多国籍企業との競争に伍していけるのか，という課題である。これについては，以下の3つのアプローチからの検討がなされている。

①　資源ベース論からみたBGCの持続的競争優位性

まず，資源ベース論によれば，以下のいくつかの内部資源を有することが持続的競争優位性の源泉と考える。それは既述のように，①その資源が経済的価値を有すること（Value），②希少性があること（Rarity），③模倣が困難であること（Inimitability），④以上の経営資源を活用できる組織になっていること（Organization）の4つである（VRIOフレームワーク，Barney, 2002）。

①はそれを使って企業環境におけるチャンスをものにし，脅威を無効にするという意味で価値がある，②は現在の企業間競争および潜在的競争において希少性がある，③は模倣が不完全（困難）である，④は自社が保有する以上の資源を活用できるように組織化されている，ことである。企業の組織を構成する主要な要素として，公式の命令・報告系統，マネジメント・コントロール・システム，報酬体系などがある。これらの要素は単独では競争優位性を生み出す力が限定されているが，他の経営資源やケイパビリティ（企業特殊的能力）と組み合わされたとき競争優位につながる力を発揮するのである。

さらに，模倣が困難になる要因として，次の4つを挙げている。①代替が利かない（非代替可能性），②因果関係が曖昧である，③社会的複雑性がある，④

特許を保有する，である（Barney, 2002）。

　しかしながら，これら資源の特性や要件は BGC の持続的競争優位性を生み出すための必要条件ではあるが十分条件ではありえない。企業が所有する経営資源にはリソースとケイパビリティがある。そこで本章では持続的競争優位性を構築するには，これらのリソースを活用する能力，つまりケイパビリティが重要であると考える。ケイパビリティは「望まれる結果に向けてリソースを配置する企業のキャパシティあるいは資源間の相互作用を通じて時間をかけて開発される企業特殊的能力」，と定義される（高井，2007）。

　持続的競争優位性は，リソースよりもむしろケイパビリティ（コンピタンス）によってもたらされる場合が多いのである。リソースとケイパビリティが競争優位性を創り出すためには，顧客，ライバルなどの戦略的産業要因と企業の有する戦略的資産との適合が必要である。また，企業が持続的競争優位性を構築するためには，複数のイノベーションを連続的に組み合わせ，そのようなイノベーションを継続的に起こして行く組織能力を構築する必要がある。つまり，ラディカル・イノベーション，市場創造イノベーション，インクリメンタル・イノベーションなどの複数のイノベーションを連続的に組み合わせる組織能力を構築することで持続的競争優位性が構築できることになる。

②　ネットワーク・アプローチからみた BGC の持続的競争優位性

　さらに，ネットワーク・アプローチの観点から，次のような知見が BGC の持続的競争優位性にとって重要となる。ネットワークとしての繋がりは強い場合も弱い場合もあるだろう。繋がりは時間量，感情的強度，親密さ，相互依存性の程度が低いと弱くなる。ここで重要なのは，数多くの弱い繋がりを持つ企業は強い繋がりを有する企業よりも優位性を享受できる場合があるという観点（弱い紐帯の強み）である（Granovetter, 1974）。

　その理由として，第1に，数多くの弱い繋がりを維持する企業の方が多くの強い繋がりを有する企業よりコストの面で有利な立場にある。強力な繋がりには企業間のタイトな統合が必要であり，維持するコストが高くつく。第2に，弱い繋がりは強い繋がりより新鮮な知識を供給する。弱い繋がりで結びついて

いる企業の知識は強い繋がりのそれよりも類似点が少ない。強い繋がりの中にいる企業はお互いに類似の知識ベースを採用し開発することになる。第3に，弱い繋がりは企業間が分離している（de-coupling）ことを意味しており，このことは企業の適応行動に対する制限が少ないことになる。つまり，弱い繋がりの中にいる企業は新しい知識を探索し，より大きな自立性を享受し，周りに適応するのに有利な地位にある。強力な繋がりは企業の知識ベースの適応的対応を制限することになるかもしれない。従って，多数の弱い繋がりを持っているBGCのような企業は数少ない顧客のニーズに対してカスタマイズ度の高い製品やサービスを開発できるかもしれない。弱い紐帯については第10章においても紹介されている。あわせて参考にしていただきたい。

③　国際的起業家精神アプローチからみた BGC の持続的競争優位性

　さらに，国際的起業家精神（志向）の観点からは，BGC 出現の背景として既述の外的環境要因の他に，内的環境要因として国際的経験と知識を有する起業家精神旺盛な多数の起業家（アントレプレナー）の出現を挙げることができる。

　図表 13－2 に示したように，これまで実務的に国際ビジネスと国内ビジネスは対極に位置し，国際ビジネスの領域は伝統的な大規模多国籍企業の「専売特許」であり，国内ビジネスのみがベンチャー企業に与えられた活動領域であった。しかし，近年国際的経験や知識が豊富で起業家精神の旺盛な起業家がベンチャー企業や中小企業を起業・経営し，国際ビジネス活動に参画する機会が増えてきた。これにより，国際ビジネスとベンチャー企業を区分する境界線が払拭されたといっても過言ではない。このことは国際ビジネスにとってもベンチャー企業にとっても画期的な出来事と考えられる。

図表 13－2　国際ビジネスとベンチャー企業の統合図

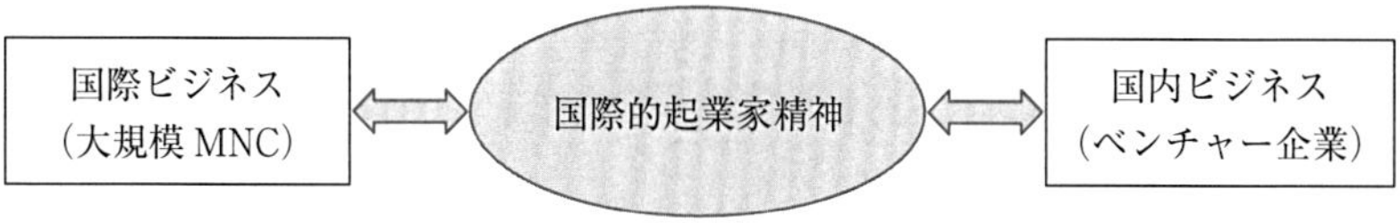

出所：筆者作成。

第3節　起業家精神の国際比較とシリコンバレーからの示唆

1．起業家精神に関する国際比較

　北欧諸国や米国では BGC が多いと述べたが，ベンチャー企業の起業家精神に関しては国際比較調査として GEM（Global Entrepreneurship Monitor）調査がある。この国際比較調査によれば，日本のベンチャーにおける起業活動率（開業率）は，過去3年間（2009～2011）平均で先進国中最低水準の3.9％である。ちなみに，アメリカ9.3％，イギリス7.1％，北欧4か国平均5.7％，フランス5.3％，ドイツ4.6％である。また，日本は事業性個人（SOHO）の比率も低い。SOHO の日米比較によれば，米国は就業者合計1億3千万人中5千万人（38％）であるのに対し，日本は就業者合計6千6百万人中4百万人（6％）に過ぎない。

　また，ベンチャーキャピタル（VC）の対 GDP 比でも先進国中最低である（OECD 調査）[2]。内訳をみると，特にわが国では起業初期段階での投資割合が低い結果となっている。その原因は起業活動が低調であることに加えて，VC の大半が金融機関の系列会社であってリスクをとる姿勢に乏しいこと，IPO や M&A も低調で VC の資金回収方法が限られていることなどが考えられる。

　さらに，世界銀行による開業規制面における起業のしやすさの国際比較をみても，日本は114位であるのに対して，オーストラリア2位，カナダ3位，アメリカ13位，イギリス19位，韓国24位，フランス27位である[3]。

　また，科学技術政策研究所による技術系人材の日米比較では，日本は東大・東工大工学部卒業生，米国は MIT の卒業生について，就職先の規模を調査している（図表13－3）。さらに，図表13－4は同大学の技術系人材の卒業後の転職回数を比較したものである。両図を見ると，日本はいかに大企業主導型社会であり，終身雇用制によって起業意欲が阻害されているか判然とする。

　以上から，日本においてベンチャーが活性化しない根本原因として，安全志向の国民性，"寄らば大樹の陰"の集団帰属性（belonger 性）が大きく作用していることが分かるのである[4]。

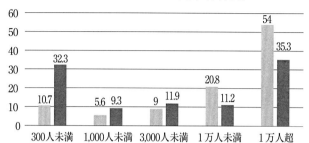

図表13－3　就職先企業規模日米比較

■ 日本：東大・東工大工学部卒業生　　■ アメリカ：MIT工学部卒業生

出所：科学技術政策研究所調査，寺本義也・松田修一監修，早稲田大学
　　　ビジネススクール『MOT入門』日本能率協会，2002年。

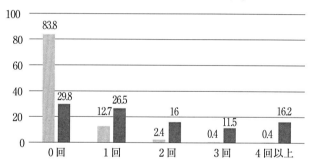

図表13－4　卒業生転職回数の日米比較

■ 日本：東大・東工大工学部卒業生　　■ アメリカ：MIT工学部卒業生

出所：科学技術政策研究所調査，寺本義也・松田修一監修，早稲田大学
　　　ビジネススクール『MOT入門』日本能率協会，2002年。

2．シリコンバレーからの示唆

　さて，次に日本のベンチャーを活性化させるための何らかの方策を得るため
に，ベンチャー企業やBGCが多く生まれている米国，特にシリコンバレーの
状況を見てみよう。シリコンバレーは1970年代から，ハイテク産業集積が最
もダイナミックに発展した地域として世界の注目を集めてきた。

　シリコンバレーの特徴として，「誘致政策型」，「産学官連携型」，「ハイテク
産業育成型」に加えてベンチャーキャピタルの豊富さ，旺盛な起業家精神など
が挙げられるが，Saxenian（1994）はもう一つの重要な特徴として中小企業や

ベンチャー企業のネットワーク型システムを挙げている。シリコンバレーは，同時期に大学・研究機関を中心に米国でハイテク産業を集積していたボストンのルート128と比較されることが多い。双方ともに1970年代に大きく発展し，80年代前半に停滞したという共通性があるが，80年代後半に復活したのはシリコンバレーであった。

　その差が生じた理由として，シリコンバレーはルート128と違って，軍需依存から民需依存への転換，中小・ベンチャー企業のネットワーク型システムの確立，国防研究費や公的資金依存からベンチャーキャピタルへの転換があったことが挙げられる（周，2005）。

　シリコンバレーの企業は強い技術志向を有しているが，それに加えて企業相互の協業によって新しい応用分野や新しいマーケットを追求している。地域の日々変わる多様なニーズと合致する技術や商品が開発されており，大きな発展が可能となったのである。また，地域の特徴を生かした独創的な研究テーマの下，ユニークな技術や商品の開発も行われている。

　さて，日本のシリコンバレーはどこかといった場合，つくば学園都市，福岡，京都などの地域が挙げられることが多いが，いずこも要件を満たしていない。例えば，つくば学園都市では，筑波大学が東京大学に次いで2番目の大学発ベンチャー創設数となっている。しかし，つくば地域でのベンチャーの核となる技術や研究は数多くあるものの，企業のIPOがほとんど見られず，また，財務や経営全般をみることのできる「経営人材」も大幅に不足している。資金調達の面でもベンチャーキャピタルやエンジェルがベンチャー企業にもっと投資できるような国の税制改正が喫緊の課題である。

第4節　むすびに

　これまで見てきたように，BGCは伝統的な国際化プロセスとどこが違うのか，その違いはなぜ発生するのか，BGCはなぜ急速な国際化（早期国際化）が可能なのか，それを可能にする要因は何か，といったことを検討した。

　また，希少な経営資源しか持たないBGCがなぜ国際市場で伝統的な大規模

多国籍企業との競争に伍していけるのか，それを可能にする要因は何か，といったこともかなり明確になったであろう。

　また，BGC の経営の解明にはどのような研究アプローチがなされているのか，さらに BGC と類似した企業概念についても，それら類似企業の特徴を明らかにすると同時に，それら企業との比較により BGC の特徴をより明確にした。

　また，北欧諸国やアメリカになぜ BGC が多いのか，それら諸国の BGC 出現の背景は何かについても考察した。さらに，わが国の BGC や BaGC にはどのような企業があるのか，またそれらはなぜグローバル企業になり得たのか，等についても検討した。最後の「事例」についても参照して戴きたい。

📖 考えてみよう！

　　ベンチャー企業や BGC が多く生まれている米国のシリコンバレーとルート 128 の特徴を自分で調べて比較してみよう。

【注】

（1）ウプサラ・モデル（Uppsala Model）は，スウェーデンの学者たちによって提唱された理論である。企業の国際化プロセスでは時間をかけて学習や経験を蓄積し，間接輸出 → 直接輸出 → 海外販売子会社設立 → 海外生産 → 海外 R&D 活動への移行を段階的に行うと説明される。

（2）OECD, *Entrepreneurship at a Glance 2011*, 2011.

（3）The World Bank, *Doing Business 2013: Smarter Regulations for Small and Medium-Size Enterprises*, 2013.

（4）Belonger は造語である。

◆参考文献◆

Barney, J., *Gaining and Sustaining Competitive Advantage*, Pearson Prentice Hall, 2002.（岡田正大訳『企業戦略論』ダイヤモンド社，2003 年）.

Cavusgil, S. Tamer and Knight, Gary A., *Born Global Firms: A new International Enterprise*, Business Expert Press, 2009.（中村久人監訳，村瀬慶紀・萩原道雄訳『ボーングローバル企業論─新タイプの国際中小・ベンチャー企業の出現─』八千代出版，2013 年）.

Granovetter, M. S., *Getting a Job: A Study of Contacts and Careers*, Cambridge, MA: Harvard University School Press, 1974.（渡辺深訳『転職―ネットワークとキャリアの研究』ミネルヴァ書房，1998 年）.

Saxenian, Annnalee, *Regional Advantage: Culture and Competition in Silicon Valley and Route 128*, Harvard University Press, 1994.（大前研一訳『現代の二都物語』講談社，1995 年）.

岩崎薫里「東南アジアで攻勢を強めるアリババ」『Research Focus』No.2017-036，日本総研，2018 年，1-12 ページ。

周玉華「ハイテク産業集積の形成・発展とモデル化：シリコンバレーメカニズムの再検討」『松山大学論集』第 17 巻第 5 号，2005 年，181-199 ページ。

高井透『グローバル事業の創造』千倉書房，2007 年。

徳重徹『世界へ挑め』フォレスト出版，2013 年。

中村久人『ボーングローバル企業の経営理論―新しい国際的ベンチャー・中小企業の出現』八千代出版，2013 年。

中村久人「地域中小企業の国際化・グローバル化―ボーン・アゲイン・グローバル企業の事例を中心として―」『経営教育研究』第 17 巻第 1 号，2014 年，7-17 ページ。

寺本義也・松田修一監修，早稲田大学ビジネススクール『MOT 入門』日本能率協会，2002 年。

【事例13−1】 テラモーターズとテラドローン

　テラモーターズは初めから世界市場を狙う戦略を持っており，まさにボーングローバル経営を目指しているのである。徳重社長自身も，同社がボーングローバルであると著書の中で述べている（徳重，2013）。同氏によれば，今や世界の産業経済の中心は，欧米からアジアを中心とする新興国へとシフトしている。従って，市場の成長性をみれば，アジア全体を日本の「国内需要」とみなすぐらいの意識改革が日本企業の経営者には必要であると語っている。

　そうしたシフトが必要なのは，新興国の成長性に加えて，今日の競争がグローバルに起こっているためであり，世界には国内需要の何倍もの需要があり，進出しなければ，外国企業にチャンスを奪われてしまう。バイクの日本市場は年間30万台に対し，アジアは4,000万台である。また，世界標準の規格を獲得することが世界市場でのシェア獲得に繋がるからである。しかし，その前に同社の早期国際化は，社長である徳重氏の経営資源の「スピード」を重視する姿勢によるところが大きいと思われる。ベンチャーでも，スピードに勝れば十分大企業に勝てるということである。同社では，社長が直接現地に行ってその場で決めることも多い。

　徳重社長は，「新興国ではガソリンが高価な上，排ガス対策も急がれており，電動バイク市場は大きく成長して行くという読みが設立のきっかけだった」，と述べている（徳重，2013）。テラモーターズの競争優位の源泉については，事業モデルが，既成部品を多く利用した中国での委託生産と安価なシリコン電池を採用するといった，徹底したコストカットである。さらに，電動バイクはガソリンバイクに比べて，音が静かであり，CO_2を出さない，充電料金が安い，快適に運転できる（振動がない），などの利点がある。

　最後に，同社は子会社（関連会社）として，テラドローン(株)を創業し，国内外においてドローンを用いたレーザー・写真測量を実施し，高精度3次元図面を短時間で作成し，施工管理に役立てるサービスを提供している。2時間以上飛行可能な固定無人機も自社で開発した。ドローン運行管理システム（UTM）事業では，海外企業とも提携し，次世代のシステム開発を行っている（徳重，2013）。

【参考】徳重徹『世界へ挑め』フォレスト出版，2013年。

220

事例13-2 アリババ（亜里巴巴）の東南アジア進出

　1999 年創業のアリババは現在中国の電子商取引（EC）最大手であり，同社の B2C のオンライン・ショッピングモール Tmall.com（天描）は国内 EC 市場で首位の座を占めている。2018 年の独身の日（11 月 11 日：W11）には一日で 2,135 億元（約 3.63 兆円）を売り上げている。ちなみに，これは楽天の年間国内 EC 流通額を超える額である。

　アリババはまた，EC を起点にして金融，物流，クラウドコンピューティングなどの分野に多角化しており，特に金融分野ではフィンテックを活用して国内での小口融資の拡大やキャッシュレスの進展に大きな影響を及ぼしている。

　同社は 2014 年頃からシンガポールをはじめタイ，マレーシア，インドネシア，フィリピン，ベトナムなど東南アジアに相次ぐ進出を果たしている。進出の背景として，中国国内 EC 市場の成熟化に対して，東南アジア EC 市場が未成熟であることが大きく関わっている。

　アリババが東南アジアに進出する際の競争優位の源泉は，豊富な資金力と東南アジア市場が抱える課題への取り組みを既に中国国内で経験済みであることである。なかでも大きな課題は，①決済，②物流，③信頼，についての問題である。中国でもかつては，決済は，代金引換（cash on delivery）や銀行の ATM で支払いをするのが主流であり，物流では，交通網が脆弱で通関手続きが煩雑であり，信頼に関しては EC に対する信頼が醸成されていなかったのである。

　アリババは 2004 年に国内で第 3 者決済サービスの Alipay（支付宝）を立ち上げ，買い手も売り手も双方が安心して EC を利用できるようにした。また物流でも，宅配事業者と次々に契約して，物流ネットワークを構築していった。こうした取り組みが，中国国民の EC に対する信頼を高めていったのである。これらの経験は，東南アジアでの EC 市場開拓に有利に働いていると言えよう。

　馬雲会長によれば，これまでの経済のグローバル化の恩恵は先進国や大企業に偏在していた。しかし，越境 EC が拡大すれば，途上国や中小零細企業でも参加コストが大幅に低下し，先進国や大企業とも対等に競争できると力説している（岩崎，2018）。

【参考】岩崎薫里「東南アジアで攻勢を強めるアリババ」『Research Focus』
　　　No.2017-036，日本総研，2018 年。

第14章
大学発ベンチャー

第1節　はじめに

　本章では大学等の研究・教育機関が関与することで創業された，ベンチャー企業の一形態である大学発ベンチャーについて取り上げ，その特徴や経営課題，支援のあり方について検討していく。

　筑波大学の山海嘉之教授のサイバニクスに関する研究成果の実用化を目的に2004年に設立され，教授自身が代表取締役を務めるCYBERDYNEは大学発ベンチャーの代表的な企業の一つである。同社は世界初のサイボーグ型ロボットスーツHALの開発に成功し，医療・介護・福祉，重作業等の領域で事業展開することで，2014年に東証マザーズ上場を果たしている。現在，わが国において大学発ベンチャーといわれる企業が確認出来るだけで2000社[1]を超えて存在している。それらは経済社会の中でイノベーションを牽引する主体として，また，雇用創出や地域経済発展の担い手として注目されるようになっている。

　わが国においてこうした大学発ベンチャーの創業が顕著になったのは，1990年代以降のことである。この時期，産業活性化の手立てとして大学等の知識を産業に活用するために国による支援施策が整備され，大学等と企業が共同する，いわゆる「産学連携」が活発化することとなった。大学等の研究・教育機関が関わった大学発ベンチャーは，こうした「産学連携」の一形態として捉えることが出来る。

　以上のように，大学発ベンチャーは，起業家により創業された革新的な新興

企業であるベンチャー企業の一形態という側面と，政策的意図を背景に活発化した産学連携の一形態という側面を有している。したがって，大学発ベンチャーについて学習するにあたっては，二つの視点が必要となる。1つは，アカデミックの領域を背景とする個人や組織が起業に関わる，大学発ベンチャー固有の経営上の特徴と課題といった視点での検討である。もう1つは，経済社会において様々な役割が期待される大学発ベンチャーの支援の現状とその課題といった視点での検討である。本章では，以上の問題意識にたって，大学発ベンチャーの現状と課題について検討していくこととする。

第2節　大学発ベンチャーの特性と現状

1．大学発ベンチャーとは

（1）大学発ベンチャーの定義

　大学発ベンチャーの定義については各種研究や調査の間で差異が見られ，確立された一般的な定義がないというのが現状である。とはいえ，多くの研究や調査の定義に共通する部分として，大学発ベンチャーが大学等の研究・教育機関が「関与」することで設立されたベンチャー企業の一形態であるという点があげられる。ただ，大学等とベンチャーとの関係や関与のあり方については，論者によって着目する点に差異が見られる。大別すると，大学等の「人材」（研究者・教員，学生・大学院生等）の関与を重視する定義，大学等の研究成果である特許・ノウハウ等の「技術・知識」の関与を重視する定義，そして，「人材」と「技術・知識」の両方の関与を重視する定義が見られる[2]。

　以上を勘案すると，大学発ベンチャーの具体的形態としては，①大学等の「人材」によって大学等の「技術・知識」に基づいて創業されるケース，②大学等以外の「人材」によって大学等の「技術・知識」をもとに創業されるケース，③大学等の「技術・知識」には基づかないが大学等の「人材」によって創業されるケースが考えられる。なお，③の形態を大学発ベンチャーに含めるかについては議論が分かれるところである。大学等の「技術・知識」をともなわない「人材」のみに関する基準だけでは，想定される事象の幅が広すぎるため，

大学発ベンチャーとしての特徴や実態を把握できない[3]からである。

　本章では大学発ベンチャーとは，大学等の研究・教育機関で生み出された研究成果に基づいて創業された，革新的な新興企業と定義する。したがって，基本的に①と②の形態を想定している。なお，大学等で生み出された基礎的・萌芽的な研究成果には暗黙知的要素も多く，研究成果の活用とそれを生み出した人材とは不可分の関係にある[4]と考えられるので，②の形態でも大学等の技術や知識を実用化していくためには，それを生み出した大学等の人材が経営陣の一員や技術顧問等の立場で関与することが重要な要素となると考えられる。

（2）大学発ベンチャーの特性

　上記の検討から示唆されるように，大学発ベンチャーの本質は大学等の研究成果をシーズ（seeds：種）とし，大学等の人材自身が起業家として，あるいは他の起業家と協力して事業を創造して育てていく起業家活動にある。これまでの章でも学習してきたように，起業家活動とは，何もないところから価値を創造するプロセスであり，創業者が認識した事業機会と必要資源間のギャップを解消し，適合性を確立するための試行錯誤の持続的なプロセス[5]である。そのプロセスは「スタートアップ期」，「成長期」，そして「安定期」といった段階的プロセスとして把握することができるが，大学発ベンチャーの特徴が最も現れるのが，起業家が事業構想を描いて創業し，製品やサービスの販売が一定の軌道に乗るまでの「スタートアップ期」，中でも事業創造が図られるその前半プロセスである。

　大学発ベンチャーの場合，起業の出発点として大学等の研究成果である特許・ノウハウ等の「技術・知識」があり，それは大学発であることの強みである。ただ，技術や知識それ自体を生み出す「研究開発」と「事業創造」とは，性質が大きく異なる活動であることを理解する必要がある。

　図表14－1はイノベーション・プロセスの概念図を示している。ここに示されているように市場ニーズと技術進歩が出会うことによりイノベーションの種，すなわち事業機会が生まれるが，それを成果獲得に結びつけるためには，「研究・技術開発活動」，「製品開発活動」，そして，「事業化活動」が必要とな

図表 14 - 1　イノベーションのプロセス

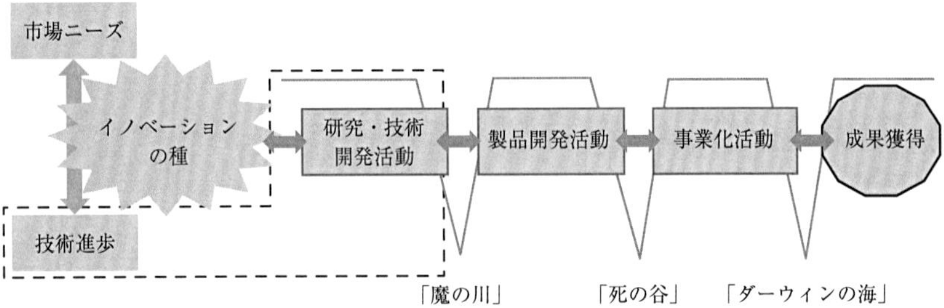

出所：近能善範・高井文子『イノベーションマネジメント』新世社，2010 年，21 ページ，
　　　23 ページの図を参考に筆者作成。

る。「研究・技術開発活動」とは基礎となる重要な要素技術を生み出す活動で
あり，「製品開発活動」とは市場で販売する具体的新製品を生み出していく活
動である。そして，「事業化活動」とは開発された新製品を市場投入し，その
市場を開拓・拡大して安定的に収益を確保するための仕組みづくりを行う活動
である[6]。事業による成果獲得に至るためには，こうした性質が異なる各活
動，そして，各活動から次の活動に移行するプロセスで生じる 3 つのギャップ
（魔の川，死の谷，ダーウィンの海）を乗り越えていく必要がある。

　かつては大学等の本来的機能は研究・教育にあり，その成果を事業化するの
は民間という役割分担が明確にあったため，大学等の組織やその人材（研究者・
教員，学生・大学院生等）が関わって来たのは，図表 14 - 1 の左下の点線部分
の技術進歩の元となる「基礎研究」と「研究・技術開発活動」，そして，それ
に基づいた教育であった。そのため，大学等の組織や人材が有している能力や
スキルは基本的に研究・教育に関するものである。しかし，事業創造のプロセ
スにおいては，事業機会から事業コンセプトを創造し，製品やサービスを生み
出し，ビジネスモデルを設計し，それらを事業計画に具体化して資金・技術・
人材といった経営資源を動員・組織化し，実際に製品やサービスを販売すると
いった一連の行動が求められる。また，必要な資源，情報やアイデアの獲得の
ためには他者との関係づくりを意味するネットワーキング活動も必要とされ
る[7]。

　こうした活動に問われる能力やスキルは，大学等の組織や人材が得意とする

研究・教育に関するアカデミックな能力やスキルとは大きな隔たりがあるといえる。したがって，大学発ベンチャーの起業家活動にとって，こうした能力やスキルの制約，その結果生じる経営資源（ヒト，モノ，カネ，情報）上のギャップをいかに克服するかが大きな課題となってくる。

（3）大学発ベンチャーと社会背景

　ここでは大学発ベンチャーの創業が活発化した社会背景について見ていく。

　1990年代以降，わが国ではバブル崩壊後の経済の回復，情報化・国際化に対応した産業構造の高度化や国際競争力強化が喫緊の課題となる中，大学等の研究成果の社会的意義が強く認識されようになり，「産学連携」が活発化することとなった。アメリカでは1980年の「バイ・ドール法」[8]制定を契機として産学連携やベンチャー創業が産業のイノベーションに貢献してきており，わが国でもそれを模範として各種政策や施策が打ち出されることとなったのである。

　80年代から萌芽的な動きがみられたが，1995年に国の科学技術政策の柱となる「科学技術基本法」が施行され，産学連携やベンチャー支援の動きが本格化することとなる。「第1期科学技術基本計画（96年〜）」の期間中，大学等の研究成果を民間企業へ移転する「技術移転機関（TLO：Technology Licensing Organization）」整備・支援のための「大学技術移転促進法（TLO法）」（98年）と，国の資金による研究開発に基づいた知的財産権の帰属を大学・企業に認める「産業活力再生特別措置法（日本版バイ・ドール法）」（99年）が相次いで制定されるなど法整備が進んだ。

　2001年からの「第2期科学技術基本計画」では，大学と企業の交流の場の設定，大学における連携人材の育成，知財管理部門等の整備，国等による研究資金助成といった環境整備が図られることとなった。そして，共同研究や技術移転等と並んで大学等の研究成果を活用した「ベンチャー創出」が強く意識されることとなり，2001年5月には，平沼赳夫経済産業大臣（当時）が「大学発ベンチャー1,000社計画」を発表し，3年間で大学発ベンチャーを1,000社にする目標が掲げられた[9]。

このように，科学技術政策，産業政策，そして，各種支援施策が整備される中で，大学の知を活かしたイノベーション促進策の一環として，大学等及びその人材が起業家活動に関わる大学発ベンチャーの振興が図られることとなったのである。また，大学等の側でも「国立大学法人化」（2004年）をひかえ，主体的な大学運営が求められてきており，大学等の中からベンチャーを創出することに対する機運が醸成されていたことも背景として指摘できる。

2．大学発ベンチャーの現状と課題

（1）大学発ベンチャーの企業数と設立動向

以上をふまえて，ここでは大学発ベンチャーの企業数及び設立動向を確認していく。図表14－2にあるように，90年代後半以降，大学発ベンチャーの企業数は増加傾向にあり，1,000社計画が示された2001年度に560社程であった企業数は2004年度に1,400社を超えて計画は達成されている。ただ，その後企業数は横這いとなっており，設立数の減少傾向が伺える。2000年代前半の急増は政策の整備や支援施策に後押しされた設立ブームであったといえよう。

設立停滞の原因としては，技術シーズと市場ニーズをマッチングさせる大学

図表14－2　大学発ベンチャー数推移

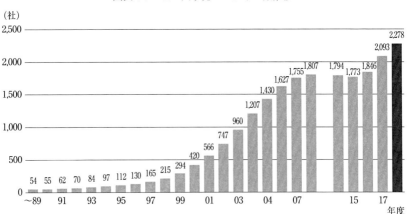

出所：経済産業省『平成30年度産業技術調査事業（大学発ベンチャー実態等調査）報告書』2019年2月，7ページ。

等の人材の不足，事業立ち上げの際の大学研究者のネットワーク不足，事業化にむけた研究等を支援するリスクマネーの不足，販路開拓や収益確保の困難といった[(10)]大学発ならではの能力やスキル，経営資源上の制約に関する課題があったと考えられる。しかし，その後，こうした課題に対応した政策や支援施策がとられ，企業数は再び増加傾向に転じて2018年度には2,278社となっており，この20年間で約10倍に増加したことになる。

　なお，2018年度に確認された企業を業種別（複数回答）で見ると，「バイオ・ヘルスケア・医療ケア」が30.8％，「IT（アプリケーション，ソフトウェア）」が29.3％と，バイオ・医療，IT系が上位を占めている。次いで「ものづくり（ITハードウェア除く）」20.3％，「環境テクノロジー・エネルギー」10.3％，「ITハードウェア」9.6％，「化学・素材などの自然科学分野（バイオ関連除く）」9.5％と続き，そして，「その他サービス」が28.5％となっている[(11)]。

　関連機関別で見ると，「東京大学」271社，「京都大学」164社，「筑波大学」111社，「大阪大学」106社，「東北大学」104社，「九州大学」90社，「早稲田大学」82社，「慶応義塾大学」81社，「名古屋大学」76社，「東京工業大学」66社と，旧帝大系や首都圏の大学が上位を占めている。大学の地域別で見ると関東（47.5％），近畿（18.8％）が合わせて66％である一方，他地域（北海道，東北，中部，中国，四国，九州，沖縄）は一桁台にとどまっている[(12)]。

（2）大学発ベンチャーの事業ステージ

　次に事業ステージや収益状況，イグジットの状況について確認していく。

　図表14－3は大学発ベンチャーの事業ステージごとの企業数の比率[(13)]を示している。設立ブーム期の2004年度には6割がまだPoC（Proof of Concept：試作前の概念実証[(14)]）の前後と，事業開始前の段階にあったが，2015年には9割の企業が事業開始後の段階となっており，2004年に3割程度であった黒字計上の企業が2015年には5割を超え，3割が累積赤字解消となっている。その後，設立数の増加傾向が見られる2016年度以降，再度，事業開始前のステージの比率が増加に転じるが，2014年度以前と異なり黒字計上の中でも累積赤字解消の比率のほうが高くなっている。全体としては事業継続により収益安定

図表 14 － 3　大学発ベンチャーの事業ステージ

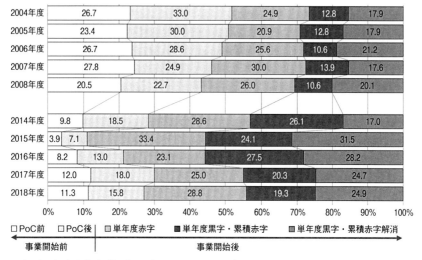

出所：経済産業省『平成 30 年度産業技術調査事業（大学発ベンチャー実態等調査）
　　　報告書』2019 年 2 月，37 ページ。

のステージに至った企業が一定数を占めるようになっていることが伺える。

　次に起業家活動の「出口」を意味する「イグジット（exit）」について見てい
く。イグジットとはベンチャー企業が投資資金を回収する行為を意味し，ベ
ンチャー成功の一指標と考えられる。具体的には，株式市場上場による IPO
（Initial Public Offering：新規株式公開）と M&A（Mergers and Acquisitions）によ
る事業売却が想定されるが，わが国ではイグジットとして M&A を志向する
企業が少ない[15]ので，ここでは IPO の状況について確認していく。件数の推
移についてみると（図表 14 - 4），2004 年以前までで 8 件であったが，その後，
2000 年代後半に入ってからは毎年 1 件以上，多い年で 13 件，平均で 4.1 社の
IPO が見られる。2018 年度に確認された大学発ベンチャー 2,278 社のうち上
場企業は 64 社で時価総額は約 2 兆 3,700 億円となっている。図表 14 - 5 は 64
社のうち時価総額上位 10 社のリストである。バイオベンチャーのペプチドリー
ムや第 5 章末事例の PKSHA Technology などの東京大学関連の企業が 5 社，
冒頭で紹介した筑波大学の CYBERDINE が 5 位に入っている。

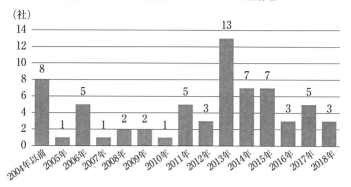

図表 14 - 4　大学発ベンチャーの IPO 数推移

出所：経済産業省『平成 30 年度産業技術調査事業（大学発ベンチャー実態等調査）報告書』2019 年 2 月，11 ページ。

図表 14 - 5　上場大学発ベンチャー上位 10 社（2019 年 2 月 21 日）

	企業名	市場	関連大学等	時価総額 （百万円）
1	ペプチドリーム（株）	マザーズ	東京大学	624,963
2	（株）ミクシィ	マザーズ	東京大学	209,033
3	サンバイオ（株）	マザーズ	慶応義塾大学	142,854
4	（株）PKSHA Technology	マザーズ	東京大学	134,572
5	CYBERDYNE（株）	マザーズ	筑波大学	103,697
6	（株）ヘリオス	マザーズ	九州大学・理化学研究所	86,405
7	（株）レノバ	マザーズ	京都大学	80,594
8	（株）Gunosy	東証 1 部	東京大学	62,285
9	アンジェス（株）	マザーズ	大阪大学	62,218
10	（株）ユーグレナ	東証 1 部	東京大学	60,126

出所：経済産業省『平成 30 年度産業技術調査事業（大学発ベンチャー実態等調査）報告書』2019 年 2 月，11 ページより（一部加筆）。

（3）大学発ベンチャーの課題

　以上のように約 20 年の間に大学発ベンチャーの企業数も増え，収益力を備えた企業，上場企業も見られるようになり，90 年代からの大学発ベンチャーの振興政策は一定の成果を収めて来たといえる。しかし，他方で海外，特に多くの大学発ベンチャーが経済を牽引している米国の状況と比較すると，いくつ

かの課題が見えてくる。

　まず，設立数が相対的に少ない[16]だけでなく，先に見たように設立の動向が景気後退や政府の政策の変化等の影響を受けやすい傾向が見られる。また，倒産件数は少ないが，逆にIPOやM&Aによるイグジット件数も少なく[17]，結果，「リビングデッド」[18]状態の企業が多い。そして，Google（スタンフォード大学1998年創業）やFacebook（ハーバード大学2004年創業）の様なグローバル・メガベンチャーや「ユニコーン」と呼ばれる10億ドル以上の未上場メガ・ベンチャーが登場するまでには至っていない。つまり，創業から成長に至る過程で依然として課題があることがわかる。

　また，大学発ベンチャーの創業や上場が一部の大学に集中し，それが固定化しつつあること，そして，地域的に見てベンチャーキャピタル（Venture Capital：以下VC）やコーディネート機関・人材など，ヒト・モノ・カネ・情報が集まる首都圏や関西圏の大学関連の企業が多く，地方からの大学発ベンチャーが少ないといった傾向も見られる。全体的な底上げと同時に，全国的な広がりが求められる。

　このような課題を解消し，大学発ベンチャーの量的・質的拡充を図っていくためには，大学発ベンチャーが有している能力や資源上の「強み」を活かし，「弱み」を克服する様な起業家活動やそれを支える大学等の取り組み，そして，国等による施策が求められる。

第3節　大学発ベンチャーの展望

1．資源のギャップ解消と有効利用

　大学発ベンチャーの場合，大学等での研究成果である特許・ノウハウ等の「技術・知識」の存在は「強み」である。しかし，その「技術・知識」を活かして新しい事業を創造し，成長させていく長いプロセスを乗り越えていくためには，それを担うことが出来る「人材」や「資金」といった経営資源の確保が重要な課題となる。また，強みである「技術・知識」といった経営資源についても，それを十分に活かすためには有効な「知財戦略」が必要となってくる。

　「人材」については教員や大学院生等,「研究者＝経営者」といったケースでの成功例も少なからず見られる。しかし,大学発ベンチャーの量的・質的拡充のためには「経営人材」,すなわち,技術と市場ニーズを結びつけて事業化を図る能力,戦略策定や組織マネジメントの能力を備えた人材の活用が必要となってくる。起業経験者や大企業等のマネージャー経験者の登用や,そうした人材との経営チーム形成が有効な方策として考えられる。受け入れ方法としてはVCや金融機関による紹介等が考えられるが,近年,大学が経営人材を客員起業家として雇用する「客員起業家制度 (Entrepreneur in Residence：EIR)」といった方法も注目されている。そして,長期的には起業家教育をつうじた大学自身による経営人材の育成ということを視野に入れることも考えられよう[19]。

　「資金」については大学での基礎的な研究成果をもとに事業化に取り組む大学発ベンチャーの場合,製品化までのリードタイムが長く投資費用が先行しやすく[20],一般的なベンチャーとは異なる視点が必要となる。そして,政府等の補助金の多くが事業可能性を検討する「PoC 前」段階の基礎研究の案件を,逆に VC 等の民間投資の多くが事業性の確認が出来た「PoC 後」段階の案件を対象としている。この間の資金は「ギャップ・ファンド (gap fund)」と呼ばれ,その確保が事業開始前の大学発ベンチャーの存立を左右する。かかる課題への対応は起業家個人では限界があり,大学等による組織的対応や国等による支援が必要だが,わが国ではギャップ・ファンド制度を備えた大学は少なく整備が待たれる。また,大学による大学発ベンチャーの「イクイティ (equity) 取得」,「大学と VC の連携」,「政府支援策と VC の連携」といった取り組みや,現在は投資案件が少ない海外投資家への働きかけにより,大学発ベンチャーがアクセスできる資金調達先の多様化を図っていく必要がある[21]。

　特許・ノウハウ等の「技術・知識」は大学発ベンチャーの強みである。これを自らの「コア・コンピタンス」として,競争優位性や成長力の原動力とするためは,経営戦略と連動した明確な「知財戦略」を持つことが重要である。また,訴訟リスクを避けるためにも,「知財管理」は事業化に向けた重要な課題となる。ただ,大学等の研究者の基礎研究に基づいて取得される特許の場合,技術自体は優れていても事業化に向かないなど,アカデミックな価値はあって

も投資案件に値しないものが多く見られるのが現状である。また，国内特許の
みで外国特許を取得していないケースも見られ，特許出願の段階から将来の事
業化を意識した知財管理が求められるところである。また，大学等の組織とし
ての知財管理においても，特許の取得や利用の適切な管理はもとより，米国に
おいて見られように VC 等の外部視点を取り入れるなど，事業化を念頭に置い
た知財評価や管理のための仕組みを構築する必要がある[22]。

２．施策間の連携とエコシステムの構築

　こうした課題に向けた国等の支援施策も充実してきている。例えば，2012
年に創設された「大学発新産業創出拠点プロジェクト（文科省）」は，起業前
段階から政府資金と民間ノウハウを組み合わせ，事業化ノウハウを持った人
材（事業プロモーター）指導のもと事業戦略と知財戦略を構築することで，イ
グジットを見据えた大学発ベンチャーを支援することを狙いとしている。また，
2014 年に施行された「産業競争力強化法（経産省）」で国立大学による VC へ
の出資が可能となり，大学が VC 子会社を設置して大学発ベンチャーに対して
資金供給や経営面での支援を行うことが可能になった。そして，「官民イノベー
ションプログラム（文科省）」のもと，国の 1,000 億円の出資に基づいて４国立
大学（京都大学 2014 年，大阪大学 2014 年，東北大学 2015 年，東京大学 2016 年）で
VC が設立されファンドが組まれた。また，この時期には私立大学（東京理科大
学 2014 年，慶応大学 2015 年）でも VC 設立の動きが見られる。

　このように大学発ベンチャーの支援施策は充実していく傾向にある。ただ，
わが国おいて大学発ベンチャーが持続的に創出され，経済社会全体を牽引して
いくようなベンチャー企業が輩出されていくためには，上記のような支援策の
拡充とともに，諸施策やそこに関連する個人・組織間を有機的に連携させるよ
うなベンチャー育成の仕組みづくりが求められるところである。

　2014 年にスタートした「グローバルアントレプレナー育成促進事業（文科
省）」では，大学等の研究成果を基にした起業や新事業創出に挑戦する人材の
育成，関係者・関係機関による「ベンチャー・エコシステム」の構築が目的
として掲げられている[23]。ベンチャー・エコシステムとは米国のシリコンバ

レーに見られる，起業家，起業支援者，企業，大学，研究機関，金融機関，公的機関が結びつき，新たな技術やビジネスモデルを用いたベンチャーを次々と生み出し，それがまた優れた人材・技術・資金を呼び込み発展を続けるような，企業の創出，成長，成熟，再生の過程が循環する仕組み（生態系）のことである[24]。

　また，2016 年 4 月内閣府内から示されたベンチャー振興策「ベンチャー・チャレンジ 2020」では，民間による自律的なエコシステムの構築による世界レベルでのオープン・イノベーションの実現とともに，「政府機関コンソーシアム」の形成により，省庁間の連携を図ることで支援施策を最適化することが目指されている。そして，こうしたシステムの中での大学等の役割が重要視されており，大学等が組織として自律的な支援体制の構築や知財マネジメントの徹底を図ることで，エコシステムの中核としての役割を担うことが問われている。

第 4 節　むすびに

　以上，本章では大学発ベンチャーの定義・形態，そして，その特徴を明らかにするとともに，その創業が活発化した背景について見てきた。そして，わが国における大学発ベンチャーが，国の「産学連携」振興策を背景に 1990 年代後半以降に見られるようになった現象であることを確認してきた。そして，振興策の開始から約 20 年の間に多くの大学発ベンチャーが創業され，上場企業も見られるようになってはいるが，まだ，海外，特に米国の状況と比較すると課題が残されていることがわかった。

　ただ，現在，大学発ベンチャーの量的・質的拡大に向け，国による各種施策はさらに充実する傾向にあり，また，近年では大企業によるベンチャー企業への投資や M&A，両者の共同開発が活発化するなど，大企業とベンチャー企業との接点も増えてきており，わが国おいても大学発ベンチャーが自律的に育つ「ベンチャー・エコシステム」形成の兆しが見られる。こうした変化を背景に多くの大学発ベンチャーが継続的に創業され，イグジットが活性化され，そして，世界的に活躍する企業が生まれることが期待されるところである。

📖**考えてみよう！**

　大学発ベンチャーの「大学発」ならではの特徴に起因する経営上の課題について整理し，その克服の方策及び支援策を自ら考えてみよう。

【注】

（1）経産省調査報告書（2019）2,278社，文科省調査報告書（2019）2,040社となっている。
（2）新藤晴臣「先行研究のレビューによる分析フレームワークの考察」渡辺孝編『アカデミック・イノベーション―産学連携とスタートアップス創出』白桃書房，2008年を参照。
（3）Shane, S., *Academic Entrepreneurship：University Spinoffs and Wealth Creation*, Edward Elgar Publishing, 2004（金井一頼・渡辺孝監訳『大学発ベンチャー――新事業創出と発展のプロセス』中央経済社，2005年，6-7ページ）を参照。
（4）新藤晴臣「先行研究のレビューによる分析フレームワークの考察」渡辺孝編『アカデミック・イノベーション―産学連携とスタートアップス創出』白桃書房，2008年，34ページ。
（5）Timmons, J. A., *New Venture Creation*, 4th ed., Richard D. Irwin, 1994（千本倖生・金井信次訳『ベンチャー創造の理論と戦略』ダイヤモンド社，1997年，10ページ）。
（6）近能善範・高井文子『イノベーションマネジメント』新世社，2010年，20ページ。
（7）ここでの事業創造のプロセスについては，山田幸三（1999），28-29ページを参照。
（8）バイ・ドール法とは1980年に米国で制定された，連邦政府の資金で研究開発された発明に対し，大学や研究者が特許権を取得することを認めた法律である。
（9）本項内容については国立研究開発法人科学技術振興機構研究開発センター（2018）を参照。
（10）野田彰彦・上村未緒「大学発ベンチャーの再活性化―イノベーションの重要な担い手として期待」『みずほインサイト』みずほ総合研究所，2016年6月10日，3ページ。
（11）経済産業省『平成30年度産業技術調査事業（大学発ベンチャー実態等調査）報告書』2019年2月，15ページ。
（12）経済産業省『平成30年度産業技術調査事業（大学発ベンチャー実態等調査）報告書』2019年2月，17ページ及び22ページ。
（13）経済産業省『平成30年度産業技術調査事業（大学発ベンチャー実態等調査）報告書』2019年2月，37ページ。図表の結果は確認された企業すべてに関するものではなく，各年度のアンケート調査の回答企業の数字である。
（14）PoC（Proof of Concept：概念実証）」とは新しい概念や理論，原理，アイデアの実証を目的とした試作開発の前段階における検証のことをいう。

(15)　わが国の大学発ベンチャーの出口戦略は，IPO を希望する企業が 33.3%，売上規模や従業員数の拡大を志向する企業が 27.3%であるに対して，事業売却（M&A）を希望する企業は 11.2%と少なくなっている（経済産業省，2019，45 ページ）。

(16)　AUTM（Association of University Technology Managers）の "*AUTM 2017 Licensing Activity Survey*" によると，米国の大学発ベンチャーの設立件数は，2013 年 818 社，2014 年 909 社，2015 年 1,012 社，2016 年 1,024 社，2017 年 1,080 社と，ここ 3 年では 1,000 社を超える規模となっている。

(17)　大学発ベンチャーの生存率はわが国の場合 5 年生存率 77%，10 年生存率 53%，米国の場合 5 年生存率 49.6%，10 年生存率 33.6%である（2018 年）。また，米国の IPO および M&A の件数はそれぞれ 59 件と 750 件（2017 年）と，M&A が圧倒的に多くなっており，その件数もわが国よりも多くなっている。（経済産業省，2019，13-14 ページ）

(18)　リビングデッドとは VC 等が投資した企業が倒産も株式公開もしない状態を指す。

(19)　本項内容については，経済産業省産業技術環境局大学連携推進室（2018），6-13 ページを参照。

(20)　帝国データバンク（2018）によると大学発ベンチャーが設立後初めて黒字化するまでの年数は平均 5.1 年である。

(21)　経済産業省産業技術環境局大学連携推進室『大学発ベンチャーのあり方研究会報告書』2018 年，13-28 ページを参照。

(22)　経済産業省産業技術環境局大学連携推進室『大学発ベンチャーのあり方研究会報告書』2018 年，24-28 ページを参照。

(23)　ここでの内容は，国立研究開発法人科学技術振興機構研究開発センター（2018）を参照

(24)　内閣府『ベンチャー・チャレンジ 2020』（2016 年）を参照。

◆参考文献◆

Shane, S., *Academic Entrepreneurship : University Spinoffs and Wealth Creation*, Edward Elgar Publishing, 2004（金井一頼・渡辺孝監訳『大学発ベンチャー──新事業創出と発展のプロセス』中央経済社，2005 年）.

Timmons, J. A., *New Venture Creation*, 4th ed., Richard D. Irwin, 1994（千本倖生・金井信次訳『ベンチャー創造の理論と戦略』ダイヤモンド社，1997 年）.

金井一頼編著『大学発ベンチャーの日韓比較』中央経済社，2010 年。

経済産業省産業技術環境局大学連携推進室『大学発ベンチャーのあり方研究会報告書』2018 年 6 月。

経済産業省『平成 30 年度産業技術調査事業（大学発ベンチャー実態等調査）報告書』2019 年 2 月。

国立研究開発法人科学技術振興機構技術開発戦略センター『研究開発の俯瞰報告書　日

本の科学技術イノベーション政策の変遷』2018 年。

近能善範・高井文子『イノベーションマネジメント』新世社，2010 年。

新藤晴臣「先行研究のレビューによる分析フレームワークの考察」渡辺孝編『アカデ
ミック・イノベーション―産学連携とスタートアップス創出』白桃書房，2008 年，
13-63 ページ。

帝国データバンク『大学発ベンチャー企業の経営実態調査（2018 年）』2018 年。

野田彰彦・上村未緒「大学発ベンチャーの再活性化―イノベーションの重要な担い手と
して期待」『みずほインサイト』みずほ総合研究所，2016 年 6 月 10 日。

文部科学省科学技術・学術政策局産業連携・地域支援課大学技術移転推進室『平成 29
年度大学等における産学連携等実施状況について』2019 年 2 月。

山田幸三「ベンチャー企業の創造プロセス―創造段階の企業家活動―」忽那憲治・山田
幸三・明石芳彦編著『日本のベンチャー企業―アーリーステージの課題と支援』日本
経済評論社，1999 年，13-46 ページ。

山田仁一郎『大学発ベンチャーの組織化と出口戦略』中央経済社，2015 年。

横山恵子「アカデミック・アントレプレナーシップ」山田幸三・江島由裕編著『1 から
のアントレプレナーシップ』碩学舎，2017 年，95-110 ページ。

┌─ 事例14−1 ── ジェネンテック（Genentech, Inc.）　米国 ──────

　ジェネンテック社は米国カリフォルニア州のサウスサンフランシスコに本社を構える，バイオテクノロジーを事業基盤とする「バイオベンチャー」の先駆けとなった企業であり，現在はスイス・ロッシュ社のグループ企業である。

　同社創業のきっかけとなったのは，スタンフォード大学のスタンレー・コーエン博士とカリフォルニア大学サンフランシスコ校のハーバート・ボイヤー博士により開発・取得された遺伝子組み換え技術に関する「コーエン・ボイヤー特許」である。彼らの技術はプラスミドという環状 DNA とバクテリア（大腸菌）を使用した遺伝子組み換え技術で，微生物に寄生して増殖する性質を持つプラスミドに目的の遺伝子を挿入し，それを大腸菌に入れることで増殖させて大量に増やすという方法である。この特許は 1974 年にスタンフォード大学によって出願され，バイオ関連特許の第 1 号として遺伝子革命の基礎を築いたと言われている。この特許技術に事業機会を見出したベンチャー・キャピタリストのロバート・スワンソンがボイヤー博士に働きかけて設立したのがジェネンテック社である。こうした経緯から，同社は米国における大学発ベンチャーのパイオニアとも言われている。

　同社は 1976 年に創業，1980 年，その技術力を背景に早々に上場を果たすこととなる。その後，1982 年に世界初の遺伝子組み換え医薬品としてインスリン製剤の実用化に成功し急成長をとげる。糖尿病治療等に使われるインスリンは従来，豚等の膵臓から生成されていたが，それがヒト由来で安全・安価に大量生産することが可能になったことで同社は急成長を果たす。その後，一時期業績を落とし，1990年にスイスのロッシュ社の子会社となるが，その資金力を背景に 2000 年代にかけて，「リツキサン」（リンパ腫治療薬），「ハーセプチン」（乳癌治療薬），「アバスチン」（大腸癌治療薬），「ルセンティス」（加齢黄斑変性症治療薬），「ゾレア」（難治気管支喘息治療薬）等の難病治療薬の実用化に成功してきた。2009 年にはロッシュ社の完全子会社として傘下に入ることとなるが，現在も「抗体創薬技術」を活かしてグループの中核企業として重要な役割を担っており，創業時の DNA はサンフランシスコの本社に今も息づいている。

【参考】「独創の方程式　アメリカの 20 世紀を読む／3 遺伝子革命」（『毎日新聞』
　　　　2000 年 1 月 24 日，朝刊 8 ページ）
　　　　「米西海岸バイオ事情／進化する『知』の融合（上）」（『日刊工業新聞』
　　　　2004 年 6 月 24 日，3 ページ）
　　　　各務茂夫「大学発バイオ企業，日本にも」（『日経産業新聞』2010 年 12 月
　　　　28 日，7 ページ）

┌─[事例14-2]─ モルフォ（Morpho, Inc.） 日本 ────────────

　モルフォは東京大学大学院理学系研究科で3次元CGの研究をしていた平賀督基氏（代表取締役社長・理学博士）が，2004年5月に後輩など仲間3人と共に立ち上げた，デジタル画像処理をコア技術とする研究開発型のベンチャー企業である。同社は創業にあたって國井利泰東大名誉教授を最高技術顧問として迎え，東大と連携するVC「東京大学エッジキャピタル（UTEC）」からの出資・支援を受け，また，東大本郷キャンパス内のインキュベーション施設に第1号企業として入居する等，いわゆる「東大発ベンチャー」の先駆けでもある。

　当初，同社は映画製作などに使われる画像処理ソフトウェアの開発・販売を目的に創業されたが，この領域は大手企業も含めライバルが多く，VCからのアドバスもあり方向転換（pivot）することとし，思案の結果，携帯電話に搭載されるカメラの「手ブレ補正」ソフトウェアの開発に取り組むこととなった。デジタル・カメラに使用される補正技術は従来からあったが，それは複数部品が必要でかつコストがかかるものであった。同社の技術は補正を画像処理ソフトのみで可能にするものであったため，筐体容量や原価に制約のある携帯端末にマッチしたものであった。創業から2年間は売上ほぼゼロの状況が続いたが，VCの仲介でNEC機への採用が決まり，2006年6月，同社ソフトが搭載されたNTTドコモ端末の販売が開始された。これを受けて，同年にパナソニック，ドコモ・ドットコム，翌年にNTTドコモ，ノキアからの出資を受けることとなり，それを背景に事業基盤を固め，着実にライセンス数を伸ばすこととなり，2011年7月にマザーズ上場を果たしている。

　その後，端末がスマートフォンに移行するにつれて，主要ライセンス先が国内企業から海外企業へと入れ替わることとなり，それに合わせて米国や韓国に法人を設立するなど，海外展開も積極的に行っている。また，2014年には画像処理・認識技術とAI（人工知能）を組み合わせた新たな画像認識技術の開発に成功し，この技術の用途開発を進めるべく，2015年に車載機器の（株）デンソーと資本業務提携を，2017年に臨床検査の（株）エスアールエルと業務提携を実施するなど，新たな事業領域の開拓にも取り組んでいるところである。

【参考】「起業人　手ぶれ補正，世界に照準」（『日経産業新聞』2010年4月16日，
　　　　17ページ）
　　　「『画像処理技術』の最先端で起きていること／モルフォ社長にロングインタビュー」（『東洋経済オンライ』2018年3月31日，https://toyokeizai.
　　　　net/articles/-/214595）［2020年1月31日閲覧］
└──

第15章
ファミリービジネス

第1節　はじめに

　1000年以上の大昔から，大半のビジネスは親子・夫婦などファミリーによって始められた。そして，今日でもファミリービジネスは世界中に存在する企業全体の多数を占めている。欧米など先進諸国でも，また株式を上場している大企業でも，ファミリービジネスが占める比重は大きく，まさに「経済産業の主役」である。また，エルメス，フォードなど，よく知られているブランドの多くもファミリーが代々受け継いできた。わが国でも，トヨタ自動車，スズキ，あるいは羊羹の虎屋など身近な存在が多い。

　ファミリービジネス研究は米国で1950年代に始まり，1980年代から大きく注目を集め，著名ビジネススクールに講座が設けられた。更に，各地の大学がファミリービジネス研究センターを開設し，優秀ファミリービジネスの表彰並びに経営指導を通じて地域経済の発展に大きく寄与している。欧州でも約10年遅れで研究が始まり，相続税撤廃に向けた活動が活発化している。

　ファミリービジネス研究は米国・欧州など先進諸国において，今や経営学の主要分野の一つを占めるに至っている。また，経営学の主流に位置づけられる学術誌で2001年頃から当分野の論文掲載が増え，ベンチャービジネス分野の主な学術誌でも2003年に特集が組まれてきた。

　本章では，このように重要なファミリービジネスの要点およびアントレプレナーシップとの関係の理解を目的とする。まず第2節でファミリービジネスの概要として，定義と3円モデル，ファミリービジネスの重要性，長所・弱点と

主な理論，ファミリーの影響力変化とファミリー資本，事業承継，アントレプレナーシップを取り上げる。第3節はわが国ファミリービジネスの現状と課題を，長寿性，伝承と革新，多様性への期待，ガバナンスの順序で掘り下げる。

第2節　ファミリービジネスの概要

1．定義と3円モデル

　ファミリービジネスは基本的に「所有または経営においてファミリーの影響下にある企業」と定義される。本章では3円モデル（図表15 - 1）に沿って，「ファミリーの複数名が所有または経営に関与する企業」（後藤, 2012）とする。

　ファミリービジネスを説明する際，「3円モデル」（Gersick et al., 1997）が用いられる。一般企業を所有（株主）と経営（経営者）から構成される2円モデルとすると，ファミリービジネスはファミリー，所有及び経営の3者で構成される3円モデルで示される。

図表15 - 1　3円モデル

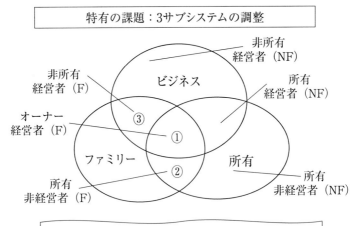

出所：Gersick, K. E., Davis, J. A., Hampton, M. M., and I. Lansberg, *Generation to Generation: Life Cycles of the Family Business*, Harvard Business Press, 1997. に加筆して筆者作成。

　ファミリーは株主又は経営者として関与するので，ファミリービジネスはファミリー，所有及び経営の3者が交錯する複雑な組織である。図表15－1が示すように，ファミリーの中でも株式を保有し経営にも関与する者（図中①），株式を保有するが経営に関与しない者（②），株式を保有しないが経営に関与する者（③）の3種類が存在する。

　ファミリー内外の利害関係者は，立場によって関心事や利害が異なり，会社の円滑な運営にとって個々の関心事や利害の調整が欠かせない。しかも，3者が交錯する状況は，それぞれのファミリービジネスによって異なるだけでなく，後述するように時間の経過につれて変化する。そのため，ファミリービジネスは規模の大小にかかわらず，その経営が一般企業よりも困難とされる。

　企業の多くを占める株式会社を例にとれば，所有への影響とはファミリーが株主[1]として，経営に影響とは法律で定める役員として一定程度を占めるという意味である。この定義を用いると，ファミリービジネスはファミリーの所有及び経営に対する影響度によって，3区分される（図表15－5）。ファミリー影響度が最も大きいのはファミリーが所有・経営とも関与している場合（図中A/a）である。株式会社では，株主総会が経営に関わる重要事項を決定する最も重要な場であるから，次に影響度が大きいのはファミリーが所有しているが経営に関与していない場合（B/b）である。最も弱いのはファミリーが所有せず，経営に関与している場合（C/c）である。

2．ファミリービジネスの重要性
（1）全産業に占める比重

　本章の冒頭で，ファミリービジネスが世界中で注目されていると述べた。その背景要因として，第1にファミリービジネスが発展途上国・先進国とも企業の大半を占めている実態がある。大企業においてもファミリービジネスは米国S&P500[2]の35.0％，上場企業の21％を占めるように，量的に重要な位置を占めている。

　わが国でも海外と同様，ファミリービジネスは経済産業の重要な主役的位置を占めている。上場・非上場企業を含む全企業のうち，企業数では96.9％，全

図表 15 － 2　ファミリービジネスの占める比率

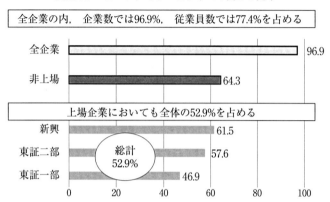

出所：ファミリービジネス白書企画編集委員会編『ファミリービジネス
　　　白書 2018 年版』白桃書房，2018 年。

常用雇用数では 77.4 %（後藤，2006）を占め，上場企業でも 52.9 %（後藤，2018）
を占める（図表 15 － 2）。

（2）業績の優位性

　ファミリービジネスが世界中で注目を集めている第 2 の要因として，ファミ
リービジネスの財務的業績が一般企業よりも優れており，質的にも経済産業の
主役としての評価が高い。わが国でも，上場ファミリービジネスを対象とした
分析で，収益性・安全性など一般企業に対する優位性が指摘されている（図表
15 － 3）。なお，米国でも，わが国同様にファミリービジネスが収益性におけ
る優位性を示している。

　第 3 の要因として，非財務的価値の重視がある。非財務的価値とは従業員，
顧客，地域社会などの重視を意味し，売上，利益など財務的業績と違って財務
諸表に示されない。しかし，非財務的価値は諸利害関係者との長期的信頼関係
を構築し，長期的に財務的業績を向上させる。

　近年，一般企業も企業の社会的責任（CSR）[3]，持続的成長目標（SDGs）[4]
を重視し始めている。ファミリービジネスは本来的に同一地域で代々にわたっ
て生計を営み，以前から従業員，顧客，取引先との長期的な関係を続け，非財

図表 15 － 3　ファミリービジネスの財務的業績

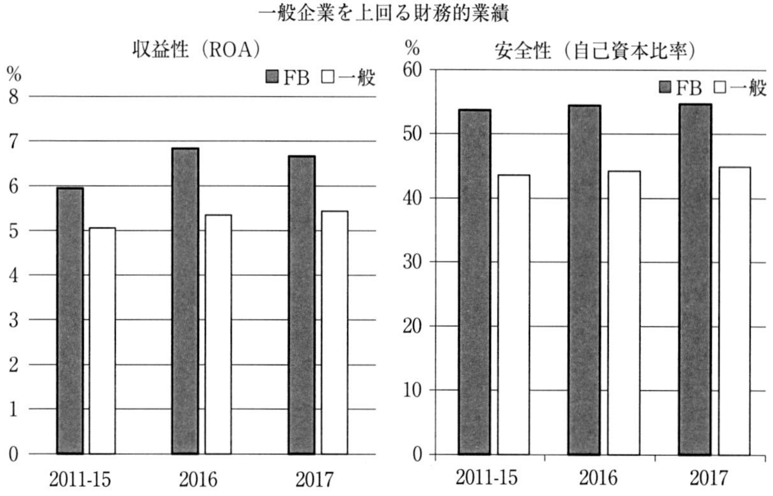

一般企業を上回る財務的業績

出所：ファミリービジネス白書企画編集委員会編『ファミリービジネス白書 2018 年版』白桃書房，2018 年。

務的価値を重視する存在であった。その背後には，代々続く家名の名誉を守るという強い意志が見られる。

3．ファミリービジネスの長所・弱点と主な理論

　ファミリービジネスには長所と弱点が併存する。長所として，迅速な意思決定・行動および責任感の強さが指摘できる。最終的な経営判断はファミリーに委ねられ，迅速で果敢な意思決定が可能である。ファミリービジネスでは企業の存続ならびに資産の維持拡大が重視され，ファミリービジネス経営者の経営に対する責任感は一般企業の経営者と質的に異なる。借入金に対する個人保証は，その象徴である。

　一方，ファミリービジネスの主な弱点として，公私混同，社長に頼りがち，独断的，公平間の阻害などが指摘される。株主経営者が暴走すれば，長所は一瞬にして短所に転じ，深刻な結果をもたらすので，まさに両刃の剣である。また，人材枯渇及び資本の入手に関する制約も弱点となる場合が多い。

244

こうしたファミリービジネスの特徴は，主に2つの理論によって説明される。第1は，エージェンシー理論（後藤，2012：34-36）である。株主が経営者を自らの代理人（エージェント）として経営を委託すると考えると，経営者は自らの利益に関心を向けがちなので，株主の利益を実現させるため，一般企業では監視及びインセンティブ経費すなわちエージェンシーコストが発生する。多くのファミリービジネスでは経営と所有が一致しているため，エージェンシーコストが発生せず，業績優位をもたらす。

第2は，資源ベース論（同：36-45）であり，企業のもつ各種資源が競争力の根源であると考える。ファミリービジネスでは創業者精神など独特の文化あるいは価値観が強く，これが競争力の源泉として業績優位性を生み出す。同一ファミリーが同一地域で代々事業を営む傾向が強く，従業員や顧客の重視，地域社会への貢献など非経済的業績を重視する特徴も資源ベース理論で説明される。

他にもファミリービジネスの業績優位性を示す理論として，利他主義（同：55-56），社会情緒資産（ファミリービジネス学会，2016：34-35）などがある。

4．ファミリーの影響力変化とファミリー資本

図表15－4は，3円モデルで示したファミリー，所有及び経営の相互関係の時系列的な変化を示している。創業当初，ほとんどのファミリービジネスでは，ファミリーが所有及び経営の全てもしくは大半を占める。しかし，時間の経過と共にファミリー以外の株主や経営者の比重が増大すると，所有・経営におけるファミリーの比重は低下する。この傾向は，特に事業規模が拡大し，また資本金の増加による新株主の登場につれて顕著となる。また，株式を公開すると一定水準の株式流動性が法的に求められ，ファミリーの株式所有比率は低下する。経営者についても，必要な人材がファミリーに存在しなければ，ファミリー以外の人材登用が考えられる。

ファミリーの影響が所有及び経営の両面で失われれば，もはやファミリービジネスではなくなる。あるいは，ファミリーが所有株式を手放し，経営からも手を引けば，ファミリーの影響度が最も大きい段階から一気に非ファミリービジネス化する。このファミリーの影響度が低下する姿は，「ファミリー影響力

図表 15 − 4　ファミリー影響力の低下

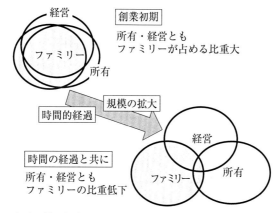

出所：筆者作成。

図表 15 − 5　ファミリー影響力の低減モデル

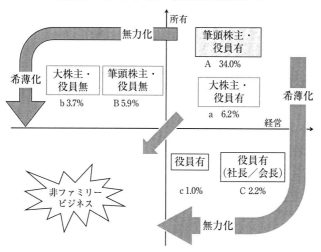

(注)　A 〜 C の説明は p.243 を参照。なお数字は東証一部上場企業に占める比率を示す。
出所：ファミリービジネス白書企画編集委員会編『ファミリービジネス白書 2015 年版』
　　　同友館，2016 年，18 ページを更新して筆者作成。

の低減モデル」で示される（図表 15 − 5）。

　実際に，1922 年に上場していたファミリービジネスの現在に至る推移（後藤：2018）では，1922 年に上場していたファミリービジネス 116 社の内，その

246

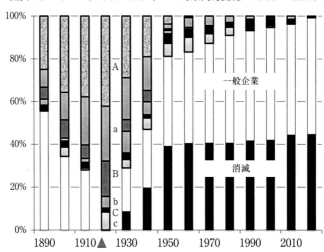

図表 15－6　ファミリービジネスの時系列的変化：1890〜2015

（注）A〜c は図表 15－5 に対応。
出所：ファミリービジネス白書企画編集委員会編『ファミリービジネス
　　　白書 2018 年版』白桃書房，2018 年，120 ページ。

地位を 93 年後の 2015 年まで保持していたのは僅か 2 社であった。残りは業績
不振による清算あるいは吸収合併された事例，あるいは現存していても非ファ
ミリービジネス化していた（図表 15－6）。このように，ファミリーの所有及び
経営における影響度の維持，ファミリービジネスとしての存続は難しい。
　ファミリーがビジネスに対する影響力を保持する根源として，ファミリー資
本の維持が重要である。ファミリー資本とはファミリーが有する資源の総体で
あり，財務的資本，人的資本，社会関係資本並びに文化資本から構成される。
　財務的資本とはファミリーが保有する金銭，株式，不動産などの資産であり，
特にファミリービジネスの株式は，ファミリービジネスに対する所有面の影響
力の直接的根源として重要である。人的資本はファミリーの人材を示すが，フ
ァミリービジネスに対する経営面の影響力の直接的根源として重要であり，量
的側面に加え，能力や意欲など質的側面にも配慮する必要がある。社会関係資
本とは人と人の間の関係性を資本とみなす概念であり，従業員，顧客，取引先，
地域社会など企業を取り巻く利害関係者などとの信頼関係が重視される。文化

図表15－7　ファミリー資本

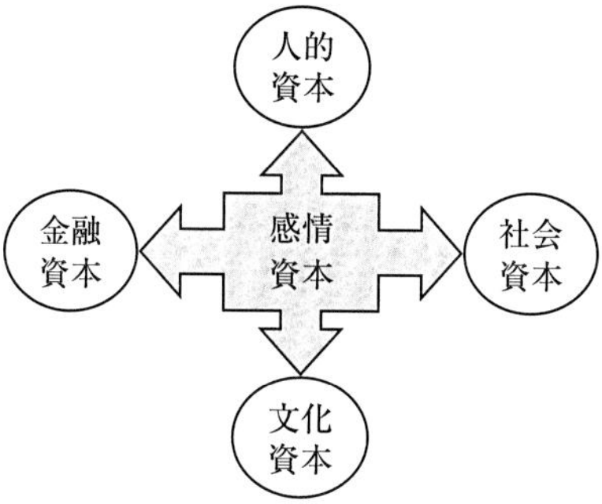

出所：筆者作成。

資本は製造やデザイン等に関する技能・技術あるいは創業者精神といった価値観などの総称である。創業者精神を長期にわたって伝承するうえで，創業ファミリーの役割は大きく，また技能・技術は工芸など伝統的産業分野で重視される。

5．事業承継

　現在の経営者から後継への交代を承継または事業承継と呼ぶ。ファミリービジネスにおける事業承継は，所有並びに経営という2軸で構成されるが，両方が同じ後継者に引き継がれるとは限らず，そのタイミングは必ずしも同一ではない。承継は親子間が一般的だったが，ファミリー以外[5]から後継者が選ばれる場合もあり，事業承継は「有形無形のさまざまな部分要素が複雑に絡み合う」（事業承継学会HP）複雑なプロセスである。

　事業承継の成功には，後継者の能力や意欲も重要ではあるが，現経営者と後継者の関係性も同様に重要である。伝統的な親子間の承継の場合，世代間の尊重・理解に加えて，兄弟間の協力関係，一族としての継続に対するコミットメントも無視できない。

　従来，承継はファミリービジネスの経営あるいは現経営者の視点から取り上げられがちであったが，後継者の悩みや関心事への配慮も極めて重要である。次世代の関心事には自らのキャリア，アイデンティティ確立などが含まれる。ファミリービジネスは，キャリアプランにおいて，他の選択肢と比較される相

対的な存在である。ファミリービジネスの家に生まれ育ったというだけで，無条件にファミリービジネスと自らのキャリアとして選択するとは限らない。

　ファミリービジネスの承継には多様な承継の可能性がある。承継形態の最終的選択は，ファミリービジネスの持続的成長とならんで，現経営者ならびに後継者の期待などを含む総合的な判断を必要とする。一方，親子間の承継は極めて自然な方法であり，実際に多くのファミリーでは親子間の承継を望んできた。また一国の経済というマクロ的見地から見たファミリービジネスの重要性は，既に見てきた通りであり，ファミリービジネスには経済産業に果たしてきた主役としての役割ならびに一般企業よりも優れた財務的業績と非財務的業績がある。したがって，可能であれば親子間の承継は理想的な形態である。

　次世代の若者が，そのファミリービジネスの歴史を調べると，両親さらに祖父母の世代が努力して築いてきた事業の発展を知ることができ，ファミリービジネスに対する関心の増大につながることが期待される。自らのキャリアプランとファミリービジネスの将来が合致すれば，親子間の承継へつながる。

　最後に，承継とは必ずしも今までの事業形態の継続を意味するのではなく，むしろ世代交代を契機として，時代環境に合致した自己革新が望まれる。この点は誤解されがちであるが，提供する商品やサービスの革新だけでなく，経営の方法についても世代ごとにイノベーションを続けなければ，時代環境の変化に応じたファミリービジネスの活性化は難しい。

　このように考えると，実はファミリービジネスの承継とは，一種の起業活動と考えることができよう。まさにその通りであって，しかもゼロから始める起業活動と比べものにならない利点がある。現経営者までが築き上げてきたファミリー資本，すなわち資金や人材を活用できる。特に既存の顧客や取引先を中心とした人脈という社会関係資本は，一朝一夕には簡単に創り上げることができない貴重な資産である。

6．ファミリービジネスとアントレプレナーシップ

　ファミリービジネスはアントレプレナーシップと密接な関係があり，海外では，ファミリービジネスはアントレプレナーシップの文脈で語られることが珍

しくない。「ファミリービジネス＆アントレプレナーシップ」という名称の大学の講座や学術誌も多数存在する。

その要因として，第1にファミリーの金銭的あるいは人的支援で起業する場合が多い。起業段階では経営資源が乏しく，最も身近で信頼できる提供先がファミリーであるのは日本でも同様である。国内でも，いずれファミリービジネス＆アントレプレナーシップという結合が一般化するであろう。

第2に，創業後に一定期間を経たファミリービジネスが各種のイノベーションを必要とするためである。21世紀のファミリービジネスを取り巻く経営環境は，IT技術の加速的発展やグローバリゼーションなど，ダイナミズムと共に不確定要素を増大しており，事業機会の発見と活用に向けて，ファミリービジネスにおける起業家精神の高揚が強く求められている。

ファミリービジネスの創業者は，まさしく起業家であった。しかし，ファミリービジネスは創業者時代が後継者の時代よりも，また創業者時代でも前半が後半よりも財務的業績が優れている場合が多い。これらは，創業者の成功体験に縛られて経営に惰性が生じたり，経営が制約されるためである。

わが国では，創業者に匹敵する経営革新を実現した後世の経営者を「中興の祖」と呼んで高く評価してきた。3世代ごとに「中興の祖」が出現すれば，創業後数百年を経ても企業は高い活性度を保てる。ファミリービジネスとアントレプレナーシップの結合により，こうした高い活性度が期待される。

わが国の創業以来100年以上続く長寿企業では，市場開拓あるいは新技術・製品の開発を81％が実施していた（横澤，2012）。米国の調査では，過去60年生き残ったファミリービジネスは全体の15％に過ぎず，その2/3は成長をしてこなかった。欧州の調査結果も類似している。

起業家活動はリスクと変化を伴うので，富の保全を重視すれば，活動を抑制しかねない。この問題は，日本の多くのファミリービジネスが直面している問題でもある。変化に対する前向きな姿勢及び技術的機会の認識がファミリービジネスの起業家活動と正の相関関係にあり，創業から一定期間を経過したファミリービジネスでは，常に変化に対する前向きな姿勢及び技術的機会の認識を心がける企業文化が望まれる。

第3節　わが国ファミリービジネスの現状と課題

1．長寿性

　創業以来100年以上継続している企業は日本に25,321社存在し，その内訳は200年以上3,937社，300年以上1,938社，500年以上147社，1000年以上21社で，その約90％がファミリービジネスである（2014年現在，累計）。

　日本は世界でも稀な長寿企業大国である。創業以来100年以上継続する企業は，世界上で136か国・地域，58か国・地域に及ぶが，日本はその4割前後を占めている。

　日本が「長寿企業大国」である要因は，6つの定石と思想的背景に要約できる（図表15 - 10）。すなわち，極めて長期的な経営の視点，無理のない「身の

図表 15 - 8　創業 100 年超企業数：国内

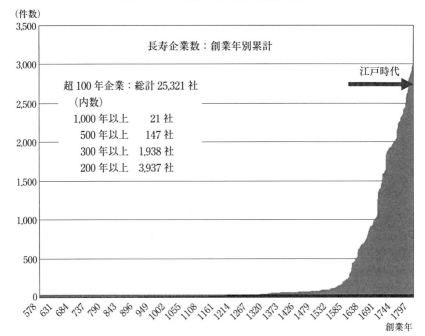

出所：筆者作成。

図表 15 － 9　創業 100 年超企業数：国際比較

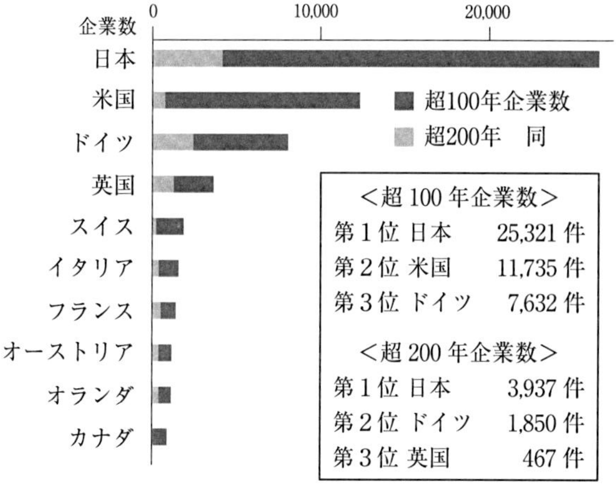

出所：筆者作成。

図表 15 － 10　長寿要因：6 つの定石と思想的背景

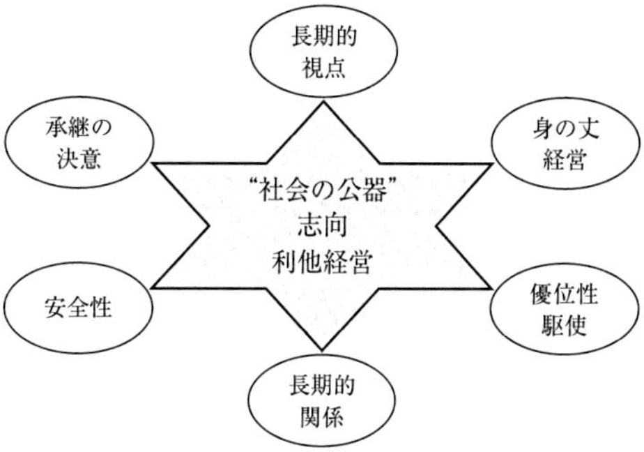

出所：筆者作成。

丈経営」，核心能力を重視する優位性の駆使，利害関係者との長期的信頼関係，リスクマネジメント（安全性），事業承継の強い決意である。これらを支える思想とは，「三方よし」[6]，「企業は社会の公器」[7] を中心とする利他経営である。上述の定石と思想は，ファミリービジネスに共通する非財務的業績の重視と関連している。

　この背後に，わが国に永く続いたイエ制度があった。イエ制度とは，戸主が他の家族員の身分変更などに家督責任を持つ家族制度で，他国にはみられない

独特な社会的性格を持っていた。封建時代に始まり，1898 年（明治 31 年）に定められた明治民法で法制度化され，1947 年の民法改正まで続いた。その変質もあいまって，今日のファミリービジネスは大きなチャレンジに直面している。

2．多様性への期待とガバナンス

　ファミリービジネスには内向的な傾向がしばしば見られる。創業者以来の伝統を守る傾向とも関連するが，内部的結束を重視しすぎると，市場の変化など外部条件への対応が遅れかねない。こうした状況で，ファミリー外部から迎えられた養子が大きな事業改革を成功させた事例が少なくない。

　従来の伝統にとらわれず，思い切った革新をするうえで，多様な人材に寄せる期待は大きい。養子や若手人材だけでなく，女性の活躍も次第に増えてきた。また，外国人が酒造や旅館など伝統的な業種に志願して入り，話題となった事例もある。

　こうした多様な人材の登用は革新の加速及び外部への視野拡大という効果が期待される反面，放置すると創業以来の伝統が疎かにされたり，全体の統一性が損なわれるリスクも発生しかねない。

　そこで，ガバナンスが重要となる。ガバナンスとは企業の目的を達成するための仕組み・体制を意味し，一般企業で重視されるコーポレートガバナンスは企業統治と訳される。ファミリービジネスでコーポレートガバナンスと並んで重要なファミリーガバナンスは，ファミリーの結束を図る仕組みである。ファミリーの創業者精神など価値観を中心に据えて各人が共有してこそ，多様な人材の活躍が保障される。

　ガバナンスを求心力，多様な人材を遠心力と見なすと，求心力と遠心力の両者が高水準で均衡がとれていると，ファミリービジネスの良い伝統を守りつつ，思い切ってイノベーションを図る理想的な状態が実現できる。

第4節　むすびに

　ファミリービジネスの世界大会が毎年開催されるが，その主賓は各国を代表する王室などが勤める。モナコで開催された大会では，王子が「ファミリービジネスの皆さんのお陰で経済が回っているのです。有難う。」と挨拶された。それほど，ファミリービジネスは「経済産業の主役」として評価され，尊敬される存在である。

　わが国のファミリービジネスに対する世論は必ずしも肯定的ではないが，米国などでも数十年前には，ファミリービジネスに対する世論は現在のようには高くなかった。筆者はわが国のファミリービジネスが自らの努力と存在価値を高く評価し，誇りを胸にして前進されるよう，併せて海外との温度差が今後大きく改善されるように大いに期待している。

　ファミリービジネスについて更に知りたい読者は，まず身近なファミリービジネスを事例研究するようお勧めしたい。きっと，多くの新発見があるだろう。特に，実家のファミリービジネスについて，両親などにインタビューしてみると良い。

　さらに深く学びたいのであれば，章末に掲げた参考文献のうち，◎印のものを読むのが良いだろう。ファミリービジネスに対する関心が深まり，周囲を見る視野が広がることを大いに期待している。

📖 考えてみよう！
　　身近なファミリービジネスを1社選び，その歴史および現状を分析してみよう。

【注】
（1）上場企業では上位10名株主を指し，その公開が義務づけられている。
（2）米国の投資情報会社（S&P）が株式市場の動向を表す株価指数算出のため選んだ大手500社。
（3）Corporate Social Responsibility の略。企業が社会に与える影響について責任を持

ち，社会の持続的発展のために貢献すべきとする考え方。

（4）Sustainable Development Goals の略。2015 年に国連で決められた国際社会の共通目標で 17 の目標がある。

（5）ファミリー以外から選ばれる経営者を学術的に専門的経営者と呼ぶ。

（6）「売り手よし，買い手よし，世間よし」を意味する近江商人の伝統的な思想。

（7）企業は社長や株主の私物ではなく，社会に役立つべき存在とする，わが国の伝統的な考え方。

◆参考文献◆

Gersick, K. E., Davis, J. A., Hampton, M. M., and I. Lansberg, *Generation to Generation: Life cycles of the family business*, Harvard Business Press, 1997.

後藤俊夫『三代，100 年潰れない会社のルール：超長寿の秘訣はファミリービジネス』プレジデント社，2009 年。

◎後藤俊夫編著『ファミリービジネス：知られざる実力と可能性』白桃書房，2012 年。

後藤俊夫監修『長寿企業のリスクマネジメント〜生き残るための DNA 〜』第一法規，2017 年。

ファミリービジネス学会（編）奥村昭博・加護野忠男（編著）『日本のファミリービジネスその永続性を探る』中央経済社，2016 年。

ファミリービジネス白書企画編集委員会編『ファミリービジネス白書 2015 年版 100 年経営を目指して』同友館，2016 年。

◎ファミリービジネス白書企画編集委員会編『ファミリービジネス白書 2018 年版 100 年経営とガバナンス』白桃書房，2018 年。

横澤利昌編著『老舗企業の研究――一〇〇年企業に学ぶ革新と創造の連続―』生産性出版，2012 年。

┌─ 事例15－1 ┐ **エルメス**

　エルメスは，創業者のティエリー・エルメスが 1837 年，フランスのパリで始めた工房が出発点である。ナポレオン 3 世の時代，エルメスは皇帝御用達の馬具職人となり，また万国博覧会で出品した鞍が銀賞を獲得し，知名度を高めた。しかし，全てが順調だったどころか，多くの逆境を克服して現在に至っている。

　第 1 の試練は自動車の台頭であり，馬具工房そのものが存亡の危機に貧した。これを救ったのは 3 代目エミール・モーリス・エルメスで，馬具製造で培った技術と精神を残しつつ，ファション分野へ大きく転身した。

　第 2 の試練は 1929 年の世界恐慌とその後に始まった第 2 次世界大戦である。ここでも，エミールはスカーフと香水という新分野に参入して苦境を乗り切った。さらに，4 代目のロベール・デュマ・エルメスの時代に，この新分野を軌道に乗せ，今日の 3 本柱のひとつを築いた。

　5 代目のジャン・ルイ・デュマはブランドイメージを刷新し，エルメスを今の姿にした名経営者として著名である。2006 年からの非ファミリー経営者を挟んで，2013 年からジャン・ルイ・デュマの甥にあたるアクセル・デュマが CEO を務めている。

　そして，第 3 の最大の試練が 2010 年に訪れた。競争相手であるルイ・ヴィトンの親会社 LVMH（ルイ・ヴィトン・モエ・ヘネシー）が，エルメスの買収を宣言したのである。この買収騒動にはエルメスの一族が徹底抗戦し，この買収を防衛した。

　エルメス家の誇りは，「各自が仕事をきちんと成し遂げること。とりわけ，自分の仕事が孫の代に結実することこそ，誇りにすべきです。祖父がこの世によみがえり，孫の背中を叩いて，"いい仕事をしたね" と誉めてやること。それこそが満足の確かな証なのです」という。同社のバッグは一人の職人が全工程にわたり仕上げる体制を貫き，すべて誰が作ったのか分かるようになっている。

　短期的な利益を追い求めず，永らく築き上げたブランドがもつ価値と品質の維持，さらなる進化を目指し常に学び続ける素晴らしい企業文化の事例である。

【参考】後藤俊夫『三代，100 年潰れない会社のルール：超長寿の秘訣はファミリービジネス』プレジデント社，2009 年。

事例15-2 スズキ株式会社

同社は，1909年に鈴木道雄が木製織機の鈴木式織機製作所を創業したのが始まりである。鈴木道雄は120以上の特許・実用新案を取得した発明者でもあり，早くから自動車産業への進出検討を始めていた。しかし，本格的な参入は1952年のオートバイ開発ならびに1955年の四輪軽自動車分野への進出からである。社名を1954年に鈴木自動車工業株式会社と改称し，さらに1990年にスズキ株式会社と改称した。

2代目・鈴木俊三，3代目・鈴木實治郎，4代目・鈴木修と，いずれも娘婿として養子が続き，自動車業界の一角を占める現在へと成長を続けた。特に，鈴木修は1975年の自動車排出ガス規制に対応が遅れた同社を立て直し，社長就任直後にアルト（1979年発売），その後もワゴンR（1993年発売）など軽自動車の商品力を高めた。社長就任時に売上高3,232億円だったスズキを3兆円企業にまで育て上げた。2015年，その長男・鈴木俊宏が社長に就任している。

また，大手他社が重視しなかった発展途上国に海外市場開拓を重点特化し，インドでは市場シェア50%を確保した。1981年にゼネラルモーターズ（GM），2009年にフォルクスワーゲン（VW）と提携したが，いずれも解消し，トヨタ自動車との提携が深まっている。販売台数は，四輪車で世界第10位，国内第3位，二輪車で世界第8位，国内第3位，ボート用の船外機で世界第3位とまさにグローバル企業である

鈴木修の著書タイトル『俺は，中小企業のおやじ』は同社の特徴を良く示している。限られた資源で大企業と伍して戦うため，他社と異なる重点市場を戦略的に絞りつつ，常に危機意識をもち，徹底して現場にこだわってきた。

また，1949年の株式上場以来，株主としての影響力をもたない最も弱いC区分（図表15-5）のまま長期にわたってファミリービジネスであり続けた貴重な存在でもある。数々の苦境を乗り越え，世界自動車不況に敢然と立ち向かってきた創業家の強いリーダーシップによって株主の信頼を勝ち得てきた。

【参考】中西孝樹『オサムイズム―"小さな巨人"スズキの経営』日本経済新聞出版社，2015年。
鈴木修『俺は，中小企業のおやじ』日本経済新聞出版社，2009年。

第16章
事例研究　アクセラレーター

第1節　はじめに

　日本国内の就業者のうち約8割はどこかの組織に雇用されている現代において，多くの人にとって自ら起業することは遠い世界の話しかもしれない。最近は起業スクールのようなものが増えているが，座学やグループワークなどの疑似体験の場を超えることはない。そのような機会を経ても実際起業する人は極めて少ない。例えば，読者が一念発起し起業しようとした場合どうすればいいのだろうか？　いきなり起業し，実践の場で，競争の厳しい市場で生きてい行けるのか？　どのマーケットを，どのようなビジネスプランで目指すのか？　資金調達や仲間を集めるにはどうしたらいいのか？　そもそも会社はどうやって設立するのか？　リアリティもって考えられない人も多いだろう。本書のメインターゲットが大学生や就職後まもない若い方々を想定されているのであれば，なおさらイメージがつかないだろう。周りに起業経験者がいれば相談できるが，前述の通り起業家の数が少ない環境ではその機会も容易に得られない。事業経営者の一族から起業家がうまれたり，大学の特定のクラブから集中して起業家がうまれる事実が示すことは，起業を志したときに周囲に相談し，頼れるコミュニティがあることが重要ということがわかる。特に，ベンチャーキャピタル等の投資家からエクイティによる出資を受け，短期的にスケール（規模化）し，イグジットを狙うようなスタートアップビジネスをやりたい場合には経験者はさらに少ない。国内では，シリアルアントレプレナー[1]が獲得したキャピタルゲインを後輩にエンジェル投資[2]する循環が充実しているとはい

まだ言い難い。起業を志した場合，従来であれば，自らノウハウやネットワークを求めてイベントに参加したり，人に会ったりして，時間をかけていたはずである。さて，それらのノウハウやネットワークの獲得，マインドセットの醸成，そして初期の資金調達が1つのプログラムにまとまっていたらどうだろうか。それがアクセラレータープログラムである。始まりは2005年シリコンバレーで，ポール・グレアムを中心に設立されたY-combinator⁽³⁾である。現在ではいろいろなアクセラレータープログラムが派生的に，全世界で行われている。アクセラレーターが生まれて15年ほど過ぎており，実績や評価も出そろい始め，プログラムの形態も多様になってきている。プログラムそのものも，プログラムを運営するプレイヤーも「アクセラレーター」と呼ばれることが多いので，本書においては，意識的にプレイヤーを「アクセラレーター」と，プログラムを「アクセラレータープログラム」と使い分けている。国内においてはアクセラレーターの認知度もまだ高くないため，起業スクールのような表現もされるが，それらとも違う感じがする。起業は学校で先生が教えるようなものではなく，起業したい本人を伴走し，環境を提供するのである。国内の起業家支援において従来「インキュベーション施設」という言葉は使われてきた。「インキュベーション」は物理的な施設を伴う支援で，「アクセラレーター」はプログラムやコミュニティによる支援ということで使い分けされている。明確な定義はないが，図表16－1にアクセラレーターの定義を示した。なお，本書では将来起業を志す方々をメインターゲットとしているため，スタートアップの用語についてはその都度説明していく。また，説明する上で厳密に説明をすることで読者を混乱させる可能性がある場合は，便宜的に細かい定義に囚われることなく，簡易に説明することを意識していく。

第2節　なぜ，アクセラレーターという機能があるのか

1．起業家からのアプローチ

　なぜ，スタートアップにとってアクセラレータープログラムが必要なのか。スタートアップを立ち上げる場合，資源が圧倒的に不足している。足りない資

図表16－1　アクセラレーターとは（整理）

原文	01Booster 解釈
Startup accelerators are typically for profit organizations that foster a physical environment that supports accelerated growth for startups.	アクセラレーターはスタートアップの成長を加速させるための営利活動
Programs or cohorts tend to consist of around ten teams who are supported by the accelerator	1回のアクセラレータープログラムには役10チームが参加
With a small amount of funding, typically averaging $20,000. Some of the top tier accelerators also offer an option where their startups can receive up to $150,000 in additional seed funding.	1社当たり平均240万円を出資し，一部のトップアクセラレーターはさらに最大1,800万円を出資
The classes typically run for three months,	プログラムは3ケ月間運営
During which startups receive mentoring,	メンタリングを受けられる
Training	研修や教育セミナーを受けられる
And a chance to increase their network beyond that which they could have achieved organically.	いろいろなチャンスが増え，自分たちだけでは手に入れられないネットワークが手に入る
The process culminates in Demo Day, where the startups pitch their company to an audience full of investors.	デモデイまでにビジネスを研ぎ澄ませ，投資家等の前でピッチ
In exchange for the services provided by the accelerator, the startups give the accelerator anywhere from 3-25% in equity; however, most accelerators tend to ask for around 6%.	これらの価値提供をする代わりに，アクセラレーター主催者は3-25%のシェアを手に入れる。多くの場合は6%程度。

出所：Deering, L., *Accelerate: Founder Insights Into Accelerator Programs*, FG Press, 2014.
　　より筆者が抜粋。

源を調達していく旅ともいえるだろう。前述の通り，起業家が資源を集める活動は平たんな道ではなく，その長い道のりを想像するだけで諦めてしまうかもしれない。その道筋を示し，資源調達の機会を得られ，厳しい道のりを伴走してくれるのがアクセラレータープログラムである。本来起業家というのは自分が志す世界観に向かって突き進み，多くの困難を乗り越えていく。従来のアクセラレータープログラムに参加するスタートアップの対象は，これからプロダクトやサービスを創るシードステージを中心としてスタートしている。最近はシードステージに限らず，アーリーステージやミドルステージに後倒れしてきているようである。アクセラレータープログラムに採択されれば，資金調達のみならず，定期的なメンタリング[4]で先輩起業家やアクセラレータースタッフからメンタリング（アドバイス等）が受けられる。起業の初期ステージでス

タートアップコミュニティの中で起業機会を得られるのである。筆者はアクセラレーターであるが，初めて起業を志す人には漏れなく，「独りでやらないで良質なコミュニティに入ってください」とお勧めしている。人によって合理的な成功パターンやステップがあると信じ，それを探してばかりいる人もいる。筆者の個人的な意見であるとお断りをしたうえで，今まで多くの方が経験してきた世界と比べると，不合理で，不条理で，偶発的な世界であるということは頭に入れていただきたい。学校では，がんばって勉強すれば，いい成績が取れ，いい学校に入れ，自分が望む会社に就職できたかもしれない。起業の世界はそんな感じにできていない。合理的にがんばっても報われず，試行錯誤していく旅である。その時に，頼れるコミュニティにいることは重要である。困った時にコミュニティの誰かが助けてくれるかもしれない。悩んでいるときにコミュニティにいる誰かが元気づけてくれるかもしれない。将来の仲間がそのコミュニティにいるかもしれない。顧客や資源の調達先をコミュニティの誰かが紹介してくれるかもしれない。この不確実な事業創造の旅をコミュニティの仲間と過ごせるのである。

2．投資家からのアプローチ

　次に投資家サイドからアクセラレーターの意義を考えてみよう。スタートアップに出資をして，そのスタートアップがIPOもしくはM&Aで所有している株式を売却することでキャピタルゲインを狙う投資家をベンチャーキャピタルという。従来，ベンチャーキャピタルはイグジットを狙う存在である。そのため，その株式を永続的に持ち続けて，応援し続けることはない。遅かれ早かれ（できれば早く）イグジットして利益を得たいのである。なぜならベンチャー企業への出資はとてもリスクが高いため，高いリターンを要求することで成り立っている。創業後の企業の生存率はおおよそ5年後15％，10年後6％（2005年国税庁調べ）と言われており，大半は無くなってしまうのである。そのため，アクセラレーターが生まれる前は，ベンチャーキャピタルのメインターゲットはプロダクトやサービスが出来上がった後のミドル，レイターステージが中心であった。リスクの高い初期ステージのスタートアップを支える投資家

図表16−2　スタートアップの一般的な成長プロセス

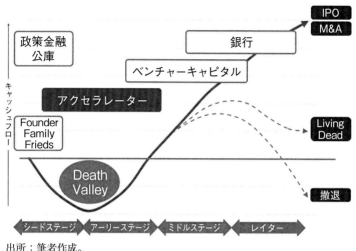

出所：筆者作成。

は個人のエンジェル投資家がいるが，希薄であった。現在では，ベンチャーキャピタルも得意領域が細分化しており，シードステージのベンチャーキャピタルもいるが，やはり，シードステージ以前に関してはリスクが大きいため，経済性が合わず希薄になりがちである。一般的にスタートアップは，3Fマネー（Founders 創業者，Family 家族，Friend 友達）で会社を立ち上げ，そのあと，売上がない時点で投資が先行するためキャッシュが減っていく谷（デスバレー：死の谷）を越える必要がある。このデスバレーを支える存在として現れたのがアクセラレーターである。デスバレー越えを支え，次の投資家に繋ぐのである。エクイティ出資だけだとこのデスバレーを越えられないため，お金以外の資源も提供し，コミュニティで支えていくことになる。アクセラレーターの存在があることで，創業からイグジットまでの資本政策をシームレスにつなげることができる。

第3節　アクセラレータープログラム主催者

　前節で触れたようにアクセラレーターはもともとスタートアップのキャッシュフローサイクル初期のデスバレーを支え，次のステージに繋げる役割を担う

ことで誕生してきた。それゆえに、もともとアクセラレーターは投資家であり、採択されたスタートアップに出資することが前提となっている。アクセラレーターは投資家として、出資の見返りとして株式シェア⁽⁵⁾を取得し、スタートアップと利害が一致し、支援することを通じてその出資株式の価値の向上を目指すわけである。最後のイグジットまで株式を所有することもあれば、次のステージの投資家に譲渡する等、やはり投資家であるので、基本として株式を売却し、キャピタルゲインを狙うことで利益を得るのである。

　また、近年はアクセラレーターの主催者が多様化しており、投資家だけではなく、大手企業主催のアクセラレーターも盛んに行われている。既存の大手企業は過度に本業の価値観、業務プロセス、資源が最適化しているため、新規事業を生む環境がなくなってきてしまっている。自社内だけではなかなか新規事業が創れなくなっており、社外のスタートアップと組むことで、事業創造を目指そうとする試みが大手企業主催のコーポレートアクセラレーター⁽⁶⁾である。これは筆者が代表をする株式会社ゼロワンブースターが2014年に株式会社学研ホールディングスと始めたものが国内のコーポレートアクセラレーターの始まりである。それ以降、国内においてオープン・イノベーション⁽⁷⁾のツールの1つとしてコーポレートアクセラレーターは相当数実施され、各社試行錯誤を繰り返している。グローバルで見ると、あらゆる産業で実施されていることもわかる。本来アクセラレータープログラムは採択されたスタートアップに出資をすることで、その出資をしたスタートアップの成長を支えるものであるが、現在国内のコーポレートアクセラレーターは出資するケースの方が少なく、事業連携や事業共創の色彩が強くなってきている。もともと国内のビジネス環境は大手企業が中小企業を下請けとして関係性を創るピラミッド構造が成り立っているため、自然に受発注関係になりやすいという特徴がある。さらに行政によるアクセラレータープログラムも多く実施され始めている。全国規模でやるものもあれば、地方自治体が地域単位で実施するアクセラレーターもある。地方では経済の新陳代謝が進まず、従来からいる既存企業の力が強い。そのためスタートアップビジネスを起こそうとする起業家は地方に残らず、東京に流出する傾向にある。地方行政によるアクセラレーターは将来の地域経済を担う起

業家を増やし，育てることで地域経済の活性化を狙うものである。行政主導であるため，基本出資はないものの，その地域の外郭団体や地銀，商工会議所等とも連携し，多様な支援をしている。最近では地銀でもベンチャーキャピタルを持つところもあり，ベンチャー出資をするアクセラレーターも出てきている。

第4節　アクセラレーター運営の基準

　グローバルでも国内でも，アクセラレータープログラムは主催者も，運営も，目的も多様化しており，どれひとつとして同じものがない。ゆえに，起業家にとって，どのアクセラレータープログラムに申請するかを検討する必要がある。世界のアクセラレーターが加盟するGlobal Accelerator Network（略称GAN）[8]が運営者のクライテリアを出しているので，ここでは運営者側のクライテリアを解説し，そこからアクセラレータープログラムをひも解いてみる。

図表16－3　Global Accelerator Network クライテリア

Our Program Criteria
What qualifies an accelerator program for GAN membership?

❶ Short-Term　【3～6ケ月間 短期プログラム】
3-6 month long program

❷ Mentorship-Driven　【40人以上メンター】
40-80 mentors

❸ Small class size
Up to 10-20 companies going through a program at a time　【10～20社／バッチ】

❹ Accelerator funding
Each program has set aside funding & resources for multiple sessions
【出資と経営資源の提供】

❺ Terms are favorable to enterpreners　【起業家が主役】
【参加は自由意思】
Companies are not charged to join the accelerator program
A small equity stake (usually 6-8% in the U.S. and 8-10% non-U.S.)　【少額出資】
Space, internet and desk/chair provided to the entrepreneurs　【オフィスの提供】

❻ Strong management teams
(who are usually entrepreneurs themselves)

❼ Have run at least 1 successful program.
【プログラム運営者自身が起業家】

出所：「Global Accelerator Network」（https://www.gan.co/engage/accelerators/gan/）［2020年2月24日閲覧］Web サイトより筆者抜粋。

1．3～6ケ月間のプログラムであること

　アクセラレータープログラムは3～6ケ月間であり，この短期間で成果を求められる。参加スタートアップは期限がある締め切り効果を使って事業成長を加速することになる。もともとTech系のスタートアップが対象であったため，Y-conbinatorは3ケ月間と短期間である。ハードウェア系であれば半年程度のものもある。有期であるからこそ，この限られた期間で必要な資源を集中的に集められるし，締め切りがあるからこそ，加速することにインセンティブが働くのである。プログラムの最後にあるデモデイで，その成果を示し，次の投資家や資源提供者にアピールする機会を得る。

2．メンターによる伴走

　メンタリングとは，メンティー（起業家やスタートアップ）が，メンター（先輩起業家や専門家）との対話によって起業家自身が気づき，助言を受けることによって行動変容を施してしていくものである。冒頭にもお話しした通り，先輩や経験者との対話を通じて，ビジネスプランをブラッシュアップしていくとともに，起業家自身のマインドセットも整えていく。コミュニティにいることで良いメンターに出会える可能性が高まる。アクセラレーターはそれぞれメンターのネットワークを持っており，そのコミュニティに入れることがアクセラレータープログラムに参加する意義である。メンターは必ずしも経済動機だけで動くわけではないので，スタートアップコミュニティでは日常的にGive & Takeを心がけておく必要がある。

3．1バッチ10社くらいのグループにする

　アクセラレータープログラムの単位をバッチ（Batch）といい，1バッチに10社～20社くらいが採択される。このグループをコホート（Cohort）と言ったりもする。同時に複数社が参加することでプログラム運営の効率化を図るとともに，参加者同士のピアプレッシャー，ピアサポート効果が期待できる。同じバッチのスタートアップ同士がバッチ終了後にも仲良くなれ，生涯の起業仲間を創っていくので，まさに学校でいう同窓会のようなコミュニティになる。

そもそも，アクセラレーターは出資サイクルのうちの主にシードステージを対象とし，数多く出資するのが基本のため，運営できる範囲でできるだけ多くのスタートアップが参加するということになる。近年の Y-combinator は年 2 回バッチを回しており，1 バッチ 200 社（2019 年夏期は 197 社）近いスタートアップが参加するなど大規模化している。この 200 社近いスタートアップを複数のコーホートに分割して運営されている。

4．出資と資源の提供

　アクセラレータープログラムに採択されたら出資を受けることが一般的である。シードステージを前提としており，このプログラム期間中の活動経費見合いに充当するイメージなので金額的には少額であり，Y-combinator は約 150,000 ドルで 10％未満のシェアをとる。出資をすることで，デモデイに向け株式価値の向上を目指すインセンティブがアクセラレーターにも生まれるということになる。国内においてはエクイティ出資の文化がいまだ十分でないこともあり，アクセラレーターと称しているが，出資がなく，コンテストやイベントがゴールになるケースも多く，国内のアクセラレーターは発展途上である。資金以外でもアクセラレーターが保有する資源やネットワークを活用することができる。先輩起業家をメンターとして紹介してもらえたり，アクセラレーターの運営するコワーキングスペースを使えたり，さらなる資金提供者である VC を紹介してくれたり，資源を提供してくれる大手企業を紹介してくれる可能性がある。

　大手企業が主催するコーポレートアクセラレーターでは大手企業が保有する資源やネットワークにアクセスできる可能性がある。国内においては大手企業の信用力は強力であり，コーポレートアクセラレーターに採択された時点でスタートアップの信用力が向上する。メガバンクで口座開設できなかったスタートアップがコーポレートアクセラレーターに採択されたら，銀行から融資を受けられたという話もある。スタートアップは創業当初はまったく信用力がなく，アクセラレータープログラムに採択されることで，自社の信用力を格段に上げることができるのである。

5．スタートアップ・起業家にとって有意義か

　イノベーション創出する上で希少な資源は起業家そのものであり，スタートアップである。そのために起業家にとって有意義であり，スタートアップにとって好意的なプログラムであることが望まれる。アメリカにおいては相対的にスタートアップの社会的地位は高く，アントレプレナーファーストの文化がある。一方，国内においては，大手企業のポジションが相対的に高く，学歴が高く，優秀な人材は大手企業に行く習慣がいまだ残っている。そのため，いまだ起業家やスタートアップの社会的ポジションは低い。アクセラレータープログラムによっては主催者の都合により，スタートアップの事業にとって必ずしも有意義でない活動になるものも少なくない。主催者の利益が優先されたり，主催者の社外に対するアピールの場になったりして，スタートアップを使ってそれらを実現するような機会になったりする。大手企業を中心に成り立っている日本のビジネス環境においては，主催者が無意識にスタートアップを傷つけるようなこともある。最近はスタートアップの地位が高まり，優秀な人材が大手企業からスタートアップに移動する現象が起きているため，徐々にスタートアップに良い環境になってきている。スタートアップの交渉力が高くなっており，好意的なアクセラレータープログラムでなければ参加者が集まらないようになってきている。それでもまだ主催者側の意識は改善の余地があるようである。

6．アクセラレータープログラムは起業家が運営するべき

　アクセラレータープログラムの運営は起業家がするべきという基準がGANのクライテリアに入っていることは重要な意味を持っている。スタートアップに好意的なプログラムにするには起業家が運営することがいいのは自明の理だろう。人次第ではあるが，スタートアップを伴走するときに，自らがスタートアップの経験があり，いろいろなハードルを越えてきた経験がある人がスタートアップにとって心強いのは当たり前である。

7．アクセラレータープログラムの運営実績があるか

当基準はアクセラレーター主催組織のGANへの加盟基準なので，組織として，運営実績があるのかという点がクライテリアに入っている。少なくともアクセラレータープログラムを運営し，無事にデモデイを開催し，卒業したスタートアップがそれぞれの道を進んで，コミュニティを持っているアクセラレーターであることも期待されている。

第5節　アクセラレータープログラムの流れ

アクセラレータープログラムは多様な主催者がおり，目的も運用も様々であるので，あくまでもひとつのケースとしてとらえていただきたい。

1．アプリケーション

アクセラレータープログラムはオンライン上のフォームから申請するのがほとんどである。アプリケーションフォームは各プログラムで様々であるが，概ねシンプルなものが多い。大量の情報を受け付ける側の立場からは研ぎ澄まされたシンプルなアプリケーションの方が評価しやすい。ゆえに制限されたフォームの中でどれだけ簡潔に読み手の心をつかむかが大切である。ひと昔前に国内のビジネスプランコンテストで細かい事業計画や数値計画を提出させられたが，それらの重要性は相対的に下がっており，創業者が抱くビジョンや描く世界観，ストーリーが大事になる。よいマーケットを狙っているか，よい創業チームであることも重要である。最近は動画エッセイ等を送る場合もある。

2．選　抜

アプリケーションフォームおよび，場合によっては動画エッセイ等の審査を経て，面談審査が行われる。人気のアクセラレータープログラムでは相当の倍率で，狭き門である。Y-Combinatorはバッチごとに500〜5,000ものアプライがあるので，その中で審査員の心をつかむ必要がある。国内においては，起業家，スタートアップが少ないため，アメリカほどの競争環境はないが，狭き

門であることは事実である。前述の通り，大量のアプリケーションを確認する審査のことを考えると，いかに簡潔に分かりやすくこころに刺す必要があるかということがわかるだろう。動画アプリケーションを出すプログラムであればそれらが審査の決め手になることは言うまでもない。アプリケーションの審査が合格できれば，次に面談審査（インタビュー）である。Face to Face の面談を重視しされるため，アクセラレーターの本拠地まで出向く必要がある。狭い国内であれば，アクセラレータープログラムが集中する東京に来てインタビューするというプログラムが多いだろう。なお，Y-combinator は全世界からアプライがあるが，インタビューを受けるためにサンフランシスコまで出向く必要がある。そして，そのインタビュー時間は 10 分である。10 分のためサンフランシスコまでいく。アクセラレータープログラム全般に言えることだが，時間を有効に使わなければいけないため，あらゆることが短時間で行われる。一般的にもインタビュー時間もそれほど長くなく，質問に対しては簡潔に答える必要があり，事前にトレーニングと準備をされることをお勧めする。このインタビューに合格するとプログラムに参加することができる。国内アクセラレータープログラムはインタビュー後にコンテストイベント等のプロセスが用意されていることも多い。多くの関係者を巻き込み，周知するためイベント化しているケースもある。なお，くれぐれも高倍率の選抜ではご縁や運の要素が多分にあることご理解いただきたい。不合格であったことが提出者のビジネスプランや人格を否定していることではないのだ。ゆえに，諦めずに申請し続ける必要がある。合理的な成功法則がどこかにあるはずだと信じすぎていたり，不合格の合理的な理由を求められたりするが，それは意味がない。合理的にやれば報われる，という法則が成り立っていないのがスタートアップの世界である。継続することが何よりも大事である。

3．プログラム参加

　画一的な運用がないので，あくまでもイメージをもってもらうため事例を説明する。プログラムおいては，最後に用意されているさらなる資源の調達機会であるデモデイに向けて，事業成長を加速することになる。もともとアクセラ

レーターは Tech 系からスタートしたプログラムであるので，IT プロダクトを創るプロセスを加速することになるが，現在はあらゆる産業で実施されているため，サービスや企画等の成果作りもある。プログラムは，以下のような活動がなされている。

（1）定期的なメンタリングやアドバイスミーティング

　定期的に先輩起業家やアクセラレーターメンバーによるメンタリングの機会がある。ここで「壁打ち」をすることで，ビジネスプランをブラッシュアップするとともに自分の考えについての整理，軌道修正を行う。前述の通り，基本的にメンタリングの役割は教えてもらうことにあるのではなく，メンターとの対話を通じて自ら感じ，気づくことである。事業創造の世界はどこにも合理的な正解はない。自分の描いた世界観に対して外部との対話を通じて研ぎ澄ましてきく旅である。先輩起業家との対話を通じて起業家としての素養を磨いていくという面もあるだろう。基本的にメンタリングはマンツーマンでやることが多く，週に1回〜月1回程度，1回に30分〜60分実施する。頻度や時間については，アクセラレータープログラムによっても，参加スタートアップによってもさまざまである。最近は改めてメンタリングをするまでもなく，コワーキングスペースにおいて不定期不定形な対話自体に価値が見出されている。同じコミュニティにいることでいつでも「真剣な雑談」をすることができる。

（2）投資家や専門家，先輩起業家を呼んでのラージミーティング

　アクセラレーターがもっている起業家や投資家，専門家のネットワークから参加するスタートアップに向けた勉強会等を定期的にもしくは不定期的に実施する。参加スタートアップは気づきとネットワークを得る機会を得られる。なによりも先行している先輩起業家とのコミュニケーションは有効となる。また，すでに複数のバッチを回しているアクセラレーターが主催するプログラムではアルムナイ（卒業生）コミュニティがあれば，その「縦の繋がり」も重要視されていることも多い。

（3）ランチやディナー等のネットワーキングパーティ

　上記（1）（2）と合わせて実施されることもあるが，ネットワーキング，懇親も兼ねて，ネットワーキングランチやネットワーキングディナーをやることもある。コミュニティの信頼関係を高め，参加者の横の繋がり，違う期の参加者との縦の繋がり，主催者と参加者の関係が良好になっていく。カジュアルな対話から気づけることは多く，ネットワーキングの機会は大事である。

（4）フィールドワークのハンズオン

　Tech系スタートアップであればITプロトタイプを創ることに集中する傾向にあるが，サービス系のスタートアップやプロトタイプ以上のプロダクトができているのであれば，実際に市場と対話していくことになる。スタートアップにとってはネットワークもなく，営業経験がない場合も少なくない。その場合はアクセラレーターのスタッフが顧客候補を紹介してくれたり，営業に同行してくれたりする。コーポレートアクセラレーターでも主催企業が初期顧客になってくれるようなこともある。もちろん，仕入れ側についても，主催者の出資以外の投資家の紹介や資金調達のアレンジメント，その他仕入先の紹介や，ときに人材の紹介など，アクセラレーターや主催企業が持つネットワークでできる限り対応していくことになる。

（5）デモデイ前のトレーニング

　基本的に採択企業各社はデモデイというプログラム最後にあるゴールに向けて活動している。デモデイという締め切り効果が活動を後押ししているとも言える。デモデイは参加スタートアップのさらなる資金および資源調達の場となるため，このアクセラレーター期間でどれだけ，事業が成長，進捗したのかが問われることになる。投資家や大手企業などの資源保有者に，このスタートアップに資源提供すれば大きく成長すると感じさせなければならない。そのためにはデモデイにおける短いピッチ[9]をどれだけ効果的に見せるかが重要であり，そのピッチのトレーニングを重ねることが有効である。

4．出　資

　冒頭触れたようにアクセラレータープログラムはベンチャー出資プロセスの一環である。ゆえに原則としてはプログラム主催者（投資家）が出資をする。プログラムに採択された時点で少額出資をし，それを支援し，バリューを向上させることで主催者にもスタートアップを成長させるインセンティブが働く構造である。シードステージ以前が中心であるので，プログラム期間中の活動経費程度の出資を原則としており，200～500万円程度の出資で，3～9%程度のシェアを受け取る感じである。多様化している現在のアクセラレーターは出資金額ももっと大きい場合もあるし，シェアも様々である。出資も普通株，優先株だけでなく，新株予約権付き社債（コンバーティブルノートやコンバーティブルエクイティ）[10]など多様になっている。国内においては必ずしも出資がないケースも多く，大手企業や行政主催のアクセラレーターではそのケースが多い。とはいえ，国内アクセラレーターはまだまだ試行錯誤している状況であることも間違いない。採択スタートアップも必ずしも出資を望んでおらず，支援のコミュニティに入り，資源を得られればいいケースも多い。アクセラレーターはプログラムのスタート前に出資をして，次の調達に機会としてデモデイを提供するのである。

5．デモデイ

　アクセラレータープログラムの最後に用意されているのがデモデイである。スタートアップはデモデイで数か月間のプログラム成果を披露し，次の投資家を見つけるとともに，さらなる資源の提供者，支援者を集めるのである。有名なアクセラレーターでは自社をアピールする絶好の機会となる。ピッチの時間は3～5分間程度と短く，この限られた時間で自身のビジネス，チームの魅力をアピールすることになる。このピッチに関しても国内で徐々に浸透してきている。このデモデイには投資家，大手企業の新規事業担当者，メディア等が有望なスタートアップを発掘する機会にもなっている。国内においてはエクイティ出資の文化がそこまで浸透していないので，投資家が集まるようなデモデイに発展していないことが多いが，大手企業の新規事業担当者等は相当数集まる。

図表 16 － 4　アクセラレータープログラムの流れ

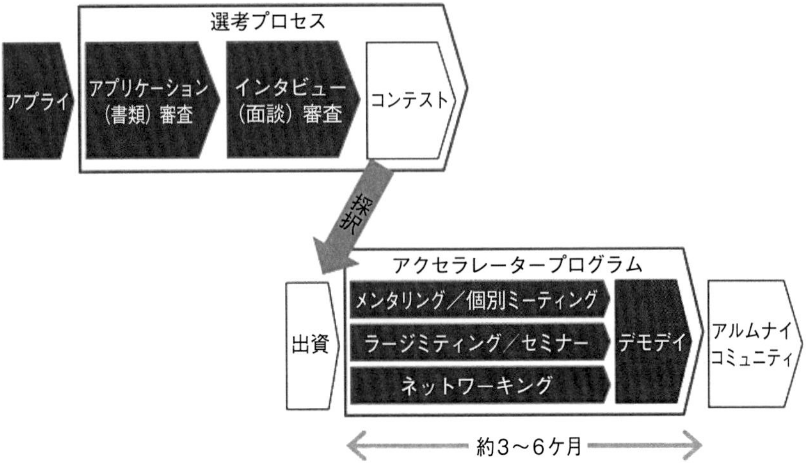

出所：筆者作成。

6．デモデイ後

　デモデイをもってアクセラレータープログラムは終了となり，主催したアクセラレーターや大手企業から出資を受けた場合は，株主としての関係性や支援が継続される。出資だけに限らず，参加したスタートアップにとってはこの後もこのプログラムで構築したネットワークはプログラム後も活用できることになる。アクセラレーターにとってもスタートアップとのネットワークは貴重なものとなる。

第６節　アクセラレータープログラムを活用する起業家の心構え・姿勢

　最終節では今後アクセラレータープログラムを活用して起業をしよう，ビジネスを成長させようと考えている方に対して，プログラムに参加する留意点を残しておきたいと思う。起業し，事業創造するということは他人から支援や資源を集めながら，自分の志す未来を達成する活動に他ならない。創業当初はお金もない，資源や信用力，ネットワークもないので多くの人から応援してもら

う必要がある。経済性を超えて資源を集めなくてはならない。そのためにも，よりよい相互支援のコミュニティにいる必要がある。そして，多くの人々から共感を得られるような大きな世界観を掲げたい。利己的なものではなく，短期的なお金儲けのようなものでもなく，大きなビジョンである。周囲の環境から支援や資源を得るということは，その環境に対して自ら貢献する必要である。自分が持ち得る，できることを Give する姿勢をもっていただきたい。アクセラレータープログラムに参加すれば，そのコミュニティやプログラム参加者へも積極的に貢献してほしい。資源がないスタートアップには難しい面もあるが，お金や資源がなくても提供できるものはあるはずである。Give First が結局大きな価値として還ってくるはずである。

　改めて，アクセラレータープログラムはスタートアップの成長プロセスを支えるひとつの通過点に過ぎない。これからもアクセラレータープログラムは進化し続けるだろう。このような事業創造のコミュニティが日常的に存在すればアクセラレータープログラムという枠組みを用意する必要もなくなるだろう。このプログラムを活かすのもすべて起業家の姿勢や考え方である。さぁ，世界を変えるような事業を創造しよう。

【注】

（1）シリアルアントレプレナー

　　連続して複数回事業を立ち上げている起業家を言う。長い期間をかけてひとつの企業を運営していくよりも，事業の立ち上げフェーズを得意としているため，立ち上げを連続して行うため，連続起業家とも言う。

（2）エンジェル投資

　　創業間もないステージのスタートアップ，起業家に対して出資する（主に）個人の投資家。リスクが高いステージでは投資家が少ないため，エンジェル投資家の存在が重要であるが，国内ではまだ数が少ない。

（3）Y-combinator

　　2005 年にアメリカのカリフォルニア州にポール・グレアムらのシリアルアントレプレナーを中心に設立されたシードアクセラレーター。アクセラレーターの始まりと言われており，AirBnB や Dropbox を輩出している。

（4）メンタリング

メンタリングは起業家の育成方法のひとつであり，メンティー（起業家）がメンター（先輩起業家や投資家等）との対話や助言を通じて，自らが気づきを得てビジネスプランや行動を見直していく。

（5）シェア

会社に出資をして得られる株式（会社の持ち分）をいう。取得する持ち分比率によって株主としての権利が変わってくる。

（6）コーポレートアクセラレーター

主に大手企業が主催するアクセラレータープログラムであり，出資だけでなく大手企業が所有する資源やブランド，ネットワークが活用できることが特徴であり，オープンイノベーション活動の中で実施される。

（7）オープンイノベーション

カリフォルニア大学バークレー校ハース・スクール・オブ・ビジネス客員教授のヘンリー・チェスブロウ博士によって提唱された考え方。社内のイノベーションを促進するために，意図的に社内と社外の技術やアイデアなど相互に流出入させイノベーションを創出していく。

（8）Global Accelerator Network

グローバルアクセラレーターネットワーク（略称GAN）は，コロラド州デンバーにヘッドクォーターがあるアクセラレーターの国際団体である。6大陸125都市からアクセラレーターが参加しており，グローバルで行われているアクセラレーターの情報やノウハウ，ベストプラクティスを共有し合っている。

（9）ピッチ

ピッチ（Pitch）：スタートアップが主に投資家向けに実施をする短時間のプレゼンテーションをいい，時間にして1〜5分程度で，直感的に瞬間的に出資に対する関心や共感を得ることを目的とする。近年においてはこのピッチが，スタートアップの世界に限らず，通常のビジネスシーンでも有効ということで評価されつつある。

（10）コンバーティブルノート／コンバーティブルエクイティ

主にシード期に行われる資金調達の手段。通常株式での出資は株価を決めたから出資をするが，シードステージの株価は決めにくいため，株価を決めずに，出資を受け，次のステージで株価が決まった時に一定条件をもとに株式に転換する方法。

◆参考文献◆

村上恭一監修，鈴木規文『オープンイノベーションの最強手法コーポレートアクセラレーター』中央経済社，2017年。

索　引

A-Z

CVC ……………………………… 141
GEM ………………………… 51, 214
GP（General Partner）……… 136, 137
intention……………………………… 29
IPO …………… 11, 38, 39, 121, 260
KJ 法 ……………………………… 52
LP（Limited Partner）…………… 137
M&A ………… 11, 38, 39, 100, 122
PDCA……………………………… 35
PoC（Proof of Concept）……………… 227
SBIR 制度 ……………………… 165
TLO ……………………………… 169

ア

アクセラレーター…… 42, 171, 257, 258
　　　　プログラム……………… 258
アフォーダブルロス………………… 60
アライアンス………………………… 149
安定株主…………………………… 120
アントレプレナーシップ
　………………… 12, 17, 27, 248
イエ制度…………………………… 251
イグジット…… 39, 134, 135, 228, 260
イノベーション………………… 2, 4, 12
　　　　・プロセス………………… 223
インキュベーション（incubation）
　……… 154, 173, 174, 176, 178, 258
インキュベーション・マネジャー
　……………… 174, 175, 176, 178
インキュベーター………… 42, 174〜176
ウプサラ・モデル………………… 210

エヴァンジェリスト………………… 41
エクイティ………………………… 257
　　　　・ファイナンス……………… 40
エコシステム… 148, 169, 171, 173, 179
エージェンシー理論………………… 244
エファクチュアル・アントレプレナー
　シップ…………………………… 60
エンジェル………… 136, 139, 142, 162,
　　　　　　　　　163, 175, 261
　　　　税制……………………… 163
オーセンティック・リーダー……… 195
オープン・イノベーション
　……………… 42, 138, 152, 262

カ

株式………………………………… 99
起業家……………………………… 249
　　　　教育……………………… 168
『起業という幻想』………………… 28
企業の社会的責任（CSR）………… 242
企業は社会の公器………………… 251
企業文化………………… 249, 255
期限の利益喪失…………………… 104
技術シーズ………………………… 40
キャズム…………………………… 41
ギャップ・ファンド……………… 231
キャリアプラン…………………… 247
競合分析…………………………… 84
競争戦略…………………………… 71
クラウドファンディング………… 99
クラスター………………………… 153
クローズド・イノベーション……… 151
経済産業の主役………… 239, 242, 253

276

コア・ケイパビリティ……………… 76
コア・コンピタンス……………… 74
コア・リジディティ……………… 76
公益資本主義……………… 195
後継者……………… 247
国際的起業家精神……………… 206
国際ニューベンチャー……………… 206
心の外部性……………… 197
コネクティング・ドット……………… 57
コーポレートアクセラレーター……… 265
コーポレートガバナンス……………… 252
コーポレートベンチャーキャピタル
（CVC）……………… 140, 172
コレクティブ・インパクト……………… 191

サ

サイエンスパーク……………… 154
最適資本構成……………… 110
財務的資本……………… 246
サバイバーシップ・バイアス…… 10, 11
サブスクリプション……………… 89
3円モデル……………… 240, 244
産学連携……………… 225
三方よし……………… 251
事業機会……………… 10, 50, 56, 84
事業計画……………… 10, 83
事業コンセプト……………… 69
事業承継……………… 247
事業創造……………… 68
事業融資……………… 99
資金調達……………… 10, 99
資源ベース論……………… 211, 244
市場の失敗……………… 189
持続的競争優位性……………… 206
持続的成長目標（SDGs）……………… 242
シードステージ……………… 117
シードラウンド……………… 38
死の谷（デスバレー）…… 40, 168, 261
資本政策……………… 10, 261
社会関係資本……………… 195, 246

社会的企業（ソーシャル・エンタープ
ライズ）……………… 186
社会的起業家（ソーシャル・アントレ
プレナー）……………… 10, 185
社長の個人保証……………… 102
種類株式……………… 124
上場……………… 103
少数の法則……………… 28
シリアルアントレプレナー……… 57, 257
シリコンバレー……………… 156, 215
シリーズA……………… 38
シリーズB……………… 39
新結合……………… 23, 24
人的資本……………… 246
人物像……………… 24, 28
信頼（Trust）……………… 198
スタートアップ…… 133, 138, 165, 168,
170, 171, 179, 258
―――・アメリカ・イニシアチブ
……………… 165, 166, 168
スティーブンソン・ワイドラー法
……………… 165, 166
ストックオプション……………… 120
スモールビジネス……………… 5
生態系（エコシステム）……………… 133
制度的起業家……………… 29
政府の失敗……………… 188
セカンダリー……………… 39
セグメンテーション……………… 86
戦略……………… 10
―――的提携……………… 75
早期国際化プロセス……………… 210
創業者精神……………… 244, 252
創造的破壊……………… 24, 27
ソーシャル・キャピタル……………… 156
ソーシャル・ビジネス……………… 185

タ

大学発ベンチャー……………… 10, 222
―――1,000社計画……………… 225
第三者割当増資……………… 5, 105

ダイナミック・ケイパビリティ……… 77
ダイリューション（希薄化）………… 115
ダーウィンの海……………………… 40
ターゲティング……………………… 86
多様な人材…………………………… 252
『中堅企業論』……………………… 7
中興の祖……………………………… 249
中小企業……………………………… 5
　　──基本法……………………… 6, 7
長寿性………………………………… 250
デスバレー（「死の谷」を参照）
デット・ファイナンス……………… 40
デモデイ……………………………… 271
伝統的理解………………………… 22, 24

ナ

二重構造……………………………… 7
日本政策金融公庫…………………… 40
日本版バイ・ドール制度…………… 166
日本版バイ・ドール法……………… 169
ネットワーク………………………… 10
　　──・アプローチ……………… 212

ハ

ハイテク・スタートアップ………… 206
バイ・ドール法…… 165, 166, 169, 225
バリュエーション…………………… 116
ハンズオン（Hands-On）… 137, 140, 143
非財務的価値………………………… 242
ビジネスモデル…………………… 69, 83
　　──・キャンバス……………… 53, 70
ビジョン……………………………… 69
ピッチ………………………………… 270
ファミリーガバナンス……………… 252
ファミリー資本……………………… 246
ファミリービジネス………………… 10
プライマリー………………………… 39
フリーミアム………………………… 89
ブルー・オーシャン戦略…………… 84
プレマネーバリュエーション……… 116

文化資本……………………………… 246
ペイパルマフィア…………………… 157
ベンチャー・エコシステム………… 232
ベンチャー企業……… 1, 2, 5, 205
ベンチャーキャピタル……… 5, 10, 230
ベンチャー・ビジネス……………… 1, 7
ベンチャーブーム………………… 8, 9
方向転換（pivot）………………… 37, 72
ポジショニング……………………… 84
　　──マップ……………………… 87
ポストマネーバリュエーション…… 116
ボーン・アゲイン・グローバル企業… 206
ボーングローバル企業（BGC）… 10, 205

マ

マネジメント・プロセス…………… 35
魔の川………………………………… 40
ミッション…………………………… 69
無限責任……………………………… 102
メガベンチャー……………………… 209
メンター……………………………… 264
持株比率……………………………… 118

ヤ

有限責任……………………………… 102
ユニコーン…… 108, 141, 171, 179, 230
養子………………………… 252, 256
弱い紐帯……………………………… 156

ラ

ラウンド……………………………… 38
利他主義……………………………… 244
リビングデッド……………………… 230
流動性………………………………… 105
リーンキャンバス…………………… 53
リーンスタートアップ… 37, 59, 72, 90
リーンマトリクス…………………… 53
ルート 128……………………………… 216
ローンチ……………………………… 38

《編著者紹介》

小野瀬拡（おのせ・ひろむ）

東洋大学大学院経営学研究科　博士後期課程修了

現職　駒澤大学経営学部教授　博士（経営学）

専攻　ベンチャー企業論

【主要著書】

『ベンチャー企業存立の理論と実際』文眞堂，2007 年（単著）

『講座経営教育 2　経営者論』中央経済社，2009 年（共著）

『九州産業大学産業経営研究所研究叢書 1 福岡県の地域経済と企業活動』九州大学出
版会，2013 年（共著）

『スモールビジネスの経営力創成とアントレプレナーシップ』学文社，2019 年（共著）

佐久間信夫（さくま・のぶお）

明治大学大学院商学研究科　博士課程修了

現職　創価大学名誉教授

専攻　企業論　コーポレート・ガバナンス論

【主要著書】

『企業支配と企業統治』白桃書房，2003 年（単著）

『コーポレート・ガバナンスの国際比較』税務経理協会，2007 年（編著）

『コーポレート・ガバナンスと企業倫理の国際比較』ミネルヴァ書房，2010 年（編著）

『現代中小企業経営要論』創成社，2015 年（共編著）

『現代国際経営要論』創成社，2019 年（編著）

浦野恭平（うらの・やすひら）

西南学院大学大学院経営学研究科　博士後期課程単位取得退学

現職　北九州市立大学教授

専攻　経営戦略論

【主要著書・論文】

『よくわかる経営戦略論』ミネルヴァ書房，2008 年（共著）

「中小製造業の知識経営とイノベーターの役割―（株）フイルドサイエンス社の事例
を中心に―」（北九州市立大学『商経論集』49 巻 3・4 号）2014 年

「中小企業のイノベーションと人材育成―職場学習論からの示唆―」（『経営行動研究
年報』第 28 号）2019 年

（検印省略）

2020 年 7 月 10 日　初版発行　　　　　　　　略称―ベンチャー

ベンチャー企業要論

	小野瀬　　拡
編著者	佐久間信夫
	浦 野 恭 平
発行者	塚 田 尚 寛

発行所　東京都文京区　　**株式会社　創 成 社**
　　　　春日 2 - 13 - 1

電　話 03 (3868) 3867　　Ｆ Ａ Ｘ 03 (5802) 6802
出版部 03 (3868) 3857　　Ｆ Ａ Ｘ 03 (5802) 6801
http://www.books-sosei.com　振　替 00150-9-191261

定価はカバーに表示してあります。

©2020 Nobuo Sakuma　　　　組版：ワードトップ　印刷：エーヴィスシステムズ
ISBN978-4-7944-2570-6　C3034　　製本：エーヴィスシステムズ
Printed in Japan　　　　　　落丁・乱丁本はお取り替えいたします。

───────── 経 営 選 書 ─────────

ベ ン チ ャ ー 企 業 要 論	小野瀬 　 拡 佐久間 信夫 浦野 恭平	編著	2,800 円
現 代 国 際 経 営 要 論	佐久間 信夫	編著	2,800 円
現 代 経 営 組 織 要 論	佐久間 信夫 小原 久美子	編著	2,800 円
現 代 中 小 企 業 経 営 要 論	佐久間 信夫 井上 善博	編著	2,900 円
現 代 経 営 学 要 論	佐久間 信夫 三浦 庸男	編著	2,700 円
現 代 経 営 戦 略 論	佐久間 信夫 芦澤 成光	編著	2,600 円
現 代 C S R 経 営 要 論	佐久間 信夫 田中 信弘	編著	3,000 円
現 代 企 業 要 論	佐久間 信夫 鈴木 岩行	編著	2,700 円
経 営 学 原 理	佐久間 信夫	編著	2,700 円
経営情報システムとビジネスプロセス管理	大場 允晶 藤川 裕晃	編著	2,500 円
東 北 地 方 と 自 動 車 産 業 —トヨタ国内第3の拠点をめぐって—	折橋 伸哉 目代 武史 村山 貴俊	編著	3,600 円
おもてなしの経営学［実践編］ —宮城のおかみが語るサービス経営の極意—	東北学院大学経営学部 おもてなし研究チーム みやぎ おかみ会	編著 協力	1,600 円
おもてなしの経営学［理論編］ —旅館経営への複合的アプローチ—	東北学院大学経営学部 おもてなし研究チーム	著	1,600 円
おもてなしの経営学［震災編］ —東日本大震災下で輝いたおもてなしの心—	東北学院大学経営学部 おもてなし研究チーム みやぎ おかみ会	編著 協力	1,600 円

（本体価格）

───────── 創 成 社 ─────────